你就是孩子的起跑线

美国华裔名校生的成长访谈及美式教育之鉴

清瑕 著

中国经济出版社
CHINA ECONOMIC PUBLISHING HOUSE
北京

图书在版编目（CIP）数据

你就是孩子的起跑线：美国华裔名校生的成长访谈及美式教育之鉴 / 清瑕著 .
—北京：中国经济出版社，2019.1（2024.1 重印）

ISBN 978-7-5136-5035-9

Ⅰ.①你… Ⅱ.①清… Ⅲ.①家庭教育 Ⅳ.① G78

中国版本图书馆 CIP 数据核字（2017）第 314178 号

策划编辑 崔姜薇
责任编辑 葛 晶 冀 意
责任印制 马小宾
封面设计 任燕飞装帧设计工作室

出版发行 中国经济出版社
印 刷 者 三河市同力彩印有限公司
经 销 者 各地新华书店
开　　本 710mm × 1000mm 1/16
印　　张 19.5
字　　数 263 千字
版　　次 2019 年 1 月第 1 版
印　　次 2024 年 1 月第 2 次
定　　价 58.00 元
广告经营许可证 京西工商广字第 8179 号

中国经济出版社 **网址** www. economyph. com **社址** 北京市西城区百万庄北街 3 号 **邮编** 100037

本版图书如存在印装质量问题，请与本社发行中心联系调换（联系电话：010-68330607）

卢勤序　一场跨越中美的教育对话

一口气读完清瑕从美国发过来的《你就是孩子的起跑线》一书的电子稿。说句实话，作为她的一个老朋友，我有些震撼。震撼于这样丰富的真人真事采访，这样生动的美国教育介绍，这样深刻且富有洞见的思考。

虽然如今信息交流频繁，让许多人对国外教育，特别是美国教育不再陌生。但清瑕的这本书，带给我们的绝不仅仅是一份美国教育的信息介绍，而是一场穿透教育本质、跨越中美两国、直面每个人成长的生命对话。

其实，从人类诞生开始，教育就是一个永恒的主题。无论处于地球的哪一个部落、哪一个民族、哪一个国家，人类的生存繁衍、发展繁荣，都没有离开过教育。在这千万年的发展中，人类的教育实践和理念留下了许多弥足珍贵的东西。我们研究教育，就是在认识教育的异同中，寻找人类教育实践的发展趋势和闪光点；在相互借鉴中，推动教育理论的创造性转化；在相互学习中，推动教育实践再上一层楼。

清瑕的采访和思考，立足于在美生活的华裔家庭，这里不仅有中华传统文化对教育的影响，更有其与代表西方教育方向和精华的美国教育的碰撞和融合。特别是近年来，“留学”已经进入寻常百姓家，如何正确认识留学，让孩子的留学绝不仅仅停留在学习环境的改变上，而是实现与多元文化和教育的同生共长。对此，清瑕的采访和思考，有着不可或缺的借鉴意义。事实上，清瑕的这本书不仅为我们提供了许多鲜活的中美教育案例，更提供了一种思考的范式、一种认知的突破。

这是一次面对生命成长的教育剖析。她直击教育本质，从生命成长和实践的视角，去剖析那些优秀华裔父母带给我们的启示。这不仅给予广大父母深刻的启迪，更能让大家在情感和思考中，认识家庭教育中父母的角色和定位，在润物无声中感受一种智慧的滋养和生命的牵引。阅读这些优秀华裔父母和他们孩子的成长故事，常常让我生出这样的感动，这是多么好的爱和爱的表达，这是多么让人羡慕的生命对生命的引领。虽然不是每个孩子都要上哈佛、耶鲁，但我相信，大家一定会在细细品味这些优秀华裔父母的教育事迹、深刻体悟作者对教育本质的思考中有所收获。

这是一场深入文化内核的教育对话。如果说教育的起点是人的成长，那么教育的差异则源于文化。无论是美国教育对体育的偏爱，还是美国孩子的毕业典礼、毕业舞会，甚至他们的家庭阅读和家庭作业，从清瑕的娓娓叙述中，我们都能感受到对孩子成长规律的尊重，以及一份汩汩而来的文化滋养。其实，这又何尝不是现代教育的发展方向！我们一直讲德智体美劳全面发展，追求孩子核心素养的提升，阅读这些被清瑕定义的“他山之石”，更多地读出的是文化和精神的意义。清瑕告诉我们，要平视美国教育，其实是一种更深层次的学习和借鉴。这里需要一个更加开放和开阔的视野，一份足够的文化自觉和自信。

这是一次直面现实问题的教育思考。对于教育这样一个历久弥新的课题，它面对的问题一样古老而新鲜。清瑕直面中美两国，甚至全球性的教育问题，用跨越中美的教育投递的方法，带来了极具价值的分析、思考和对策。譬如生命教育，无论身在美国藤校，还是中国的普通中小学，它都是父母、老师，包括广大教育工作者必须面对的问题。规则问题、挫折教育、个性教育、校园霸凌，虽然它们一直存在于我们的教育实践中，但清瑕的思考无疑更具当代性、全球性和穿透力。新的时代，新的孩子，新的成长；面对问题，解决问题，超越问题；需要我们具有更全球化的视野、更敏锐的问题意识、更能渗透教育本质的思考。

这不只是一本专门介绍家庭教育的图书，也不只是一本专门介绍美国教育的图书，更不只是一本教育学专著，在这本书里，鲜活的案例和深入的思考并存，家庭教育的点滴和全球性的视野同在，不乏草根的气息，也不少思维的力量。它既可以给普通的家长以启示，也可以给广大的教育工作者以借鉴，甚至为专家学者解剖当代教育的发展问题提供了方向性思考。可以说，这本书值得我们所有人精心一读。

最后，还是想和家长们交流几句。中国社会的发展，让我们从来没有像现在这样关心和关注教育。不要让孩子输在起跑线上，上最好的幼儿园，选最好的学区房，到最好的国家留学，家长们恨不得把所有的“最好”都给予孩子。但是，很多时候，我们又感到总是事与愿违，甚至无力无助。孩子的问题层出不穷，金钱和付出并不能自动带给我们一个优秀的孩子。到底什么出了问题，或许可以在这本书里寻找一下答案。

教育是生命引领生命的过程，是一次爱的实践。事实上，在孩子的成长过程中，我们每个家长才是他们真正的起跑线。这是整本书的最大主题，也是清瑕从这些优秀父母身上，通过对教育问题的深入思考，给予我们的真正启迪。希望每个父母都能静下心来，好好感受，细细品味，一定会有不一样的收获。

清瑕旅居美国几年，有这样的成果，实属不易。她一直讲，作为一个“教育的行者”，她将一直这样行走下去，思考下去，实践下去，丰富下去。我相信，她一定会不断地带给我们新的惊喜和思考。作为朋友，请让我为她的成长点赞，让我们和清瑕一起跨越中美，回归教育的本质。

也请永远记住，我们才是孩子的起跑线！

自序　我和教育

五十年前，我只在母体里待了不到七个月，就降临在上海的仁济医院。没有啼哭，闭着眼睛，一个柔弱的生命，只有四斤七两。

在当时的医疗条件下，很多人劝妈妈放弃这个孩子。但是，听到听诊器里传来的微弱心跳，妈妈坚决要求想尽一切办法救下自己的孩子。在保温箱里沉默了七天的我，终于睁开眼睛，送给了世界第一声啼哭。之后，我们母女开始了相依为命的日子，我的一生也开始和教育融在了一起。

面对教育，或许我们更多地关注“教”，而或多或少地忽略“育”。其实，“育”才是基础。甲骨文“育”左边是个“女”，右下方是个倒着的“子”，整个字形都在意会母亲生育孩子。当母亲全力救下我的时候，她在告诉我，教育的本质是生命的成长，它的起点是爱。

因此，教育从一开始就是一个生命课题。经历生命就要经历教育，接受教育就是滋养成长。在采访了大量的美国华裔家庭后，我最为感动的是那份父母子女间的亲情，那份持久不懈的爱和爱的表达。

比如，四个孩子的妈妈徐晖经常在林子里和孩子们捉迷藏；哈佛妈妈燕子把每天给父母的越洋电话当成必修课；当Holly发现儿子的莫名恐惧可能是疾病的时候，她和所有母亲一样，把孩子的健康快乐作为教育的唯一追求；哈佛男孩孟雨晴的爸爸“萌爸”说：“教育孩子最重要的一个关系是亲子关系。无论如何，都不要做伤害亲子关系的事情。”

教育，尤其是家庭教育，亲情和爱始终是它的主题。学会爱和正确地表达爱，应该是家庭教育面对的基本问题。面对汗牛充栋的教育理论，我更愿意相信，教育是生命和生命的互动引导，是一个生命照亮另一个生命的历程。家庭教育，更是一份爱和智慧的生命实践。

因为这样，父母的用心自然而然；因为这样，父母的智慧不可或缺。每个孩子都是独特的个体，每个孩子都应该得到与众不同的家教滋养。当好他们的教育专家，给予他们最适合的生命陪伴和引导，是我们每个家长的责任，也是这些优秀父母带给我们的最大启示。或许他们的具体教育方法大相径庭，甚至截然相反，但是那份智慧和用心，却是我们每个父母学习的榜样。

从教师到校长，从中国到美国，从学校教育到家庭教育，三十多年的教育生涯，让我有资历以一个教育人自居。但是，从近年来的教育实践，特别是同一大批优秀父母的交流互动中，我发现，**教育不仅是专家的事业，也是我们每一个普通人的基本修行。**特别是对于家庭教育，我也只算是一个普通但还用心的母亲。

作为一名教育从业者，职业经历也给了我更多认识国外教育，以较为宽广的视野思考教育的机会。伴随着全球化的到来，教育在世界范围内的互动交流越来越频繁，也越来越趋同化。现代教育的分层功能和竞争的加剧，让教育的工具特征越来越突出，“书中自有黄金屋”成了世界性教育现象。所以，地球是平的，教育也是平的；中国教育的问题，美国教育也一样有。因为，教育是人类的教育。

但是，文化背景的差异，制度体系的差异，让不同国家在教育实践上形成了不同的特色。借鉴和交流同样重要，开放和包容不可或缺。在游学美国教育的这些年，我更愿意以平视的眼光去思考美国教育的优势和特色。有时候，甚至会发现，在中国很多被批评的做法，譬如尖子班，却在美国以天才教育的形式普遍存在着。教育不是标准化生产，也不是均衡的乌托邦。我们要承认人的差异，尊重人的成长规律，并认识到教育永远是因材施教的鲜活实践。

回归人，就回归了教育的本源，无论是家庭教育还是学校教育。在我介绍一些美国教育的做法时，更希望大家能够去感悟和思考那里面渗透的人文情怀和对规律的尊重。我写那些关于教育的文章的初衷，是希望能够引发大家新的思考，因为教育本来就是所有人都参与的生命实践。

借此机会，感谢所有在我生命成长和教育实践中给予真诚帮助的人，感谢爱我和我爱的人。特别是对于本书的出版，感谢中国经济出版社教育分社社长崔姜薇女士的邀请和策划，以及葛晶主任和冀意编辑的倾情付出。感谢所有被采访者的真诚和支持，也感谢家人的帮助，感谢我的儿子特别为这本书题写了书名。

生命本来就是一个聚合的过程，任何成果都源自合作互动和同生共长。如果没有那份生命的传承和共生、互动和共舞，教育将不再是教育，生命也将失去前行的力量。

教育即生命！一点感悟，是为序。

目　录

第一篇　你就是孩子的起跑线

美国华裔名校生父母的教子心得

第三篇　跨越中美的教育投递

全球教育面对的共性问题

第一篇　你就是孩子的起跑线

美国华裔名校生父母的教子心得

导语

对于中国的普通民众而言，哈佛、耶鲁等美国名校曾经就是一个神话。

记得几年前，一本写哈佛孩子故事的书成为大家热捧的对象，甚至是全中国讨论的话题。

在美国的这些日子里，我有幸认识了许多华裔父母，并成为他们的朋友。他们就是传说中的“牛爸牛妈”，他们的孩子大多数考上了美国的名校。

和他们的交往，让我有了一种探索的欲望，特别想知道他们是如何将自己的孩子培养成“牛娃”的。难道他们有什么特殊方法，或者他们的孩子生下来就是天才?

通过与他们的深度交流，我发现他们也是普通人，他们的孩子也很普通。

但是，他们又是那样的不普通，他们的用心、他们的爱心、他们的真心、他们的煞费苦心、他们的独具匠心，他们用智慧和付出，撑起了孩子成长的一片蓝天。

我们必须承认，由于孩子的智商不同、生活环境不同、教育方法不同，无论是美国还是中国，无论是乡村还是城市，对孩子的教育并没有一个放之四海而皆准的方法。

就如我所采访的父母们的教育方法，各有各的精彩，各有各的门道。不同家庭的理念甚至是矛盾的，但是，他们的理念适合自己的家庭，适合自己的孩子。

作为父母，无论我们的孩子能不能进入所谓的名牌大学，这些父母对孩子的付出和对公益的执着都应该成为我们学习的榜样。

家庭是孩子最重要的成长环境，对孩子有着最直接影响，父母的素质和自身的成长都会影响孩子的成长。

其实，为人父母的你，才是孩子的起跑线！

01

教育，让生命照亮生命

——哈佛萌爸的哲学思考和教育实践

孟雨晴（Damon Meng）7 岁来到美国，2009 年以毕业生课业总评第一名的成绩从麦迪逊高中毕业，同时被哈佛大学、普林斯顿大学、耶鲁大学、哥伦比亚大学、茱丽亚音乐学院、新英格兰音乐学院及其双大学的双学位项目（Join-Program）录取。2013 年，从哈佛大学经济专业毕业后，他开始担任华尔街世界最大独立另类资产管理机构佰仕通集团（Blackstone Group）的金融分析师，后转入纽约做对冲基金至今。

孟雨晴的成长，自然而和谐，多彩而丰富。他的钢琴造诣很高，曾获第 13 届奥柏林国际钢琴赛首奖，囊括第 27 届金斯维利国际钢琴赛五个首奖，获戴维森青年学者音乐奖，获杰克肯库青年艺术家称号；曾受教于著名华裔钢琴家郎朗并与其同台表演。美国麦迪逊市前任市长寇史来格为表扬他音乐上的成就，宣布 2007 年 12 月 10 日为美国新泽西州麦迪逊市孟雨晴日。让我们一起来看看孟雨晴的成长故事。

你是否还记得儿时的童谣："马兰开花二十一，二八二五六，二八二五七，二八二九三十一。""马兰花，马兰花，风吹雨打都不怕，勤劳的人在说话，请你马上就开花。"它们来源于中国第一儿童剧《马兰花》，这部剧的导演正是雨晴的爷爷。这部五十余年经久不衰的儿童剧，让孩子们在欢笑中学会了做人的道理，更培养了他们向上、向善的力量。

艺术和教育是相通的。在孟雨晴的家族里，艺术在延承，教育方法理念也在延承。孟雨晴的爸爸被大家称为M爸，也叫萌爸。他学习艺术，酷爱哲学，喜欢思考。听他讲故事，就像在聆听一场关于生命成长的对话。

萌是草木发芽，开始发生的意思，也有蓬勃向上的意思。作为父母，我们都是萌爸萌妈。因为孩子无论在生命的最初，还是在蓬勃地成长，对于父母而言，都是一种生命的关照和引领。**教育就是在生命的互动中，逐渐走向完美，逐渐开花结果。**

在这里，我们看到的是一个孩子的成长，但它更是一份生命的映射。我们更愿意在孟雨晴的成长中，在萌爸的教育实践和总结中，思考教育的本源和内涵。

让孩子学会自己奔跑

> 萌爸哲语之一："马拉松队员比赛的时候，他前面有个引领人。这个人既不能靠他太近，也不能在他旁边，而是需要一定的超前量。如果引领人挡住了跑步人的路，或者跑步的人根本看不见引领者，都会影响选手的发挥。怎样做到既不影响跑步速度，又能保持一定距离的引导，是引领者的责任。"

萌爸的哲语道出了家长在教育孩子中的真正责任。**家长要尊重孩子的选择，从小就把他们当成一个独立的人来对待，让他们一开始就学会自己奔跑。**

当许多人提出疑问，这么优秀的少年钢琴家为什么没有继续选择艺术的道路，没有突出自己的音乐优势，而进入哈佛选修经济学，进而在华尔街发展呢？萌爸淡淡地回答道："这是孩子的选择。华尔街并不完全是金钱的世界，孩子选择华尔街是因为他更加注重在现实世界中塑造自我和快速成长。对于孩子而言，这是一个全新的领域，全新的世界，是对他个性、能力、自我发展的一个挑战。”萌爸认为，孩子在这里生存下来，感到愉快、幸福和有乐趣，比什么都重要！

孟雨晴全家合影

雨晴在哈佛主修经济学，后来进入华尔街，是因为他对经济学更感兴趣。在雨晴的成长过程中，父母一直把他的基本素质、做事态度和观念养成作为重中之重，至于未来从事哪个行业，从来都不是关注的重点。

教育的本质不是涂抹，而是发现。真正的教育，就是让孩子成为自己。每个孩子都有潜藏在身体里的心灵密码，只有孩子通过自己的感受和思考，才能解开这个密码，才能完成真正意义上的成长。父母要做的，就是给予合适的环境、恰当的引领，等待孩子的天赋发芽，让他学会自我成长。

这一定来自生命最初。雨晴一两岁时，刚刚开始有基本的语言能力，萌爸就启发他，一天至少问三个为什么，看到的、听到的、想到的任何问题，以及身边发生的事情，只要提出问题就有奖励。当第一次回答不上孩子的问题时，萌爸虽然有点尴尬，但他还是认真地告诉孩子，爸爸也是人，也会有不懂的东西，但是**只要肯学习，就可以把问题解决，把问号打碎。人就是在破解一个个问号的过程中成长进步的**。就这样，小雨晴开始观察、了解和学习，问号引着他从兴趣到乐趣，从无知到博学，开始了自我奔跑的人生马拉松。

这是真正的启蒙。在人生的道路上，父母永远比孩子先行一步。萌爸用问号在孩子心底安装了永不停歇的发动机，开启了雨晴的自我奔跑之路，为孩子未来的发展注入了恒久的动力。

从一年级开始，萌爸就这样告诉雨晴：“考什么样的成绩，有什么样的未来，想怎样发展，所有的事情都是你自己的事情，都由你自己来决定。”雨晴感到不满时，父母就告诉他：“自己定目标，自己加任务，自己往前走。”雨晴的父母从来不请老师为他补课，从来不给他辅导功课，也从来不担心他的成绩会下滑。

雨晴读小学时，萌爸和他有一次有趣的对话。萌爸问雨晴：“以前我们只要领你出门，你就总会听到不少赞扬声，是吗？”雨晴傻傻地问“为什么呢？”萌爸：“当然是因为你眼睛大，长得还可以呀！”雨晴脸上露出一丝情不自禁的得意。萌爸却说：“这方面没有什么可以值得自豪的！”雨晴诧异地、有些不服地望着爸爸。萌爸继续说：“你有这样的容貌，是爸妈给的，并不是自己努力的结果。爸妈虽然可以给你外表，但给不了你内涵。你若想要真正地自豪，就只有通过努力来提升自己的内涵，那才是属于你自己，并值得自豪的东西。”雨晴睁大了漂亮的眼睛，问：“爸爸你会预测未来？”萌爸告诉他：“不用算也不用测，目标明确，你就一直努力往前走，未来就在那里……”

是的，未来就在那里。**每个孩子都有自己的未来，让孩子在人生马拉松的起点，就学会自我奔跑，为自己的人生积累，做自己命运的主宰。**这是萌爸带给我们的最大启迪！

在孩子的后面画线

> 萌爸哲语之二：“我的育儿标准是不在孩子前面画线，不要求他必须达到某个标准。我们只在他的后面画线，肯定他已经做得很好了，由此向前看，抬腿迈步，至于多快多慢都不重要。好比登山，不怕慢，就怕站，只要往前挪步，就应为他鼓掌。”

小雨晴刚刚出生，萌爸就用“健康、聪明、懂礼貌”归纳了自己对他的希望，把它作为孩子成长的基础线。和所有父母一样，萌爸希望孩子能平平安安，做一个基本的、社会能接受的人就可以了。

就这样，他们为小雨晴画下了成长的基础线，也为自己设定了养育的标准。健康是孩子成长的关键，养育是父母要承担的责任。雨晴的父母认为，孩子从小要带在自己的身边，不能让父母带，更不能完全不管交给别人。**雨晴还在妈妈腹中时，作为准父母的萌爸萌妈就通过各种途径进行了大量学习，对孩子的成长规律、可能遇到的问题和应对方法进行了解，拿下了“父母上岗证”**。小雨晴一出产院，爸爸为他洗了第一次澡，换了第一次尿布；孩子什么时候开始抬头、转头，什么时候手指脚趾有反应，什么时候能睁开眼看到光，什么时候会笑，什么时候会对声音敏感，这些原生的技能，都成为他们关注和开发的重点。他们尽可能地反复观察孩子，在不断激发孩子的过程中，使孩子具备各项技能，同时训练孩子的思维能力。

他们把“玩”作为保证小雨晴身体健康和能力增长最重要的法宝。雨晴从小就非常调皮好动、贪玩好奇，而且精力旺盛。到餐馆吃饭，还没点完菜，四五岁的小雨晴已经在饭店桌子间钻过一遍，和餐馆里所有人打过了招呼。玩的时候，其他孩子都筋疲力尽了，小雨晴还停不下来，还要继续玩。萌爸认为，一个会玩的孩子以后一定体格好、胃口大、休息睡眠足、兴趣广泛。在玩中，孩子奠定了健康的基础，具备了原生的技能。

萌爸认为，**如果聪明是一种福分，没有肯学来支撑，这福分就会消耗掉**。在小雨晴学艺的道路上，当有人告诉雨晴，已经得冠军了，不要去比赛了，万一输了怎样办。他却这样认为，不是得不得冠军的问题，每一次比赛都是一个挑战，都是对学习的一次检验。不断地学习，不断地比赛，让雨晴越来越明白“台上一分钟，台下十年功”的道理。这成为雨晴学习音乐的最大收获，让他养成了持续学习、不断挑战自我的习惯。

“肯学”让雨晴在音乐上造诣非凡，也让他的课业表现得非常杰出。上中学时，他是荣誉学生会会员和法文荣誉学生会会员。在他担任物理奥林匹克校队核心主力队员期间，校队在首次获全新泽西州冠军之后，蝉联两届州冠军。2009 年，雨晴成为美国教育部每年评选的“青年艺术家”。

在哈佛和新英格兰音乐学院学习期间，他参加了哈佛模拟联合国，担任校报撰稿、校刊商务部经理，并担任三个俱乐部的主席，同时在一个全美增速前200的金融公司长期兼职，直至大四前被黑石公司录用。肯学不仅支撑起雨晴的不断成长，也为他持续取得优异成绩奠定了基础。

雨晴的父母把“懂礼貌”作为奠基孩子人文素养的基本途径。“礼貌”是一项礼仪，也是每个父母教育孩子的必修课。每到逢年过节，他们都要带雨晴去拜访赴美国时帮助过他们的恩人。他们这样做就是要告诉小雨晴，今天的学习环境和条件，并不完全是父母的本事，曾经在关键时候，有许多人帮助过他们。**“懂礼貌”在雨晴的心中，不仅仅是一项礼仪，更是发自内心对生活、对世界、对他人的感恩。**

每段人生都有开始，每个孩子的成长都需奠基。用什么夯实孩子的成长和未来，萌爸带给我们的绝不仅仅是简单的启迪。“健康、聪明、懂礼貌”看似简单的七个字，不仅是孩子成长中要坚守的基础线，也是孩子未来发展的精神底蕴和人生信条。

萌爸这样告诉我们，**既然生了孩子，孩子就是生活的一部分，不能由于工作忙，而轻视和忽视了这一部分生活。**我们需要在生命的开始，为孩子的成长播下种子。

雨晴和钢琴

不尽人事，没资格听天命

萌爸哲语之三：“我们常常讲尽人事、听天命。‘人事’是主观，‘天命’是客观。天命并不是‘宿命’，客观有时候没法把握，所以只能去了解，去分析，去‘听’。但‘人事’不能听，而要

‘尽’。‘尽’就是主观要付出全部的努力，就是去追求极致的完美。不求完美不能用‘尽’，没有尽人事，也没资格去听天命。”

这是萌爸的人生态度，也是一个家族延续不断的文化基因。作为一个艺术世家，20世纪60年代雨晴爷爷执导的《马兰花》便是一个时代的经典。热爱芭蕾的萌爸，一直认为芭蕾是人类精神世界和物质世界的高度集合物，其音乐、造型、舞台效果都是永远的经典，都在追求极致的完美。这种精神成为一种生命底蕴，融入萌爸的教育实践中，奠定了小雨晴的基本人生态度。

萌爸将“尽人事、听天命”的抽象生活哲学变成了孩子能听懂的话，也就是：认真做事，克服困难。这成为他和雨晴从小一直秉承的座右铭，也成为他们帮孩子确立的人生目标。

很小的时候，萌爸就这样告诉雨晴：“不管你的能力怎么样，只要认真去做就可以了。只要争取，就有可能到达自己的极致。不用去和任何人比，只要自己认真，就会幸福美满，就会有所发现，就有独特的价值。但有时候，认真做事不一定就能成功。这时跺一跺脚，对自己说：‘我要克服挡在我前面的困难。’”

有一天，四岁多的小雨晴突然问爸爸：“什么叫认真？”作为成年人，萌爸当时没有意识到孩子竟然不懂这个词的意思。他愣了一下，反问小雨晴：“弹琴的时候，老师给你提过什么要求啊，怎样才算认真弹呢？”小雨晴回答：“老师让眼睛看着谱子，手要在琴上弹，不能东摸西碰，耳朵要听着自己弹的音乐。”在一步步地启发后，萌爸这样告诉雨晴：“老师要求你眼要看着、手要弹着、耳要听着、心要想着，心眼耳手一起用就是认真。”就这样，雨晴知道了自己专心做事就是认真，认真就在生活的点点滴滴里，就在自己的举手投足中。

小雨晴接着问爸爸：“什么叫克服困难？”萌爸毫不犹豫地告诉他：“打败他！困难像个对手，像个敌人站在你面前，要想取得进步，你必须打败它。”这时，我们仿佛看到了小雨晴紧握的拳头和满眼的豪情，更看到一个父亲注入小男子汉心底的勇气和执着。后来，小雨晴参加各种比赛，爸爸都会告诉他，**比赛的名次不重要，而比赛之前是不是认真去准备了最重要。克服困难不一定会获得好名次，但一定会不断进步！**

没有绝对的真理，只有相对的真理。或许每个人都达不到完美的状态，但是只要去追求完美，不断接近完美，就能使自己不断进步，不断成长。“做事认真，克服困难”，使我们看到了一个父亲人生经验和生命智慧的总结和传承，更看到了深深的责任和爱！

把荣誉踩在脚下

> 萌爸哲语之四：“在教育中，给人一杯水，自己得有一桶水。从自己做起，努力是下限，幸运是上限，未尽努力，何谈幸运？所以，越努力，越幸运。先别说离‘天才’有多远，不迈腿将永远站在原地。作为父母，自己不尽努力，却指望孩子永不停息？自己痴迷白日梦，却指望孩子去圆梦，结果不仅会毁了孩子的梦，还会坏了亲子的情。”

小雨晴选择学钢琴，萌爸是不同意的，因为他看到身边很多小孩学钢琴以后，跟父母的关系变得有些紧张。偶然一次机会，萌爸听一位园长讲他们幼儿园的小孩弹钢琴都是自愿的，没有谁逼迫他们去学。萌爸对这个幼儿园进行了考察，看到这里的老师能做到用趣味性的方法启发孩子主动学钢琴后，才决定让孩子学弹钢琴。这是一个慎重的决定，萌爸始终认为，**在孩子的成长过程中，亲子关系最为重要。不能因为孩子的学习或者其他原因，对亲子关系造成伤害。**

雨晴三岁多时，萌爸除了经常让他在家里听名家的钢琴曲外，还有意识地带他到幼儿园看小朋友弹钢琴。听到小朋友弹出悦耳的琴声，雨晴非常羡慕，想去触摸他们的钢琴，但萌爸不让他这么做，并对雨晴说：“那是属于小哥哥小姐姐的，不能动。”周末，萌爸带雨晴到朋友家和钢琴弹得很好的孩子一起玩。雨晴又很想去摸钢琴，萌爸说：“这个琴你是不能碰的，这是别人的，不是你的。”聪明的雨晴就去和小朋友商量让他玩会儿，萌爸依旧说不行。过了一段时间后，看到雨晴真正有了弹钢琴的渴望，萌爸才开始对孩子提出要求：“要想和那些哥哥姐姐一样弹钢琴，除非自己好好坐在凳子上，认认真真去做这件事。”雨晴立刻答应了爸爸的要求，兴奋地跑去模仿哥哥姐姐的样子，弹起了钢琴。

小伙伴们的美妙琴声吸引着雨晴，他也想拥有一架自己的钢琴。萌爸告诉雨晴，哥哥姐姐弹得好听，是因为他们付出了很多努力，如果你也想弹，就必须付出更多的辛苦。怀着对弹琴的渴望，小雨晴很认真地点了点头。就这样，在诱导中启蒙，萌爸不仅让孩子对钢琴的兴趣与日俱增，更让孩子知道了努力、认真的重要性，让孩子对自己的选择慎重而坚实。

在一个临近小雨晴生日的星期天下午，萌爸问刚刚睡醒的小雨晴：“先不要回头，猜猜看，我们给你买了什么生日礼物？”小雨晴想啊想，先猜是玩具，第二次猜是钢琴。当孩子回头看时，小雨晴什么都没看到。找呀找，小雨晴突然发现房间里多了一个被窗帘遮着的庞然大物。小雨晴把窗帘掀开一看，真的是钢琴，他开心极了！小雨晴立即把钢琴盖打开，噼里啪啦就在上面敲。外婆着急地对孩子说：“不能敲，会敲坏的。”萌爸却笑着告诉外婆：“他想怎么做就怎么做，这是他的东西。”小雨晴就学着哥哥姐姐的样子，坐在凳子上面，开始了自己的学琴之路。

这是一次用心的安排。萌爸萌妈把买琴的日子选在了孩子过生日时，对钢琴店提出的唯一要求是在下午两三点钟送琴进家门，安置时不发出任何声音。他们希望在小雨晴睡醒之前琴已到位，不仅给孩子一个惊喜，更让他留下深刻的第一印象，有一个美好的启程。

为了让雨晴保持浓厚的兴趣，萌爸萌妈常常和他一起练琴、一起谱曲，孩子弹中间区域，他们就弹低音部或高音部。全家齐练习，不仅增加了弹琴的趣味，更让雨晴感受到爸爸妈妈的陪伴和努力。

雨晴在学艺的道路上越走越远。六岁时，雨晴参加中国华东地区钢琴大赛，连续十个星期守擂成功。也在这一年，雨晴来到了美国，直接进入茱莉亚音乐学院预科，九岁在纽约开独奏音乐会，十岁获得华盛顿协奏曲比赛第一名，十一岁在纽约林肯中心演出，十三岁回中国巡演，十六岁获得国际钢琴比赛大奖。

面对如此多的荣誉，萌爸告诉雨晴："只能享受一分钟，然后就要把它扔到脑后，踩在脚下！"当小雨晴不理解地问："为什么要把好不容易得来的东西踩到脚下呢？"他这样告诉孩子："还有个办法就是背到身上，顶在头顶。这样的话，荣誉就会变成沉重的包袱，成为进步的负担。而踩到脚下，小荣誉会成为小台阶，大荣誉会变成大台阶。"就这样，萌爸搭起了雨晴学钢琴不断攀高的阶梯。

这就是引导，这就是爸爸。雨晴在哈佛读书，主修了经济学，副修了公共政策。这来自萌爸的建议，他认为政治、经济和文化是相关联的，是一体的。现实世界中，没有单一的经济现象，所有的经济现象都是政治和文化的折射和联动。在这里，我们看到了一个先行者的智慧，也看到了一个父亲的职责。

教育是一场智慧的博弈

> 萌爸哲语之五："我们父母到底是培育孩子，还是孩子培育我们，有时候很难说。譬如为了和孩子讲清'认真'的概念，为了和他很好地沟通交流，就要求你必须去思考，去学习。这是一种乐趣，我们同孩子一起走过这一历程并一起成长。"

陪伴孩子长大是每个父母的必修课，引领孩子成长需要父母的智慧。小时候，雨晴学钢琴，萌爸会和他一起弹奏。如果孩子弹错了，萌爸很少说他错了，而是告诉孩子再来一遍，并鼓励孩子说："没关系，这一遍我也错了，我错得比你还多。"通过慢慢引导，萌爸让孩子始终保持学琴的兴趣，一直保持尝试的勇气。

他这样告诉孩子，"play piano"就是玩钢琴，在英文中很多东西前都加 play，可以说就是"玩"，有了这样的心态，你会发现做事情的整个味道都变了。它不再是负担，不再是一项工作，不再存在向谁交差的问题，而是一种真正的享受。萌爸认为，**最高级的快乐是以苦为乐，那些专注做事的孩子和成年人，或许别人感觉他们挺苦，而他们自己却感到其乐无穷。**

许多父母都会发愁第一次送孩子去幼儿园有困难。小雨晴上幼儿园时，萌爸告诉他："因为你是一个好孩子，我们才送你去。如果你是一个调皮捣蛋、不懂礼貌的孩子，就不能去。"孩子说："不去就不去。"他们又引导孩子，说："幼儿园有很多小朋友可以和你一起玩。"当孩子答应去的时候，他们又要求孩子，去就要做一个好孩子。小雨晴每次上幼儿园，都特别高兴。

很小的时候，萌爸就让小雨晴开始做家务。每次家里举办聚会，雨晴都争着洗碗。当雨晴穿着比他个子还长的围裙，站在水池边的凳子上，洗所有参加聚会的碗时，那简直是一场隆重的表演。客人的赞扬让孩子对洗碗这项家务劳动感受到的不是劳累，而是光荣。后来，家里一开派对，小雨晴就会提前请求爸爸："爸爸，明天聚会我来洗碗哦！"在父母的引导下，做家务成为小雨晴的一个光荣的任务、一个上台表演的机会。萌爸这样告诉我们：**"孩子的努力和肯学需要父母去成就，努力和肯学的孩子要受到鼓励，听到掌声，得到鲜花。"**

教育需要引导，引导要有方法。方法到位了，教育才能起作用。**教育孩子，不仅需要耐心和坚持，更需要方法，这是一场智慧的博弈。**面对孩子玩电子游戏玩得放不下的问题，应该怎么处理？萌爸这样告诉大家：首先要和孩子事先约定，其次应严格遵守约定。具体办法是，不踩急刹车，提前跟孩子说，还可以再玩 10 分钟。小孩一般不肯离开，那就告诉他，不愿意，现在就停止游戏；如果还想继续玩，就还有 10 分钟。一般小孩都会选择 10 分钟，而父母也必须说一不二。这是从他律到自律的过渡，最终的目的是让孩子自己管理自己。每个人心里都有一个上帝和一个魔鬼，如果你总是让魔鬼占上风，你的上帝就会被踩到脚下；如果总是让上帝占上风，那你个性里的丑陋和懒惰就会失去气势。

这是一个父亲的智慧教育，更是一个生命对另一生命的引领前行。面对孩子的成长，萌爸始终注重对孩子的智力开发、毅力培养，并认真谨慎地处理亲子关系和升学问题。萌爸认为，智力和毅力伴随孩子的一生，干事情不要傻干，要巧干，这是智力；但干事情又要坚持，不能随便放弃，这是毅力。智力加上毅力，将惠及孩子一生。**而亲子关系也非常重要，是升学的保障，绝不能因为升学的原因影响了亲子关系。**直到现在，只要生活中经历的，包括职场和恋爱，他们和孩子对这些事情一直无话不谈。

萌爸萌妈的教子心得是一种生命经验的哲学思考，不仅照亮了孩子成长之路，也为我们提供了学习借鉴。面对中西文化教育的差异，萌爸认为应该把中西二字删掉，因为这些都是人类的智慧，真理在最高层是完全相同的，差异只是枝叶。互相学习融通，应该是基本的态度。

萌爸这样总结自己的教育实践：“就孩子的成长而言，我不太敢讲培养。从生理上来说，我们是他的父母。但从人生的角度来讲，我们只是先行了一步，先行者并不见得就胜过后来者。我们的职责是告诉孩子，继续往前走，那里有更美的风景。”

在这里，我们读懂了**为人父母的真正内涵，那就是先行，是引领，是智慧，是付出……**

教育，让生命照亮生命！

02

成长，在智慧的教育中

——世界奥数冠军妈妈刘双秋的育儿经

2015 年 7 月 14 日，泰国清迈。

一年一度的“数学世界杯”国际奥林匹克竞赛正在紧张激烈地进行……

同一时刻，美国密苏里州。

参赛选手刘洋的父母紧盯着手机，等待着清迈第一时间传来消息……

“刘洋又拿到一块金牌！美国队获得冠军！”教练的声音从泰国清迈传来。

刘洋的妈妈刘双秋拿着电话的手微微有些颤抖，虽然儿子获奖是意料之中的事，但作为母亲，她的兴奋与激动依旧难以自抑。这是刘洋第二次代表美国队参赛，2014 他已经拿回了一枚金牌，今年再次参赛，不仅又获得了个人金牌，而且还为美国队 21 年后首次获得团体第一名做出了贡献。

国际数学奥林匹克是一项高难度的国际性赛事。有关专家认为，只有 5% 的智力超常儿童适合学奥林匹克数学，而一路过关斩将冲到顶峰的更是凤毛麟角。刘洋成为冠军或许有天赋的成分，但他的成长所蕴含的教育规律，给所有人以启迪；或许刘洋成长的文化环境比较特殊，有美国文化、中国文化、印度文化等，但是无论文化差异有多大，关注教育的本质，回归孩子的成长，应该是所有教育的归宿。教育是一种智慧，让我们循着足迹，去寻访这位“奥数金牌”妈妈充满智慧的育儿之路。

用智慧开启孩子的成长

生命之初，每个父母都是孩子的绝对环境。懵懂时期，父母的教育智慧将影响孩子一生的成长。在这个时期，父母的双手一定要紧紧搀扶住孩子，让他们迈出自己的第一步，为孩子的教育定格，也为生命的成长定格。

2000 年，上海飞往美国的班机在圣路易斯国际机场降落。刘双秋和她的印度裔老公牵着只有三岁的小刘洋，开启了他们异国他乡的生活。她也开始了一个全职妈妈的生涯。

初到美国的刘双秋，还没有完全适应美国生活，就开始考虑孩子的教育问题。和所有双文化生活的人们一样，如何突破语言关，如何让孩子适应新的环境，成为萦绕在她脑海里的首要问题。

刘洋英文不行怎么办？喜欢看动画片是孩子的天性，她就利用各种英文动画片帮助儿子学习英文。她常常精选一些英语小短文教孩子阅读，在她精心营造的语言环境中，小刘洋慢慢突破了语言关。上学后，小刘洋的英文阅读、写作水平在年级名列前茅。高中毕业时，刘洋的综合考试成绩获得全校第一名。

2017 年圣诞节，刘双秋全家合影

作为中国人，刘洋的中文作业汉字书写工整规范、一丝不苟。对此，刘双秋说："我喜欢从小事做起，帮孩子养成良好的习惯。中国有句老话'字如其人'，刘洋从写字做起，所有的作业、考试都清晰工整，让人一目了然。这样既培养了他持之以恒的精神，也让他把心静下来，努力做好每一件事情。"

陪伴孩子的过程中，喜欢数学的双秋，本能地发现小刘洋对数字特别感兴趣。于是，她就去超市买来各种适合儿子的书让他学习。然后，开始教儿子做题。每次做完题，她都会认真检查。如果发现错题，就让刘洋从第一道题开始重新演算，直到小刘洋自己发现错误为止。检查完毕，她一定会让刘洋指出错误题目，告诉她原来是怎么想的，修改过后又是怎么想的。就这样，孩子在自我纠错中强化了对概念的理解，建立起了对数学的兴趣，在享受成功中增强了自信，将冠军的种子深深地种在了幼年。

用智慧为孩子插上起飞的翅膀

"孟母三迁"是几乎人人皆知的中国故事。

孟子小时候和母亲住在墓地旁，经常和邻居小孩学大人跪拜、哭号，玩办理丧事的游戏。孟母觉得这样不行，于是带着孟子搬到集市旁边。在那里，小孟子又和邻居小孩玩起商人们的游戏，一会儿招待客人，一会儿讨价还价。孟母知道了，又皱皱眉头，觉得这个地方也不适合孩子居住。于是，他们又搬家了。这次，他们搬到了学校附近。史书上这样记载，"继而迁于学宫之旁。每月朔望，官员入文庙，行礼跪拜，揖让进退，孟子见了，一一习记。"孟母这次才高兴地说："这才是我儿子应该居住的地方。"于是，他们便在那里定居了下来。

孟母通过"三迁"，成就了一个大思想家、大教育家。刘双秋也为了孩子的教育搬过家，成就了一个国际数学奥林匹克的金牌得主。

刘洋6岁那年，参加了全北美的KUMON（国际赛事的一种）数学竞赛。比赛中途，有家长告诉刘双秋，她所居住的密苏里州，多年来这项比赛从未有人进入过全北美前三名的好成绩。考试刚过 30 分钟，小刘洋就出来了，告诉妈妈，他做得很好，只有一道题不会做，其余都做了。等结果出来后，果然除了这道题，其他全对了。小刘洋因此获得了密苏里州历史上这个年龄段第一个全美数学竞赛第二名的好成绩。

刘洋对数学有如此好的天赋和浓厚的兴趣，妈妈双秋要给孩子创造更好的条件。但是，刘洋就读的密苏里州 Parkway 小学，很少参与各种类型的数学竞赛。刘双秋从朋友那里得知，另外一所条件很好的学校有更多参加奥数比赛的机会。于是，在认真了解了那里的情况，和同样重视孩子成长环境的印度裔先生商量后，他们毅然决定搬家。进入新的学校，刘洋参加了测试。基于刘洋超高的数学分数，这所学校的校长允许他的数学课可以任意跳级。这对刘洋来说是件非常好的事情，他和妈妈商量决定，数学跳了三级，这样他就可以有更多的时间修学其他课程。合理的时间分配，让刘洋后来修了 11 门 AP 课程。因为搬家，刘洋的视野更加开阔，也让他开始了新的学习之旅。

每个孩子都有独特的天赋。刘洋父母的搬家不仅为孩子找到了发挥才智的场所，更适应了孩子成长的需要，这是一种智慧。这种智慧不是盲目择校，而是从孩子自身条件和兴趣爱好出发的慎重选择。

用智慧陪伴孩子走向美好未来

从思维到生活，每个孩子都要走向独立。家庭教育是一个顺应孩子成长的变化过程，父母不仅需要双手搀扶，更需要学会慢慢放手；这里不仅需要一点一滴的引导，更需要投出关注的目光。刘双秋女士的育儿经，是一种智慧陪伴，是父母和孩子的共同成长。

智慧的陪伴是一种思维的引导。**刘洋学习数学，妈妈不仅要求他会做题，更要求他要“知其所以然”**。对于中国人最擅长的“九九乘法口诀”，她不是让孩子死记硬背下来，而是让孩子一个一个推导出来。当小刘洋会用“100=1+99=2+98=3+97=…”解决 1 到 100 求和的问题时，她会问：“一直加到 1000 甚至 10000 怎么办？”就这样，求和公式被小刘洋推导出来了，他的思维也实现了从数字到代数的转变。这帮助小刘洋突破了一道道难关，也让他养成了独立探索的习惯。在高中时期，遇到难题无法解答时，他会重新看书，从最初的方法开始做起，一点点地突破；概念、演算、推理，一遍又一遍，最终寻找到问题的答案。当探索成为习惯，将无往不胜。

智慧地陪伴是一种共同的成长。孩子痴迷游戏，是很多父母最着急的事情，少年刘洋同样如此。初中时，他迷上了游戏。面对这种情况，刘洋的妈妈没有极力阻止，而是买来很多游戏 CD，和他一起玩儿。譬如，在一个发电厂的游戏中，电厂的设备坏了，管理出了问题，就考验了母子解决问题的能力，也增进了亲子关系。过了一段时间，孩子在和母亲一起玩游戏中不再痴迷它。“干正事”也如此，在中文学校周末上课期间，刘洋教中文学校八年级以及高中的数学竞赛课程。教学中，双秋主动担任儿子的助教，帮刘洋一起备课、出考卷。妈妈严谨认真的工作，不仅加深了刘洋对数学的理解，更让他开始学会分享、奉献和付出。

智慧的陪伴帮孩子走向独立。刘洋 7 岁开始学钢琴，考过了钢琴皇家十级；5 岁学习中文，九年级中文 SAT 考了 770 分；他还在学校学习黑管，是学校乐队的成员；他学了 9 年画画；他连续两年入选全美电脑奥林匹克国家集训队；篮球是他业余时间的最大爱好。

2015 年，美国数学奥林匹克队全体队员在领奖台上领奖

刘洋身高 1.85 米，全校一千多人，校队选拔只录取十

几人，而刘洋八年级就已进入校队。他和队友曾经多次为学校争得荣誉，可是，面对即将参加的数学竞赛，时间、精力无法分配，他必须做出选择。在一个家庭会议上，刘洋做了自己的分析。他认为，篮球虽然是自己的最爱，但继续打下去，他也无法进入NBA。最后，他决定舍弃心爱的篮球，全身心地钻研数学。学会选择，学会舍弃，是人生走向独立的开始。在这里，需要的是父母关注的目光、智慧的支持。

刘洋在美国获得的这些成绩，使他在就读美国名校上有了极大的选择空间。他最终选择了麻省理工学院，他认为这所大学更适合他的未来。这是孩子独立的标志，也是父母智慧的结晶。教育的真谛，就是让每个人健康地成长。

或许不是每个孩子都能成为刘洋，但是**每个孩子都应该有属于自己的“金牌”**。

03

教育，没有终点的爱的马拉松
——哈佛妈妈燕子的教子心得

缘，让我和同年同月同日生的燕子一见如故。

燕子爱笑，整个采访都在欢声笑语中进行。在笑声中，我感受到一个家庭浓浓的温情；在笑声中，我领略到一位母亲智慧的教育；在笑声中，我感受到作为妈妈的乐观豁达；在笑声中，更让我品味到爱、帮助和传承的力量……

人生是一场马拉松，教育也是一场马拉松

1992 年，燕子追随赴美读博两年的丈夫来到美国北卡罗来纳州。1995 年，儿子笑笑降生了，5 个月后，一家三口从北卡搬到了波士顿。笑笑的爸爸在哈佛医学院做博士后，燕子则一边工作一边带孩子。1998 年，女儿天天也降临了。人间多了一个温馨的四口之家，也开启了一个由哈佛妻子到哈佛妈妈的育儿故事。

初到美国时，展现在燕子眼里的是一个全新的世界。从新奇到探索，再到认知，她深刻地体会到眼界决定未来的道理。孩子们出生后，她将拓宽孩子视野作为启蒙教育的第一课。在拥有藤校最多，作为教育文化中心

的波士顿—华盛顿城市带，各类博物馆、图书馆、文化名胜林立。燕子利用一切可以利用的时间，买上年票，带着笑笑和天天，走遍了这些地方。这些有着丰富人文历史、先进科技的殿堂贯穿了孩子们的童年，也奏响了启蒙教育的摇篮曲。

伴随着孩子的成长，燕子一直坚持这样的理念：人生不是短跑，而是一场持久的比赛。在她身边有很多来自中国的华人妈妈，为了让孩子不输在起跑线上，一直在辛苦地陪读，孩子也承受着巨大的压力。她不愿意自己的孩子也这样，**她希望孩子既能跑起来，也有足够的能量跑下去。**她认为，人生是场马拉松，拿到名牌大学的毕业证，不过是在马拉松赛跑中取得了一个相对较好的站位而已。

这样的理念，让燕子对孩子的所有教育都立足长远，直面孩子的全面健康成长，直面孩子爱和奉献精神的培育。这样的理念，让燕子的育儿之旅有条不紊，表现出持久而蓬勃的力量。

在孩子小时候，燕子为他们制定了各个年龄段的学习计划。在他们的小家，每晚都有固定的“读书时间”。妈妈拿出孩子喜欢的图书，用温柔的声音滋润着孩子的心灵。燕子注重培养孩子的各项爱好，比如：游泳、体操、足球、滑冰、滑雪、高尔夫、绘画等。两个孩子都学了钢琴，并且一弹就是十年。刚开始，兄妹俩觉得有些枯燥，可每天半小时到一小时的训练，提升了他们的音乐素养，锻炼了他们的毅力，最终他们也爱上了这门艺术。

燕子全家度假时的合影

上中学时，燕子和丈夫放弃了离家近、入名校率高的私立高中，让孩子上了学区的公立学校。他们认为，**对孩子的培养，不能以上名校为唯一的目的，不能过早地给孩子压力。他们把让孩子融入社会，了解不同文化，拥有更多交流的舞台当作重点**。学校开展的各项活动，燕子都会积极配合、热心服务。他们家还常常举行几十人的大聚会，邀请不同族裔的孩子们一起吃喝、玩耍、交流。

或许与燕子哲学专业毕业有关，燕子对教育也充满了哲学的思考。2014 年，儿子笑笑被普林斯顿、麻省理工、加州理工和哈佛几所世界名校同时录取。笑笑最终选择了哈佛。对此，燕子并没显得十分惊喜。她这样解释自己的心情："看过马拉松比赛的人都知道，在起跑的那一瞬间赛道是很拥挤的，但是当 1/4 赛程过后，选手们的距离就拉开了，起跑时占得的那一点便宜荡然无存。到后来，剩下的少数人不是嫌竞争对手太多，而是发愁怎样找一个同伴陪自己跑下去。"

人生是场马拉松，教育同样是场马拉松！

最好的教育，就是放手让孩子自由地思考和选择

孩子成长的过程，也是父母教育智慧形成的过程。燕子认为，做父母最重要的是帮助孩子培养优秀的思维和生活习惯，比如如何自律，如何坚强，如何关爱与被爱。对此，她总结出三个步骤：

第一步是倾听，让孩子把话说出来，并且听懂孩子话里的真实意思；第二步是理解，站在孩子的角度思考孩子的话是否有道理；第三步是建议，在孩子纠结疑惑的时候，父母应该给予及时而恰当的指导。

笑笑上七八年级的时候，才开始对数学感兴趣。孩子的自学能力特别强，学习习惯也很好。2011 年 7 月，燕子带他回国，将要读十年级的笑笑每天都带着一本数学书和一个笔记本。有时候亲属请吃饭，在饭店几分钟

的点菜时间，他也会抓紧做几道数学题。大家的赞许和鼓励，进一步激发了他的学习兴趣和主动性。

爱上数学后，笑笑还主动参加各类竞赛，有全美数学竞赛、美国数学奥林匹克竞赛等，同时还要冲刺 MOSP（从全美数十个州筛选出 24 至 30 位精英，参加数学奥林匹克夏令营）。心疼孩子的爸爸认为十年级期末考试很重要，想让笑笑不再参赛，可孩子就是不愿放弃。最后，燕子支持了笑笑，她认为，孩子努力过、经历过就不会后悔。这一次，笑笑超常发挥，跻身全美前列。这个成绩让笑笑有机会参加为期四个星期的全美 Math Olympiad Summer Program，成为他最难忘的一段经历。接下来的两年高中学习中，他在一位麻省理工学院毕业的数学老师的指导下研究了一些数学课题，他还参加了西门子和英特尔计划，都成功晋级为半决赛的选手，也都从中获益匪浅。

孩子这些成绩的取得，不排除先天智力因素和自身努力，更因为父母对孩子的放手、放心、放飞。**给孩子自由空间，让孩子有独到见解，教孩子独立处理问题，让孩子在学会选择、学会思考、学会承担中，成就梦想、成就希望、成就未来。**是燕子夫妇给我们的最大启迪。

两个孩子读书这些年，燕子一次都没有问过孩子的考试成绩，她不想让孩子感受到来自父母的压力。笑笑所在的麻省西北郊区高中是所公立学校，不排 GPA 的名次，对学习成绩不是很看重。但这所学校非常注重孩子的品德、素质教育，这恰恰和燕子一家的教育理念相同——最好的教育就是让孩子学会怎样做人。

笑笑和同学们相处融洽、取长补短、互相帮助，像弟兄姐妹一样。笑笑常常在考试前牺牲自己的睡眠时间，给同学们补习功课，直至晚上 12 点才回家，等做完自己的功课，差不多已经 2 点了。对于这种做法，燕子在关心笑笑身体的同时，一如既往地给予鼓励和支持。现在的笑笑已经是哈佛大四的学生，他进取、努力，有着明确的职业规划，并在暑期进行了相关项目研究。优秀的独立思考能力和自我管理能力，使他选择了自己的未来。

燕子希望孩子们拥有健康的体魄，从小就带着他们参加各项体育活动，孩子们也在锻炼中茁壮成长。游泳一直是两个孩子喜欢的运动，在游泳队里，两个孩子都当过游泳队的队长。游泳队队长的选举标准是：坚持四年及四年级以上，愿意为大家服务，有爱心和责任心。队长由队员投票选出，教练没有任何决定权。儿子笑笑在四年级的时候就当选男生队队长，女儿天天在十二年级时，也荣幸地被队员们选举为女生队的队长。

笑笑上了哈佛，很多人问天天是否有压力。和妈妈一样爱笑的天天说："这有什么压力？每一个人是不同的，我只要每天进步一点，做最好的自己就行了。"天天性格外向、善良单纯、热心助人，是老师和同学的开心果。她高中三年的学习稳步向上，在学校里是 90 人游泳队的队长、是九年级的新生大使，是慈善募捐俱乐部的成员，还担任校报编辑。

自由地思考和选择，让每个孩子走好自己的路，或许是这对哈佛父母带给我们的最大启示。"Never give up on something you really want. It's difficult to wait，but worse to regret.（**永远不要放弃你真正想要的东西。等待虽难，但后悔更甚。**）"这是燕子经常对孩子们说的话。

将爱心传递下去

"一个人成功不在于自身获得多少价值，而在于给社会带来多少价值。"这是燕子在朋友聚会中分享的一句话。她希望把自己作为爱的管道，把爱传递出去。她还认为，孩子是大人的一面镜子，大人是怎样的人，孩子就会是怎样的孩子。

这是一个充满温暖、充满爱的大家庭。这些年，对尚在国内的年迈的父母，燕子每天一个电话，告诉他们身边发生的新鲜事。分享，让万里之外的老人感受到生活的乐趣。这些年，燕子一家一直坚持做义工，帮扶困难家庭，抚慰孤独老人，为来美求学的中国家庭提供帮助。

燕子夫妇用行动影响着孩子。笑笑和天天学习之余，积极参加各项公益慈善活动。天天进入九年级的暑假，申请到照顾一个15岁西班牙来的高中交换生的机会。还不到14岁的天天，为女孩布置了温馨的卧室，每天早上6点起床，为女孩准备早餐，还做了不同口味的三明治，和水果搭配作为健康午餐，然后7点送她去等校车。周末，天天还为女孩安排各种活动，带她去波士顿的著名景点游玩。共度了30天美好时光，她们成了很好的朋友。

笑笑考上哈佛后，依旧帮助着同学。哈佛有校规，学生必须在学期的最后一天中午12点前，将行李带走或存放在别处。家住波士顿的笑笑，为方便那些离学校较远的同学，便将他们的行李都搬回自己家。开学后，她要用大约三天时间，才能把同学的行李搬回宿舍。当得知在波士顿实习的同学最后一个礼拜的住宿有困难时，他还安排同学住在家里，每天开车接送同学上下班。

采访即将结束时，马上又到大学报考季，天天在有条不紊地忙碌着。她还策划组织二十几个孩子洗车，给游泳队基金筹款。

“用爱生活，你会使自己幸福；用爱去帮助别人，你会使更多的人幸福！”这是燕子最喜欢的一句话。对燕子来说，受教育不仅是两个孩子的旅程，自己也是上阵的选手。在人生的马拉松比赛中，她将爱一路播撒在旅途中，给孩子，给朋友，给身边所有的人。

采访结束后，燕子又奔赴下一站她献爱心的地方——同样就读哈佛的一个华裔孩子意外离开了人间，她要去抚慰孩子的妈妈，她的爱心还在延续。

04

一个国际家庭的混合教育

——Holly 和两个儿子的成长历程

世界越来越小，生活越来越大。又见 Holly，不在美国，而是在位于北京望京的“北鸽互娱”办公室。

此时的 Holly，不见了在美国时的居家贤淑，取而代之的是一份创业者的干练职业。刚寒暄几句，她就把我带进会议室，开始了互动幼教内容平台项目的介绍。她用中英文混杂的方式激情演说，丝毫不顾及我这个对 IT 一窍不通，只是单纯去看望她的朋友能不能听懂。不过，我还是深深地被她那份对教育的热爱和虔诚感动。

面对侃侃而谈的 Holly，专业的 IT 术语确实让我理解困难。但同作为教育者、母亲，谈起孩子成长时，我们的交流没有一丝障碍。

她是一个在国际家庭中成长起来的“中国妈妈”。教育没有国界，成长却有规律。面对国际文化深度的交流交融，教育必将越来越开放。或许，这个国际家庭的“混合教育”会带给我们不同的感受和启迪。

身教重于言教

匹兹堡的春天是美丽的。多年前，Holly（何丽）从北京到美国就读 IT

硕士，一次在宾州匹兹堡的工作会议中，她有缘认识了在哥伦比亚大学读经济博士的美国人 David。一段跨国的恋情不仅让她融进了一个多元的国际家庭，也拥有了丁丁、文文两个可爱的儿子。

David 有着很好的家庭教育背景，他的父母多年前从芬兰移居美国，一家六口人中有四个博士和两个硕士。David 的父亲是位有着卓越学术成就的政治学博士，退休后，学生们自发组织模仿伦敦海德广场的自由石修建了一个演讲台，以纪念他的育人功绩。David 的哥哥是威斯康星大学化学博士；弟弟是天文物理专家，是麻省理工学士和普林斯顿博士，也是 CNN 报道的最新中性尺寸黑洞发现者之一；妹妹也是硕士毕业。David 的母亲，在生下四个孩子后，还坚持去读了图书馆专业硕士。Holly 是典型的中国北京女孩，出身军人家庭，但家族中文人居多。

中国教育的认真，美国教育的开放，芬兰教育的严谨，在这个大家庭里融汇，让丁丁、文文的家庭教育既有潜移默化的文化熏陶，又有交融碰撞的互动融合，充满快乐和活力。

芬兰人有一个著名的教育理念：阅读是终生的资产。在美国常青藤名校的康奈尔图书馆工作的祖母，教育孩子有着得天独厚的条件。David 告诉 Holly，小时候他常把母亲工作的图书馆当成真正的课堂，他从小最大的理想，就是把那里的书全部看完。读书，是 David 全家人最大的爱好。这样的爱好遗传给了丁丁、文文，书香浸润着孩子们的成长。

Holly 家离孩子祖父母家很近，三代人常常在一起度过节假日。在这些日子里，祖父这个幽默的老教授，会给孩子们讲自己参加二战做地勤的故事。善良的中国媳妇 Holly，则会为大家精心准备一顿美味中餐。其乐融融的国际家庭，让孩子感受着幸福，享受着成长。

不同的文化传统，终究会让教育有所差异。作为中国妈妈，Holly 的教育是稍显严格的。她比较重视孩子的课程学习和技能培训，譬如中文的学习、钢琴的弹奏等。丁丁学钢琴时，识谱能力非常强，但记谱能力比较弱。文文正好相反，他的识谱能力较弱，但记忆力很强。有时候，Holly 会批评丁丁："这个曲子你已经练了很久了，为什么还是记不住？"这时，一旁的丈夫 David 往往默不作声。随后他会上网搜索，做案例调查和分析。得到答案后，David 会平静地和 Holly 讨论：这或许是孩子用脑部位的不同造成的。识谱能力强的孩子，记忆上可能会是短板；而识谱能力弱的孩子，可能会有惊人的记忆力。在教育问题上，David 从来没有在孩子面前跟 Holly 发生任何冲突，但也会告诉 Holly："大嗓门对孩子说话是解决不了问题的。"

Holly 全家合影

Holly 一向很注重孩子们的饮食习惯。和许多中国妈妈一样，她把培养吃蔬菜的习惯，当成一件很重要的事情。有一次家庭聚会，全家人一起吃自助餐。在走进餐馆之前，Holly 向丁丁和文文布置了任务，要求首先要吃三样蔬菜，之后吃什么才能由他们自己决定。幽默的丁丁在盘子里夹了一根四季豆、一块西兰花和一段芹菜，对 Holly 说："看，我完成了三种蔬菜的定额。"这时，会餐的所有家庭成员都微笑地在自己的食盘里放入了很多蔬菜，走到孩子身边。Holly 知道，这是大家在她强势教育面前对孩子的"同情"，也是用实际行动影响孩子。David 告诉她："They do what you do, not what you say！"（身教重于言教）

温馨和睦的大家庭，在潜移默化中影响着 Holly，让她不仅在异国他乡感受着家的温暖，更让她在多元文化熏陶中提升自己。这些文化不仅丰富了她的教育理念，融入了她的教育实践，还在融会贯通中惠及孩子。

我必须得 A，亚洲人的英文是 Asian 不是 Bsian

和所有的中国家庭一样，教育的核心是教会孩子做人，也是这个国际家庭最基本的教育理念。Holly 和 David 都认为，德育好了，智育、体育、美育等都会得到相应的发展。德育需要父母去培养，然后让孩子自己去做好智育和体育。

丁丁五岁的时候，和弟弟坐在餐桌前，妈妈端上饭菜后，会让丁丁去拿吃饭用的叉子。小丁丁拿了一个叉子过来，在一般人眼里，丁丁没有做错什么，而妈妈却对丁丁说："你拿一个和拿两个需要付出的劳动是一样的，明明你和弟弟都需要叉子，为什么不拿两个来呢？"她还告诉孩子们，"你能顺手为别人做一件好事的时候，就应该习惯去做。"

十多年过去了，孩子们都上中学了。在他们家门口，有一段坡路。大雪天的时候，有些车会在那里抛锚。每当遇到这种情况，丁丁就会去帮人推车，文文也会前来和丁丁一起帮忙。一次，被帮助的人给了文文一些小费。回到家里，文文要把得到的钱分给丁丁一部分，而丁丁却告诉文文："你能顺手为别人做一件好事的时候，就应该习惯去做。"听到丁丁一字不变地重复着自己的话，Holly 感到十分欣慰。她知道，这些好的品质会让孩子受益一生。

Holly 和 David 都是 IT 专业的高才生，他们把专业知识融进了对孩子们的教育和管理中。为了激励两个孩子成长进步和独立自主，Holly 在电脑中建立了一个数据库，给孩子们设立了一个"虚拟银行"。她设置出不同的表格，按照任务进行打分，内容包括弹钢琴、学中文、吃蔬菜、整理自己的房间、完成学校作业等。孩子们如果表现得好，就会得到积分，并可以把积分折算成零花钱，存入"虚拟银行"。对于这些钱怎么花，则由他们自己决定。

通常情况下，孩子们常常会拿钱去买自己喜欢的玩具。这些玩具在父母看来没有太多的价值，孩子们也往往新鲜一两个小时就放在一边了。因此，买玩具的时候，妈妈一定会问："你们确定要买这个玩具吗？你的钱就这些，一定要选最适合你的。"当孩子们真正做决定的时候，他们也一定会尊重孩子们的选择。后来，孩子们发现自己选的一些玩具确实不是很喜欢，就产生了再买其他玩具的念头，但他们已经没有多少资金了。这个做法让孩子们养成了慎重选择的习惯。

Holly 认为，**在孩子成长中，一定要给他们空间让他们自己去做决定。而孩子一旦做了决定，就必须让他们对自己的决定负责。**这不仅是给孩子自由选择的权利，更是他们自我成长的需要。这个"虚拟银行"从两个孩子 3 岁开始使用，一直持续用到了他们长大成人。

让孩子学会做人，让孩子学会选择，让孩子学会对自己负责，不仅奠定了孩子成长的基础，也让孩子知道了努力的重要。Holly 从不要求孩子们成绩全 A，也不把课外辅导课强加给孩子们。越是这样，两个孩子越懂得自我成长的重要性。孩子们的各科成绩都非常棒，性格开朗的文文会调皮地对妈妈说："I must get an A. I'm Asian not Bsian！"（我必须得 A，亚洲人的英文是 Asian 不是 Bsian）

我只希望你们快乐幸福

丁丁是 Holly 的大儿子，也是个极敏感的孩子。他儿时酷爱读书，也许是古希腊神话传说里的恐怖故事看多了，孩子变得越来越胆小，经常惦记地狱是什么样子，脑子里装着一些恐怖画面，缺少安全感，夜里睡不着觉。开始时，Holly 对此并没有太在意，常会陪伴他入眠才离开他的卧室。当孩子渐渐长大，丁丁的敏感更加明显。五年级时，新闻里连续播放了几起死亡事件，丁丁对此表现出强烈的恐惧和异于平常的躁动。Holly 观察到了这个现象，在她的一再询问下，丁丁终于说出了心里埋藏已久的对地狱的恐惧和不安。Holly 的心沉了下去，孩子幼小的心灵里装着这么沉重的东西，让她感到空前的震撼。那一瞬间，对 Holly 来讲，世界上一切都不重要了，她只关心孩子的心理健康。像所有的母亲一样，她只希望一切还不太晚，自己一定能从轻度的虎妈转到 I just want you to be happy（我只希望你们快乐幸福）。

烈日严寒，风雨无阻，Holly 带着丁丁往心理医生那里整整跑了一年。为了孩子的健康成长，她学习心理学、教育学，在家人和心理医生的共同努力下，丁丁的心理问题开始好转。虽然这期间丁丁暂停了中文课和钢琴课，但对音乐的热爱已在他身上留下了深深的烙印。他参加了各种乐队，包括交响乐队、黑管小乐队、话剧伴奏乐队，在音乐老师的鼓励下，他又参加了行进乐队。

丁丁和文文参加美国东部赛区行进乐队比赛

这是丁丁人生的一个转折点。丁丁对乐器演奏的学习非常刻苦，和老师、同学们相处得非常融洽，就如找到归宿一样，即便是一些大难度的比赛表演，他都能坚持下来。音乐老师是他的偶像之一，为了能帮到老师和乐队，他把低音管乐部所有的乐器都学了一遍。这样，当低音管乐部某个队员缺席，他就可以随时去顶替他，而不至于让乐队无法进行整体训练。因为训练的劳累，注意力的分散，丁丁不再思虑那些恐怖的事情了，晚上很快就能睡着。

在行进乐队里，他学会了有效的时间管理，懂得了集体概念。后来，文文也参加了同一个乐队，兄弟俩互帮互助，在乐队里成了“领军人物”。他们的行进乐队在校际比赛、州比赛中都获得了第一的好成绩。最考验孩子们的是 2012 年美国东部的大西洋飓风。此时，恰巧孩子们参加北美东部赛区的决赛，停水停电让孩子们在学校的准备工作有点艰难，而飓风留下的后遗症，让乐队行进时也面临一定的危险性。即便如此，在音乐老师的带领下和爸爸妈妈的支持下，孩子们仍获得了北美东部片区冠军。这次比赛对丁丁、文文是极大的鼓励，也让丁丁逐渐走出多年的心理阴影。

后来，在一次排球友谊赛中，没有打过排球的丁丁自告奋勇前去“充数”。前来观战的 Holly 这样描述丁丁的表现，那叫一个“惨”字。她说，她的心在流泪。但是，丁丁从来没有说“我打得烂，我就不打了”，比赛结束后，Holly 热泪盈眶地注视着孩子，露出了幸福的微笑。她知道，丁丁真正战胜了恐惧，战胜了自己，她为孩子的勇气感到骄傲。

每个孩子的成长都不会一帆风顺，每个家庭的教育都不是十全十美，当风雨到来的时候，需要父母用爱心和耐心同孩子一起走过。这是每一个家庭在教育中的基本问题。

Holly 说，这是在培养孩子的“坚毅”（Grit）。在英文里，它的含义远比毅力、勤勉、坚强要丰富得多。老二文文在学校是跨栏高手，在练习跨栏的时候，因为缺氧他面临困境，同样在母亲的鼓励下，他坚持了下来。跨栏的故事，被文文写进了大学申请书里，成为他被录取的极好依据。

妈妈，你找到了自己的使命

在十几年的不懈努力后，两个孩子都被美国名校录取。文文去了卡耐基·梅隆大学，丁丁放弃了伦斯勒理工大学，而去了他认为更适合自己的罗格斯大学。

丁丁读大三的时候，文文也上了大学。开学第一天，Holly 开车送文文去学校。下车时，文文过来拥抱妈妈，并动情地告诉她：“妈妈，你是个好妈妈。我们都长大了，读大学了，你现在有更多的时间和精力去做自己喜欢的事情了。”一席话深深地震撼和感动了 Holly，在丈夫和孩子的支持下，她选择了回国创业，也开始了自己的教育之行。

孩子对母亲的鼓励，来源于中西文化熏陶下的 Holly 的一个重要教育理念，即在孩子的成长中，父母特别是母亲一定要有自己的生活，并在生活中为孩子树立榜样。每到自己生日的时候，她对两个孩子的要求是陪妈妈做一件妈妈喜欢的事情。每年的生日，Holly 都会精心准备，她有时会让孩子陪她去看一场自己喜欢的电影，有时是去买一本自己喜欢的书，有时是去郊游，Holly 还会让丈夫开车送孩子到拉丁舞俱乐部观看自己的舞蹈训练。**让孩子了解母亲在做什么，喜欢什么，不仅是一份满怀感恩的生日礼物，更是一节让孩子学会独立、学会尊重、学会成长的人生必修课。**这样的家庭传统持续了很多年，孩子们每年都期待着妈妈的生日，憧憬着和妈妈一起做一件妈妈喜欢的事情。

这是一种别样的言传身教，也是一种生动的生命教育。祖母在孕育四个孩子后去继续攻读硕士学位，妈妈在孩子上大学后开始了自己的创业新旅程。一次，在和文文的越洋电话中，文文高兴地祝贺 Holly：“Mom，you finally find your calling!（妈妈，你找到了自己的使命！）”孩子的肯定是对妈妈最大的支持，更是 Holly 教育成果的体现。

每个人都有自己的使命，使命牵引着孩子的成长，也促进着家庭的进步。

世界越来越开放，交流也越来越频繁。或许，从这个“混合家庭”教育故事中，我们没有看到更多的离奇和独树一帜，只有平静和平凡。但正是这种平静，让教育在文化的交流交融中始终关注着每个人的健康成长；正是这份平凡，带给我们更多富有价值的借鉴和思考。无论是哪种家庭教育，都是孩子、父母和整个家庭的共同成长。这也是教育的永恒主题。

05

一场历经三代为考入哈佛打赌的故事

——Barbara 一家的教育传奇

这是一次特殊的采访，主人公的叙述犹如一部影视剧，将我拉入那特定的年代和特有的场景。

和着千禧年的热闹，分布在世界各地的 Barbara 家族相聚在温哥华。家族中九十岁高龄的叔叔对从美国赶来的侄女一家上下打量了半天，然后对 Barbara 说："听说你儿子上哈佛了？" Barbara 赶紧拿出一打儿子在哈佛拍的照片给叔叔看。叔叔盯了相片半天，深深叹了口气说："你赢了！"然后，拄着拐杖摇摇晃晃地走开了。

一位九十岁高龄老人为何要说这样的话？这源于几十年前的一次打赌，其实更是一个坚持不懈的教育故事。

少时玩笑，打个赌又如何

20 世纪中叶，菲律宾有名旺族林家，刚满 15 岁的 Barbara 和叔叔为一件小事产生了争执。叔叔虽是长辈，可对一些他认为的原则问题就是不肯让步，一定要让 Barbara 承认错误。倔强的 Barbara 认为自己没错，好胜的叔叔没辙了。突然，他想出一个让 Barbara 认输的好办法，因为自己的女儿 Anna 和 Barbara 差不多大，于是他就对 Barbara 说：“未来 Anna 和你，谁能先考上哈佛，就算谁赢，怎样？”“好，我答应！”Barbara 犹豫了一会儿，然后坚定地点了点头。

Barbara 的家境殷实，天资聪颖又好学。父亲祖籍中国福建，是菲律宾华商协会主席，还是中国台湾四大支柱企业水泥、糖、纺织和能源的首创人之一。Barbara 上的自然是最好的私立学校。

2017 年，Barbara 全家在奥兰多度假合影

虽有这样殷实的家境，但不忘“打赌”，Barbara 十分勤奋。她想，她必须证明自己，荣耀家族。正在她踌躇满志的时候，一场打击突如其来。父亲因病离世，由他支撑的产业也轰然倒塌。这突然的打击，让 Barbara 不得不将一切都抛到了脑后，解决突发的家族问题。她一时间无法适应家庭的变故，学习上也打不起精神。两年后，成绩跌落不少的她，只能选择留在菲律宾，当然她的成绩依旧能上菲律宾最好的大学 Catholic School。然而，叔叔的女儿 Anna 也没拿到哈佛的录取通知书，她们俩上了菲律宾同一所大学。

这次打赌的结果在当时只是一个平局。按理说，时局动荡，家道中落，谁还会在意一次小小的打赌，Barbara 却一直把它默默地放在心中。

或许，这更是一份期许，对自己，对未来，对教育……

择偶路上，我们家不会有 B

大学毕业后的 Barbara，决定放弃菲律宾的家业到美国去闯荡。她只身来到美国密歇根大学攻读硕士，一次偶遇让她认识了印尼华裔青年 Ray Hing。Ray Hing 祖籍山东烟台，父辈闯关东一路走出来，多年后辗转到印尼生活。可谁料到 20 世纪 60 年代印尼的反华运动，让他们家无定所，四处飘荡。在已定居美国的姐姐帮助下，爸爸用家里最后的积蓄给他买了单程飞机票横渡大洋。下飞机的时候，他揣着兜里仅剩的 0.25 美元，就这样走上了求学之路。

同为华裔，类似的经历让两颗孤独的心走到了一起。Ray Hing 好学，可成绩不是特别理想，原因是他花了大量的时间去学校图书馆查找一切可以查到的有关中国的信息，他必须寻根，寻找那个父母一直在说却没有去过的“中国”，乃至于情愿用大量时间去阅读必须通过查字典才能读懂的中文报纸。虽然他考试几科都是 A，但因平时没有时间写作业，大二时的 Ray Hing 的 GPA 只有 2.0，总评只能拿到 C。Barbara 对这位同肤色的小伙子的学业要求非常高，她对 Ray Hing 说：“这样的成绩无法进入我们的家门，告诉你，我们的家族里不会有 B。”看着心爱的女孩，好强的 Ray Hing 也放出豪言：“毕业时我一定保证不低于 B，我不会让你失望。”

Barbara 看了看 Ray Hing，表示怀疑。因为要想毕业时最终成绩达到 B，就必须保证后两年的成绩每门都是 A，而且要完成所有作业。Ray Hing 坚定地告诉 Barbara，他一定会拿到这个成绩。爱情的力量让 Ray Hing 在学业上勤奋刻苦，成绩突飞猛进。大学毕业那年，他的各科成绩均拿到了 B+。出色的成绩和一诺千金，让 Barbara 感动，毕业后直接投入男友的怀抱，他们结婚了。

当爱情遭遇学业，Barbara 的要求有些特殊。但这个要求又何尝不是一个刚刚进入异国他乡打拼的青年必须具备的呢？婚后，为了 Ray Hing 的工作，他们定居在俄亥俄州。Barbara 在克城小学从教师做到校长，Ray Hing 在美孚石油任工程师，后来做到了企业研发部门的资深主管。

教育改变命运，无论原来是贫穷还是富有，都必须向着优秀出发！

严格的家规，虎妈也温柔

婚后的生活安定而快乐，孩子的到来让这个身在异国的小家庭充满了喜悦。

Barbara 认为教育需要从胎教抓起，从怀孕开始，Barbara 就每天定时进行胎教。在精心的呵护下，大女儿平安出生了，Barbara 开始执行她的优质育儿计划。

初为人母的 Barbara，对孩子的教育一切都觉得新鲜，因身为教育工作者，读书、学习、请教，她都懂得该如何去做。她从女儿一个月开始，每天定时给女儿听故事、听音乐、做趣味游戏。常年的坚持和培养，让孩子很小就掌握了同年龄段很多孩子不知道的知识。

三岁女儿要上幼儿园了，公立幼儿园进园需要进行 IQ 测试。当孩子的测试分数公布的时候，所有的人惊呆了。园办老师对 Barbara 说："你女儿的 IQ 非常高。"Barbara 在感慨之余，知道这是基因和天资，但她认为更该归因于自己对孩子幼儿期的智力开发。这一成绩也给了她更大的动力，去实施她的培养计划。

大女儿四岁时，他们的龙凤胎出世了，老二是男孩，老三是女孩。养育三个孩子给家庭带来了负担，但 Barbara 在遵循成长规律的同时，结合教育学、心理学原理，坚持用既定方法培养每一个孩子。Ray Hing 唏嘘 Barbara 是一个"虎妈"，虽有温情之时，但对孩子要求非常严格。

Barbara 对孩子的第一要求是做人，然后才是学业成绩。Ray Hing 明白做教育的妻子所做的一切定有其中的道理，对 Barbara 实施的家庭教育全力配合，遇到孩子做错事，他都无条件地支持 Barbara 的做法，让孩子时刻感到父母在教育上的一致性。

他们家共有四条严格的家规：第一，必须善良；第二，不许撒谎；第三，懂得感恩；第四，帮助那些可以帮助到的人。如果孩子犯错不会遭到打骂，但需要面壁思过，想清楚后告诉父母想到什么了，然后父母才会决定是否原谅他们的错误。

学业上，Barbara 对孩子们提出要求：我们的家族里没有 B。这个条件听起来有些强势，可 Ray Hing 说，妻子在提要求的同时，也付出了很多。每天晚上孩子们的作业都需要经过她的检查，如果错了，她要孩子自己想清楚怎么改，直到修改正确，才允许他们上床睡觉。

这样的教育，使孩子将学习当成了自身的责任，从一开始就学会了自我奔跑。做老师和校长的 Barbara，也一直为孩子的成长寻找行之有效的方法。

严格并不代表没有民主和温柔。每天晚上的饭桌交流是他们家一天最温馨的时刻，也成了他们家的固定交流时段，每次都会持续 50 分钟左右。孩子们边吃边喝边说，谈谈今天学校发生的事，说说自己的困惑和想法、进步和喜悦。如果有问题，大家就一起讨论，有什么想问的想说的，都在“饭桌交流”中解决了。

孩子们读中学时，一次饭桌交流时，爸爸提议：“今天我们的主题是，如果现在你们是爸爸，你们认为以前爸妈对你们的要求和做法有哪些不当的地方呢？”抢先回答的是儿子，他说：“我觉得你们对我们各方面的要求都挺好的，虽然严格但不强迫，我们能感受到爸妈的爱。但有一点没做好，你们要是早一点让我们学中文就好了。”

对于菲律宾和印尼出生的这对夫妇来说，认为孩子的要求非常正确，因为他们的根在中国，让孩子学好中文极其重要。他们也知道，孩子仅靠在美国的周末中文学校里的那点学习是不够的。这时爸爸想了想，对孩子们说起了自己的故事：“我出生在印尼，然后到美国读书。之前完全没有学过中文，我的中文是进了大学后和一些中国台湾学生学的。你们看，我现在和中国公司合作，常去中国出差，中文说得很流畅，只要有决心和毅力，任何时候，只要想学好就一定能学好。”

爸爸的故事激发了孩子们，也让他们感受到一份传承。对于孩子而言，**所谓教育就是在生命伊始奠定成长的基础。**

合理放手，果实就这样结出来了

对于孩子的教育，他们一直秉承科学和合理的基本原则。

对教育学有着深入了解的 Barbara 和 Ray Hing 商量，对于孩子们的教育，10 岁前一定要严格，重点在于各项习惯的养成和个性的培养；10 岁后必须完全放手，让孩子们自己做自己的主人。同时，任何时候，对孩子的综合素质教育绝不能放弃。

因此，三个孩子除了文化课外，都分别学了钢琴、小提琴、芭蕾舞、中国功夫等。孩子们下午放学早，对于长期在外出差的 Ray Hing 来说，根本帮不上什么忙。Barbara 虽然在学校工作，但孩子们都在学区里的公立学校上学，Barbara 需要下班后接送孩子去不同的地方学习音乐、美术等。对于三个孩子每天的功课、生活，Barbara 付出了很多，但她为此而开心。

Barbara 给孩子们营造了良好的学习环境。孩子们 10 岁后，Barbara 和 Ray Hing 开始给孩子全方位的自由。孩子们拥有了自己的房间，每个房间都配有电视，房间布置一切都由孩子自己决定，只是家规里的要求不能变。Barbara 只是实行监督，孩子遇到问题，可以找父母商量，其他一切业余爱好，包括参加数学竞赛、音乐比赛等，都由孩子自己决定去不去做。

大女儿受到时任美国总统克林顿接见

在宽严之间，Barbara 拿捏有度，自由的孩子们学业十分出色。孩子们在规矩和自由的辩证中实现着成长，家庭教育结出了丰硕的果实。

三个孩子每学期拿回来的成绩都是 A，还有很多 A+。大女儿的高智商加上 Barbara 的教育方法，小学就不断跳级，初中时就完成了高中全部课程。高中拿下学校开设的全部 12 门 AP 后又加修了 4 门 AP 课程，她的 SAT 是满分。此外，大女儿还获得了美国总统奖，也是第一位就读索伦中学获得此奖项的华裔学生。儿子和小女儿也获得过国家优秀学者等多个奖项。

假期，Ray Hing 的孩子们去过中国，去追寻他们的根；也去过菲律宾、印尼，以及欧洲各国，了解多元的他国文化，开阔他们的视野。

大女儿高中毕业后，一举被哈佛、耶鲁等多所藤校录取。当女儿拿到哈佛录取通知书时，Barbara 在一旁流泪了，她为孩子们高兴，也为自己高兴。虽然孩子们完全不知情，她和叔叔的打赌，但她知道，荣誉属于他们全家。她祝福女儿，女儿平静地对父母说："没什么大不了的，谢谢爸妈的培养。"

在加拿大全家族聚会时，孩子们才知道妈妈心中多年的秘密。或许这里真的承载了三代人的梦想，但它更是一个美丽的教育故事。

孩子们上大学后，Barbara 告诉他们，大学不是终点，而是又一个新起点，你们需要重新出发。大女儿在哈佛学习期间撰写的中美关系的论文，得到了时任美国国务卿和总统的高度赞扬和欣赏，他们还接见了孩子。儿子写的论文《The American Election Phenomena》被时任国务卿科林·鲍威尔（Colin Power）大加赞赏。

大女儿哈佛毕业后，先去中国支教了三个月，然后到华盛顿成为总统候选人的演讲撰稿人，并参与制定移民政策以及高科技行业的政策，后来她又去哥伦比亚大学攻读了法学博士，如今是加州很有影响力的律师。儿子毕业于康奈尔大学，现在也成了一名高级律师。小女儿因对基督的信仰从计算机专业转行，攻读神学院的博士。如今孩子们各自有了家庭，他们的另一半也都毕业于哈佛和耶鲁等名校，周边朋友趣称这是名校一家子，Barbara 和 Ray Hing 如今也从俄亥俄州搬到加州，全家又团聚在一起。

一个传奇的故事，传递出一个教育信仰：心怀梦想，向上而生！

06

做妈妈是一生最大的事业

——昕和她的两个哈佛娃的故事

“青春会逝去，爱情会枯萎，友谊的绿叶也会凋零。而一个母亲内心的希望比它们都要长久。”这是伟大的诗人荷马的诗句，也是对母亲这个角色的最好诠释。

和昕聊天是件愉悦的事，她的逻辑性和幽默感非常感染人。昕讲的教育理论更是一个完整的体系，并让人感受到一种教科书般的引领。

昕的两个孩子年龄相差四岁，都被哈佛、麻省理工、斯坦福等多所名校录取，还获得过许多优秀的成绩。儿子在国际奥数比赛中获得2金1银，两次应邀参加美国物理队，并获得了国际信息奥赛银牌。女儿作为北卡州有史以来第一位获得高中数学竞赛冠军的女生，曾参加麻省理工的科学研究夏令营（RSI），并入围Regenerous科学奖（STS）半决赛及生物、物理、信息、计算机语言学半决赛。2017年6月，女儿代表仅有4名女队员的美国女子队，参加EGMO欧洲女子奥数比赛，获得美国有史以来此类赛事的第一块金牌。

这一系列成绩的背后，昕为此都付出了什么？探秘的心理抓住了我，访谈中，我看到了一位把做妈妈当成一生最大事业的智慧女人。

她是一位职场女性，妈妈却是她的第一职业

昕毕业于华中理工大学首届少年班计算机安全专业，她的先生毕业于清华大学。20世纪90年代初，他们到加拿大留学、工作，后来一起到美国工作，落户北卡。昕的先生在公司从事技术工作，带领一个团队做研发。昕的专业是软件开发，后来做过系统测试，管过技术培训，现在负责运营管理。

在异国他乡，孩子的出生给他们带来了欢乐，但也使他们很辛苦。昕想辞掉工作做全职太太，她的理想是相夫教子，看到先生特别喜欢孩子，她愿意全力操持家庭。但是，先生却建议她说："不，你不要放弃自己的成长，职场上应该有你更大的舞台。"

昕接受了丈夫的意见，没有放弃自己的事业，不断地选择更适合自己的工作。昕的先生很了解昕，认为她能言善辩，聪慧伶俐，文理结合，不是一个能在家里待得住的人。他建议昕改行做运营，这样不仅可以发挥她的长处，也方便兼顾家庭。

2013年，陈昕全家在美国奥数颁奖仪式上

昕转向了人事管理岗位，工作依然非常出色。但是，在每个岗位上，她都会对领导提一个要求："我会尽心尽责做好我能做好的一切。但有一点需要说明，我的孩子会有各项活动，如果遇到和单位事务冲突，我一定要以孩子的事情为重。"把做妈妈放在第一位的要求，也得到了不同岗位主管的肯定和支持。昕笑言："把孩子活动比赛放在日程中，天塌下来都

不管。”

每个职业都很重要，而昕是把做妈妈当成了最主要的职业。很多华裔妈妈都很焦虑，但她没有这样。她认为，焦虑无法解决问题，必须坦然面对一切。为了孩子可以不停地去学习，她执着地充实自己的头脑，让自己懂得更多，这样才能和孩子一起更好地成长。

职业的要求和妈妈的事业开始叠合，孩子的成长和自己的成长成为一体。为了提高自己的情商，锻炼沟通能力，增强领导团队的水平，她去上不同的培训班，去尝试、经历、聆听。美国教育中认为领导力很重要，她就报名参加领导力的培训，了解美国文化中的领导力，如何才能真正体现一个人的能力。

改行之前，昕是典型的理工女，黑白分明，没有任何中间地带。改行后，通过学习，昕成功地与各行各业人士合作，也成功地做着妈妈这项事业。她说，她特别佩服先生的眼光。

关于孩子求学的各种申请报考工作，她担心因为文化差异，会让本来出色的孩子由于理解不深而丧失机会。所以，她又专门找了一个和学生、培训申请等相关的工作，以便了解美国的升学系统，帮助孩子正确解读相关要求。她说，任何游戏都有规则，必须读懂你才会玩。

她在工作中，每年审阅来自世界各地的上千份实习申请和几百份研究计划书，她因此具备了丰富的高中科学竞赛裁判经验，同时负责组织 Math Counts 州队培训和为高中 ARML 数学队选拔后备人才。在这个过程中，她不仅积累了广泛的学校人脉资源，也对美国高中规划和大学申请有了独到的见解，更为指导孩子升学奠定了基础。

“人生中任何工作、职务都可选，唯有做妈妈这件事没得选，必须做好。做妈妈是我一生中最大的事业。”这是她讲得最多的一句话。

她是家庭的调和剂，却是一个说一不二的妈妈

理工科家庭是个喜欢辩论的地方，昕在家里是个很好的调和剂。她觉得**理解最重要，和谐的家庭关系是孩子成才的基础。**

昕说："每个家庭都是一个团队，而且更有挑战性。一个人如果能把家庭管好，也就能在工作中把团队带好。"

昕的先生是家里真正的领导，他让家庭里每个人都有自己的位置。孩子们基本没有参加过补习班，因为他们的父亲每天都给他们做一对一的辅导。她说："我先生是我见过的最好的数学、物理、计算机奥赛级别的老师。"昕的任务是陪孩子读英文书，和他们讨论功课之外的点点滴滴。

良好的家庭教育氛围，为孩子的健康成长奠定了基础。昕的先生脾气好，要求高，做事认真，但比较严格。对于爸爸的严格要求，孩子们有时会不理解，甚至会不耐烦。昕就会用另一种方式解释给孩子们听，架起孩子和爸爸之间的沟通桥梁。她说："需要时时注意的是，维系父母和孩子的是温馨的感情，而不是凶悍的管教。"

她用一个形象的比喻，让孩子学会理解爸爸，她告诉孩子们："如果未来你们走上职场，而领导就处于爸爸这个年龄段。你们如何把自己的想法推销给爸爸？如果你们能做到智慧地说服爸爸，同时又能听取爸爸的合理建议，这样不是更有利于成长吗？"妈妈作为桥梁不仅架起了亲情和友爱的今天，更作为灯塔为孩子们指向了美好的明天。

昕认为，做父母的一定要理解孩子，并对他们有耐心。无论孩子说什么都需要给予他们更多的理解，在爱的前提下，再去寻找问题产生的原因和思考答案。

女儿要参加高中毕业舞会，需要买礼服裙，而当时商场里可以选择的礼服裙不多。女儿在买礼服裙的过程中，看什么都不顺眼，昕耐着性子等着孩子。她知道，青春期的孩子比较注重完美，难免烦躁，何况女儿和她

爸爸一样，有着自己独特的审美观。她用了整整一个下午耐心地陪伴孩子。孩子在妈妈的陪伴下，慢慢地不再烦躁了。

2015 年，在麻省理工学院举行的女子数学竞赛现场，哥哥给妹妹和她的朋友讲数学题

对于孩子偶尔出现的逆反情绪，她主张做好倾听者，有时候完全不说话。一次，孩子发脾气，她默默地陪着孩子坐了大半天，等孩子完全恢复平静，才和孩子分析应该如何处理。在这个过程中，无论误解有多大，她只是对孩子说，妈妈爱你，理解你。**这样的静守，温暖了孩子，也解决了一切。**

但昕同样认为，如果孩子人格上存在缺陷，必须加以纠正，那个坑如果不填，一定会对孩子未来形成阻碍。她的儿子个性好强，昕从不放纵他，不让儿子的不良倔强得逞。儿子 3 岁时，看中了一捆八个的牙刷套装，一定要全部买回来。昕只允许买一个，于是儿子开始在地上要赖大哭。昕却冷静地说："给 5 五分钟，要么起来，要么我们就走，你自己想清楚。"看着妈妈严肃的表情，儿子只好慢腾腾地爬起来跟着走了。

坚持修正不良习惯，孩子们也会渐渐适应。有一次，儿子的好朋友来家里玩，昕让两个男孩子自己挑选食物，但要求他们将盛到碗里的食物吃完，这样晚上才可以去看棒球赛。好朋友对昕的儿子说："如果不吃掉就不能看棒球赛，不过棒球比赛的票是退不了的，票都买了，你妈妈还能不让咱们去？"儿子却告诉他："我妈妈真的会的，她会把票撕掉。"说一不二的妈妈形象，给儿子留下了深刻的印象。

这是一种教育智慧，不仅有理解和耐心，更有决断和制止。温暖和狠心同样重要，这是人的成长规律，也是教育的规律。

她是一个用心的妈妈，却说要当好孩子的秘书

“给孩子选择的机会，温柔而坚定地让孩子承担后果。”这是昕的儿子上一年级时，他的班主任说过的话，这句话一直让昕铭记在心，并融入她的育儿实践中。她认为，要想让孩子的路越走越宽，就需要静下心来找到每个孩子的特点，个性化研究孩子。只注重眼前回报，功利和短视的父母，都无法拥有孩子的未来。

每个孩子都是可以打磨的钻石，不同的孩子有不同的闪光点，这需要父母耐心、细心地挖掘。昕的两个孩子个性不同：儿子好强，女儿温顺，她用不同的方法教育引导着他们。她希望儿子理解别人，多为他人考虑；希望女儿既能够保护自己，同时又愿意冒险，能够坦然面对失败。

儿子高中的时候疯玩游戏，昕并没有批评孩子，他们采用的是激将法。她对儿子说：“你这么爱玩游戏，如果能自己编程写出游戏来打，那才棒呢。”孩子还真这么做了，最早在计算机上写游戏，写出了玩 24 点的不同游戏。后来儿子自学编程，在网上参加美国计算机奥赛，还去澳大利亚参加了国际信息奥赛。上大学期间，儿子在世界大学生程序设计比赛中取得过当时北美的最好成绩。

昕非常注重孩子综合素质的培养，但又不墨守成规，而是根据孩子的个性，让其自由发展。华裔的孩子大都会去学钢琴，女儿学过三个月的钢琴，不是很喜欢，说想拉小提琴。昕为孩子租了小提琴，女儿也只学了三个月。接着女儿学长笛，她说哥哥在吹黑管，她也要学管乐。最后，女儿正式开始学吹长笛，至今已经坚持了整整十年。父母对孩子们的爱好应顺其自然，不应有很多强加的内容。

昕能做一手好菜，但就是不爱吃甜食，所以家里的饭桌上很少有甜点。昕的女儿特别爱吃甜点，妈妈就告诉她，如果想吃就自己去做。没想到，女儿还真的开始做了。妈妈帮忙买来了所有的食材调料，女儿开始了各种尝试。女儿非常喜欢 Flour 的 Joanne Chen 出的菜谱，Joanne Chen 从哈

佛大学毕业后才开始学习烘焙，女儿就下载菜单跟着学习。

几年前，昕给女儿买的圣诞礼物是厨师机，帮助女儿更方便将蛋白打发。妈妈怕女儿没有常性，让女儿答应每周都用。结果不仅女儿坚持了下来，昕也经常使用。女儿常常把做的点心带到学校和朋友们分享，受到了大家的肯定和赞扬。这不仅激励她不断创新甜点的花样，更让她养成了坚持的习惯。

对于孩子的每一种爱好，昕都会支持和鼓励孩子去尝试，让孩子在自由的空间里尽情发挥，也让父母更客观地了解孩子，对孩子进行更适合的引领和指导。同时，她始终认为，**教育就是服务，在孩子的成长中，当好孩子的秘书十分重要。**

孩子参加各种活动大赛，昕自己也记不清有多少次了。但在考试前夕，她都会把自己该做的做到位，但等孩子从考场出来，她就什么都不问了。她知道，孩子会自己去反思。对于孩子的各项活动，她的研究和深入绝不亚于任何指导老师。除了家庭中的吃喝需要贴心操持外，孩子参加活动之前，她都会去收集大量资料，寻找一切对活动有帮助的送给孩子。

她说："当好孩子的秘书，就是一直默默地替孩子准备一切可能的建议，但决定一定是孩子自己做的。"一天，女儿淡定地告诉她 AP 统计有一个季度得了 B，昕问："为什么？"女儿说："因为那段时间太忙，所以放弃了一些作业和附加题。时间有限，没有得 A，自己的兴趣重要，我的重点放在了自己的兴趣上。"而她只对女儿说："有舍才有得，懂得取舍说明你成熟了。"

当然，精益求精的女儿学年结束时的成绩还是 A，但昕知道女儿做过不少常人眼里"伤害"GPA 的事情。女儿为乐队放弃 AP，为准备集体项目，不参加州里最重要的数学竞赛等。她认为，**让孩子形成自己的主见，知道如何选择，孩子才能成为自己。**

除了孩子的比赛，昕也积极努力做着各类公益。她用假期参加学校组织的各种活动和旅行；多方谋划，想办法给学校捐款；鼓动社区邻居和身边的人去做义工。孩子们看到妈妈这样努力，他们也变得更加努力了。

当上哈佛的儿子即将毕业，找工作或申请博士研究生相关事宜他都会和父母讨论商量。昕无论多忙都会抽出时间帮儿子看简历，提出修改意见。女儿大学申请结束后，开始计划暑假的安排，全家自然也会一起审阅她的简历，练习面谈等。

真正的教育，不是点石成金，而是春风化雨。昕的家就是孩子们未来职场的演练场，妈妈秘书都要认真提前做功课。

做妈妈，是一项最大的事业！

07

育儿，做淡定的助推者

——哈佛妈妈 Lin 和她的孩子们

电话铃响时，电话那头的"Hello"爽朗清脆，并伴有洗碗的窸窣声，这让我在电话这头就能感觉到 Lin 的麻利爽快。于是，我便开门见山地直接问 Lin："你每天将各种教育帖发到群里，还拟定主打帖作讨论话题。你家里有三个孩子和一堆家务，你肯定是个全职太太吧？"

Lin 告诉我，20 世纪 90 年代，她的先生因为大学的一个项目来美做研究，继而攻读博士。第二年，新婚的她随丈夫来到美国就读硕士。随后，他们定居田纳西州，虽养育三个孩子，但夫妻双方一起工作至今，没有间断。

简短的交流，轻松而自然，我感受着这个家庭的活力，也在 Lin 的娓娓述说中思考着教育的本来。

让家庭成为领导力的培养基地

Lin 有三个孩子，女儿 Jennifer 是老大，在美国出生。因为工作繁忙，Lin 和丈夫本想只生一个女儿，然而大女儿 6 岁时他们带着她回国探亲期间，孩子和国内的亲戚共度了一段快乐的生活，这让孩子有了对弟弟妹妹的期盼。孩子告诉他们："如果有小弟弟、小妹妹能一起玩，那多幸福呀，而且将来我的孩子也会像我一样，有舅舅和小姨了。"夫妻俩认为孩子的想法很有道理，就遂了女儿的愿，老二 Jerry、老三 James 相继出生了。

2017 年，Lin 全家回国和父母一起的合影

多人口的家庭，家中的分工也就自然形成了。爸爸是家里的司机，辛苦地做着孩子们上学、放学以及各项活动的车夫，也参与孩子们对哲学问题的讨论；妈妈则掌管着家庭的吃喝和孩子们的功课。三个孩子均进行自我管理，他们的领导是大姐 Jennifer。两个弟弟有任何问题，妈妈都会和姐姐商量，在充分听取 Jennifer 建议后再做决定。或许是因为爸妈在大公司做技术，这个家庭也如企业般地"运营"起来了。

孩子多，领导力培养机会也就多，Jennifer 是个有主见的孩子，她 10 岁的时候就开始规划自己的生日，形式、内容、邀请、预算完全自己做决定。读初中的时候，Jennifer 刚到规定年龄就去拿了保育员证书（baby sitter license），为的就是放假能看管好两个弟弟。按照美国法律规定，不够年龄的孩子是不能单独在家的，除非有大孩子照顾，而且这个大孩子必须有保育证。

Jennifer 带弟弟们的方法很多，她实行民主管理，遇事开家庭会议，拿出计划方案让大家执行。她带两个弟弟玩游戏，负责给他们布置作业，而且还给弟弟们定了"家规"，作业没做完不能去吃饭。弟弟饿了，姐姐就制作自创口味三明治给他们吃。

大女儿的领导力就在这小小的家庭中逐步培养起来了。妈妈最欣赏女儿做的一件事是，弟弟上小学时，迷上了打游戏，尤其到周末没完没了地沉浸于网游中。Lin 多次和孩子交流无果，这令她很头疼。饭后散步，Lin 便和大女儿 Jennifer 商量此事。女儿思考后，当即召开了家庭会议。她在会议上宣布：每个周末，弟弟们都需要自己设定一个家庭交流主题，然后根据这个主题去网络上查找相关答案，周日全家交流。为了完成权威姐姐布置的任务，弟弟们一到周末就上网查找他们需要的资料，期待着在全家交流中发表自己的独到意见和看法。后来，弟弟们发觉网络世界不仅仅是游戏，还可以学到许多知识，有关历史、地理、艺术的知识开始通过网络走进他们的世界。他们渴望探讨，觉得可以和大人们一起讨论这些话题非常好玩和有趣，渐渐将痴迷网络游戏变成了热爱网络学习，全家的学习氛围也就更浓了。

教育是一种氛围的营造，更是一种主动的引领。姐姐在引领弟弟成长的过程中，也实现了自身的成长，让她后来在申请大学时更好地展示了自己的领导能力。在面试斯坦福大学时，面试官问她感觉最成功的一件事是什么，她说是平时在家看管弟弟们，她还讲了如何自创健康三明治，让弟弟们吃得非常香的故事。面试官说，这是他听到的最有意义的回答，夸奖她解决问题的能力强。临走时，考官还风趣地要求，希望以后有机会吃她做的三明治。

Lin 认为，领导力培养是让孩子们面对问题时学会积极寻找解决问题的办法，让他们在失败的体验中逐渐成长起来。

还有一个让人忍俊不禁的故事。老三 James 刚上学时，James 就在班上创建了一个营利组织，会费 3 美元。第一天便有一位同学加入，他也是唯一的会员。因为年龄小，James 只是模仿大人，知道可以创建这样的组织，可不知道怎样运作。没想到不费吹灰之力便可赚到 3 美元，James 很高兴，课后到学校商店将钱换成了彩笔。放学妈妈去接他，James 刚上车，就得意地高举彩笔，告诉妈妈这是自己赚来的。他这样给妈妈分析说，家里有规定，干一次家务能赚 25 美分，而这一下子就是做 12 次家务的钱，这钱太好赚了。Lin 听后没有表态。

回家后，妈妈组织了家庭饭桌会议，讨论 James 钱是怎么来的。靠劳动？靠卖东西？靠好主意？James 的赚钱来源似乎接近最后一个，可又好像缺了点什么。大家一致认为，James 的赚钱方式是不可取的。妈妈告诉儿子："世上没有白来的钱，他需要自己掏腰包把 3 美元还回去。"James 听从了妈妈的建议，当即把自己的钱放到书包里，准备还给小朋友，还彩排了一句"No Free Money"。

针对 James 的"无活动组织"，姐姐提出了自己的建议，弟弟才一年级，会费可以收 1 美分，争取更多会员。这样既可以锻炼自己的领导能力，又能招收更多会员。James 后来还带领他的组织在社区开展了卖柠檬水活动，大家感觉非常成功。

"No Free Money"，天下没有免费的午餐。领导力的培养也是一分耕耘，一分收获，这是这一家人带给我们的真切启示。

让孩子的潜能顺其自然地被开发

Lin 家老大今年已经步入哈佛一年级，老二和老三还都在上小学。Lin 的理念是，**在孩子的童年，给孩子更多玩的机会，不透支童年，孩子才会快乐，潜力也就会自然发挥出来。**正是这样，孩子们在幼儿园和中小学阶段都有充沛的精力表现自己，在写作、美术、钢琴、击剑等爱好上均有着斐然的成绩。

一般来说，父母最容易发掘孩子的潜能，可 Lin 说他们家三个孩子的潜力几乎都是老师发现的。比如，老二 Jerry 的绘画天赋就是幼儿园老师发现的。在幼儿园，老师告诉 Lin，Jerry 的绘画特别好，很有想象力，并把孩子创作的一幅油画给她看。Lin 感到特别吃惊，她和丈夫并没有美术天赋，没想到孩子还有这样的潜力。至今，Jerry 的幼儿园处女作仍然悬挂在夫妻俩卧室的床头。

姐姐和弟弟们一起做智力游戏

了解到孩子的潜力后，Lin 开始**培养孩子的特长是父母应尽的责任。**Lin 开始考虑如何帮助儿子找到好的指导老师，她的出发点不是要去提高孩子的绘画技巧，而是最大限度地保持孩子的想象力。他们找到了一名适合孩子的白人老师，老师多次对 Jerry 的画作进行点评，认为孩子不仅仅在模仿，更是在想象，有着自己独特的创意和想象。

Jerry 十分喜欢画生活中的情境，他和父母去商店购物，回家就会画出商店里的很多场景。几年前，全家人去芝加哥度假，一直生活在田纳西青山绿水中的孩子们，看到了大都市里那么多的高楼大厦。Jerry 一下子迷上了高楼，拿起画笔把他看到的大楼全都画了出来。回到家后，课前课后，饭前饭后，画摩天大楼成了 Jerry 生活中的主题。他打开电脑，搜索出世界各地的高楼进行研究，还立志去上海的金茂大厦工作。Jerry 开始构建自己心中的大厦，并在房间里建造属于自己的“城市”——有积木搭建的大楼，也有画出来的大楼，在他的“城市”旁边，还散落很多纸片。他告诉妈妈，因为城市刚刚刮过大风，所以就成了现在的样子。

如今，Jerry 喜欢上了看历史书，还把心中和历史相符的高楼大厦都画了出来。妈妈不断夸奖他有想象力，图画中的“罗马帝国”正在一天天建成。Jerry 的画作深得指导老师的喜欢，并多次推荐在全美参赛，小小的他已经获得了学区和州级的多个大奖。

无独有偶，大姐 Jennifer 读高中时，老师也发现了她的画画天赋。Jennifer 很幸运，在高中选 AP art 时遇到了一位好老师，跟着他学了三年，画出了很多作品。Jennifer 参加了学术界、青年艺术等很多美术比赛，获奖很多。

Lin 的三个孩子，完全是三种不同的个性。James 是最小的儿子，和哥哥姐姐不一样，Lin 没觉得他有什么特别潜质。有一天儿子拿回了厚厚的测验卷，一数 25 张，得分为 100 分。Lin 发现儿子的字迹工整，卷面整洁。从此以后，James 每晚八点必定会坐在书桌前，自定计划，自觉执行。让优秀成为习惯，或许是最让 Lin 欣慰的地方。

只要孩子有潜力，无论哪一方面，Lin 和先生都会极力配合。儿女在数学、游泳、击剑、钢琴、黑管演奏等方面的天赋就是这样一一被挖掘出来的，它们都成为孩子们的爱好，更成为孩子们的成就和价值追求。

一切自然而然，一切又煞费苦心。和老师密切配合，在自然而然中助力孩子的成长，值得我们每个为人父母者学习。

让阅读写作放飞孩子的思想

Lin 的大女儿的诗歌曾多次获全美一等奖，当大家看到一份份成绩单时，Lin 如是说，女儿 Jennifer 的人文情怀受不朽作品的影响很大，是阅读带给了孩子开放的视野和成熟的思想。

Lin 的家中没有订阅杂志，孩子的阅读是散漫式的。只要孩子们喜欢，读什么书都可以，Lin 会给孩子提供一切想要的书。所以，**孩子们读的书都是自己最感兴趣的**。有时候，一本书孩子会读 4 至 5 遍，甚至一个系列从小学读到高中毕业。他们**读书是自主选择，自由进入读书状态，没有任何压力**。他们全家在旅游的路上，常常一起讨论文学作品，夫妻俩常常感慨孩子们惊人的感受力和理解力。

在孩子们平日的阅读过程中，Lin 会经常打印一些最新动态的文章放在孩子的早餐旁，或者将好文章链接发邮件给孩子。当 Jennifer 的 AP

English 考完后，高兴地对妈妈说："谢谢妈妈，你让我平常读了很多短文章，我写文章时就有了很多现成的例子。"Lin 听后非常欣慰。

为了调动孩子们读书的积极性和自觉性，Lin 自嘲说，只好把书香也抹上铜臭了。孩子们做一次家务赚 25 美分，读一本书可以得到 50 美分。老二 Jerry 有无奖金都会孜孜不倦地读书，但老三 James 可不这样。Lin 这样描述老三 James 在家的场景：读书太费脑，家务太费劲，若为金钱干，两者必选一。James 先讨价还价，问妈妈同一本书读 4 遍算不算读 4 本书，妈妈说不算，于是他当即决定扫地挣钱。

挣到钱后，James 还拿出 10 美分发给妈妈说："妈妈辛苦了！"妈妈感动得收下了，笑道："看来只有劳动人民才能体会劳动人民的疾苦。"同时，Lin 还会告诉 James，阅读还是非常重要的，和姐姐哥哥一起读书会有很大长进。这是一份淡然的推动，孩子在选择和对比中实现着别样的成长。

大量阅读对孩子的写作自然有帮助。Lin 认为，写作中最重要的表达应该是在敏锐的感受力和深入的理解力的基础上，感性或理性地写出来。Lin 告诉孩子写作能力要上一个台阶，拥有独特的表达方式很重要。平常和孩子们讨论问题，他们尽量让孩子自愿表达，父母不去评论对错。所以，孩子们特别愿意和父母分享她们读过的书，包括作者的生平和自己的感悟。读高中后，Jennifer 最遗憾的是没有大量的时间阅读自己喜欢的作品，她自己订购了一些普利策奖作品，有小说和诗集，有空就读。

Lin 认为，写作技巧可以训练，可形成自己独特的思想需要长期的激发和鼓励。她认为，大量阅读能够接触世界，可以帮助孩子自由表达，让孩子从树木看到森林，心中有坐标看世界，用积极的心态去生活。

Jennifer 七年级时去杜克大学天才学院参加一个项目，写了一个好朋友失去母亲的故事。这个在音乐背景下伤心讲述的故事，让全班同学失声痛哭。上十一年级时，Jennifer 参加一个全美写作比赛，以朋友父母离婚的故事来讨论道德责任和事业发展。孩子的人生经历中，周遭的人和事无时无刻不在对他们产生影响，他们也在思考和品味中不断地成长。

让爱成为孩子成长的最大支撑

这里转载一篇 Lin 在女儿因落选全美写作大奖而感到失落时写的日记，或许会给我们更多的启示。（注：然是大女儿 Jennifer 的中文名）

为亲爱的女儿痛失一奖而写

今天是写作大奖的公布日，东部时间下午五点。上午很茫然，突然有一种女儿在抛物线上找寻着陆点的感觉，太少的选择，太多的寒光，不知是否是女儿这个年龄段应该承受的。想起女儿每次获奖后的淡然，才悟出失奖后的心态调整才是更重要的人生一课，于是我决定下午亲自去接女儿。

本来女儿每个星期五下午放学都是和好友们小聚，今日的主题是庆祝中国新年，顺便和好友们一起等待网上公布的获奖名单。但是好友们因为有其他课外活动，小聚取消，女儿背着沉重的书包上了我的车。我俩去一街头小馆吃了辣鸡翅，我是“浅吃辄止，辣不成声”。女儿却从容自若，辣意凛然，怪不得喜欢竞赛，刺激本来就是竞赛才能体验到的感觉。

最喜欢把谈心的时间放在女儿美餐时，轻松愉快，推心置腹。假想一日小女被一才俊攻破，便是买张机票带她去巴黎吃一顿大餐或去成都点些川菜，此天机只可参悟不能道破。于是，有了如下对话：

“然，妈妈问你，比赛是赢重要还是输重要？”

女儿平日反应比我快两拍，今日对我这无头无尾的问话略有不解。

“当然是赢重要，参赛的目的就是为了赢！”

花样年华，意气风发，不要去讲什么云淡风轻，高处不胜寒。

“如果输了，调整心态，轻装前行是不是能比赢学会更多的东西？”

“输了才会更有动力和空间去提高！赢了要卸下重负，回到原点。”

有点意思，女儿被我挤出了点儿哲思。想起一日女儿说，评奖者是游鱼，参奖者是垂钓者，愿者上钩！我的腹笔已成功地埋在名单里了，开开心心地带女儿逛了一会儿书店，买了一本希腊神话。

五点多回到家，女儿没有立刻打开电脑，完成了一些功课才想起来查询获奖信息的事儿。（我已经在楼上查过名单了，只是等她来告诉我。）

“妈，我没得奖，好友得了！”

“写作奖不易得啊！”我发自内心地感叹，也是在安慰女儿。

“无论做什么，前面都有更好的，是不是我用力不够啊？”

最怕失败会导致自我否定，赶快跟进，“然，妈妈认为比赛是你努力学习过程中的一次小检验，你热爱的是写作而不是写作比赛吧？”

女儿用捻过辣鸡的手揉揉眼睛，两行清泪终被刺激下来。女儿将近8页的科幻小说头一次尝试评奖就被刷下来了，此刻就是不被辣椒刺激，流泪也最正常不过了，谁不理解披荆斩棘后的伤痕累累呢？

女儿，雨后并不是总见彩虹，但心中要期待彩虹。一会儿女儿拿起电话向得奖的好友表示祝贺。

女儿，你今天虽然没得写作奖，妈妈却给你颁发最佳经历和精神奖！

这是一个母亲对孩子失败时的引导，更是浓浓的爱。Lin工作很多，不仅同时在社区学校兼职很多工作，办有多年的中文学校，坚持组织多种活动并认真教学，让孩子的学业都能良好发展，而这一切都源于她有一颗爱心。

三年前，为了帮助当地家长辅导孩子数学并参加奥数比赛，她建立了一个学习群，本来只是临时之用，可是两年前回国让她改变了主意。夏日的南京，炎热难耐，从美国匆匆赶回国的 Lin，看着刚出生的熟睡的侄女那么可爱，觉得也应该让国内的亲人朋友多多了解国外的教育信息，中外结合的教育对孩子成长更有益。由此，一个自助和互助的“课外活动群”应运而生。她希望这个群能让完全没有育儿经验的弟弟开阔视野，让中外优质育儿方法在这里传递，能帮到国内亲人朋友家的孩子，也帮到更多华裔家庭。如今这个群已经有好几个分支，服务着很多家长和孩子。

助力，不仅在自己的子女中，还延伸到社会、社区、网络，这份淡然而坚定的爱正在扩散。

08

让孩子自然地成长

——宾大妈妈许晖的家庭教育观

做过律师的许晖，说话快人快语，条理清晰。采访中，电话那头不时会传来身边 3 岁小女儿稚气的询问声。许晖不停地更换着语调，一会儿和我侃侃而谈，一会儿又温柔地和女儿说几句。因此，本来应该一次性完成的采访，被分成了几次。

许晖先后有四个孩子，老大是男孩，老二、老三是一对双胞胎男孩，最小的是三岁的女儿。作为四个孩子的妈妈，许晖在接受采访时强调得最多的是，**家庭教育要保护好男孩子的野性和女孩子的灵性，要让孩子在顺其自然地成长中，拥有自我驱动的能力。**

读书和儿时的经历，让她拥有了独特的教育观念

许晖从小生活在燕园，父母均为北大教授。20 世纪 80 年代，她到美国读本科，就读于加州大学的伯克利分校。

先生和她是伯克利的同学，毕业后他们定居在匹兹堡。先生在著名的卡内基梅隆大学做教授。第一个孩子出生后，她就做起了全职妈妈。作为一个 27 岁的年轻母亲，对教育孩子她非常茫然。**不知从何做起的她，自**

然想到了书，于是阅读学习成为她认识教育、形成观念的重要渠道。

律师的职业习惯让她的阅读总是带着问题从一本书读到另一本书，她读了法国哲学家卢梭的著作《爱弥儿》，阅读了著名心理和教育学家皮亚杰和儿科学家、心理分析家维尼克特《从认知和心理角度阐述的幼儿教育理论》等大量论著。

她最爱读的是法国教育家卢梭的作品。卢梭认为："大自然希望儿童在成人以前就要像儿童的样子。"顺应自然的教育必然也是自由的教育。在卢梭的教育思想里，她找到了自己儿时成长的影子，也进一步完善了她的育儿理念。

许晖全家合影

"文革"时期，她的父母被下放到农村。当时北大因为扩大校园面积，在北京昌平农村建立了一个理科新校区，一群数学系与无线电系的老师们被下放到那里。那个大院有个奇怪的代号叫200号。从200号跑几步就到了附近的村子里，那里有小山、杂草地和田野。在农田和高粱地开阔的土壤上，许晖和一群小伙伴从幼儿园玩到三年级。小伙伴们一起翻山越岭采野果，捉蛐蛐，踩蚂蚁，打弹弓，玩到最疯处，一群孩子围着筒子楼捉迷藏，冲锋打仗。所有的游戏都是孩子们自己设计，所有的问题也都是自己解决。当时，就是想干大人不让干的事。

卢梭的理论加上200号的童年经历，让许晖形成了独特的教育理念：**作为母亲，必须克服世俗的焦虑，用强大的自信心和伟大的仁爱心为孩子的童年建造一个世外桃源，让他们在大自然中无忧无虑地玩耍，顺其自然地成长。**

美丽的匹兹堡，是她给孩子生活和心灵营造的世外桃源

为给孩子营造美丽的田园生活环境，许晖选择在美国匹兹堡把孩子们养大。这里是工人阶级的天下，民风淳朴。马克·吐温曾开玩笑地说："他要死就选择死在匹兹堡，因为这里的人们还没有进入竞争激烈的现代社会。"

孟母为儿有三迁，许晖夫妇为了孩子们的成长，也放弃了三次去硅谷创业的机会。金钱对他们而言，远不是孩子成长所能比拟的。

他们的家位于距离匹兹堡半小时路程的乡间小镇，那里绿树成荫，鸟语花香，火鸡和鹿群随处可见。整个小区里大概有 30 户人家，其中 10 多户人家的孩子与许晖家的孩子年龄相仿。最棒的是，孩子们可以一起穿过邻居的后院，走着去上小学。

这是一个孩子可以自由成长的地方，他们可以经常在林子里玩耍和捉迷藏。许晖成了孩子王，指挥着家里的 3 个男生变换着形式玩耍。有一次，她带孩子们在公园玩，突然下起了暴雨，她本想让孩子们跑进车里避雨，可孩子们说在雨里跑太好玩了，于是大家就在雨中欢快地奔跑。风雨中，三个小男孩用独特的方式感受着自然，更享受着成长。

许晖说，她想**让孩子们最大限度地体验自由自在，甚至有点任性的感觉**。许晖认为，一个强者要有三个基本条件：最野蛮的身体、最文明的头脑和不可征服的精神，这也是她对孩子们的期待！

孩子们在小学期间没有任何学业上的压力，度过许晖崇尚的无忧无虑的童年。为了这个决定，她对三个男孩的淘气，基本是睁一只眼闭一只眼。有一次，儿子打了别人家的孩子，她去给人家道歉，回来并没有过多责备孩子。她认为，在这个年龄段打架是最正常不过的事情，只是提醒了他们几句。事实证明，后来他们再也没有打过同学。一位同事曾调侃她说："记得你的名言，你说小孩打架就让他打呗，打累了再管。"

顺其自然的教育理念，不仅让孩子充分享受了自然成长的过程，也把

孩子的成长交给了孩子自己。

虽不管打架，可许晖每天都会亲手为孩子们做饭。她自认为手艺不好，但每次都很用心。有一段时间，她曾想调换口味请阿姨给孩子们做饭，孩子们却不愿意，并异口同声地说：“**我们最喜欢妈妈做的饭，因为饭里有个最好吃的调料，那就是你对我们的爱。**”

或许这才是父母应该给予孩子的最不可或缺的教育。她告诉我，**不仅要给孩子们营造一个生活环境上的世外桃源，更要让孩子们的心灵进驻世外桃源。**

她说据相关研究，在第二次世界大战期间，伦敦经历了一年多的大轰炸。英国心理学家做过一个母子心理追踪调查，研究发现，那些每天焦虑担忧的妈妈的孩子们在成人之后，战争的阴影无法散去，内心充满担忧和焦虑。而那些在大轰炸期间能每天高高兴兴地玩耍，从来没把轰炸当回事的孩子们，长大后完全看不出战争带来的负面影响。年龄越小，这个效应就越明显。

因此，她说：“我们必须以强大的自信心和坚定的信仰给我们的孩子打造一个心灵的世外桃源。”作为母亲，她常和孩子们聊天，讨论各种问题，在各式各样的问题中，告诉孩子们做人的道理。

世外桃源不是与世隔离。那是面对自己、面对内心的精神成长和价值建构。许晖和她的孩子们告诉我们，什么才是自然成长。

陪着孩子成长，教育是一个静待花开的过程

学习教育理论可以产生共鸣和思考，但也需要自己的育儿实践去验证。

大儿子刚满 2 岁时，两个双胞胎儿子就接踵而来，三个男孩的出生，让许晖更坚信，一定要给孩子们一个无忧无虑的童年，让他们自然而然地

成长。她认为，**教育孩子就是要点燃他们内心的火种，而不是将自己的人生梦想强加于他们。**

大儿子 5 岁的时候，她教孩子读书。读了好几遍，儿子还是读不出来“the”。年轻的许晖非常难过，但她没有责骂和埋怨孩子，她说，她能做的只是等待。

2018 年，许晖的三个儿子（左三位）代表北大未名 · 匹兹堡队，参加美东华人足球锦标赛获冠军

二儿子小时候是一个典型的令人忧虑的问题儿童，3 岁时说话还不能成句，只会蹦单词。但是，他的单词每次都用得恰到好处，别人可以从他说出来的单词中理解他的意思。上小学以后，他说话也特别费劲，半天都学不会数星期几。他踢球顺拐，还左撇子，跑也跑不动，看不出任何体育天赋，最后还是弟弟把他带进了足球队。

面对孩子的现实情况，许晖没有急躁，而是不断地观察孩子。二儿子 4 岁的时候，哥哥参加国际象棋比赛，弟弟在旁边聚精会神地观看，教练发现这个孩子有这方面的天分，鼓励孩子参加培训。7 岁时，二儿子就拿到了宾州国际象棋比赛儿童组冠军。每每孩子获奖，妈妈都给他最好的鼓励，尤其是儿子走险棋制胜的勇敢，常常让她感动。她觉得，她需要保护孩子这样的品质。

无论孩子学习如何，许晖都没有给他们报补习班。因为，她知道自己的孩子是有思想的孩子，哪天孩子有想法了，就会懂得如何说话，就会想读书，而妈妈的任务就是陪他高高兴兴等那一天到来。

果然，二儿子真的变成了一个敢说、敢想、敢做，爱读书、爱思考的少年。他的写作能得 A，不是靠什么写作技巧，而是靠思想高度和富有新意的观点。孩子在高中时已经长成了 1.8 米的大高个，虽然他跑得还不够快，身体素质也一般，但他自己进行了很多身体训练。因为是左撇子，他在足球场上成了不可缺少的左后卫，而且他有强烈的获胜欲望，能很好地与教练、队友沟通，最终和双胞胎弟弟一起进入了校队和匹兹堡最好的足球俱乐部。

申请大学时，二儿子的文章写的就是他如何从一个说不清话的孩子变成高中学生领袖的过程，树立了一个敢于面对自己的不足、勇于追求理想的年轻人形象，他最终被宾夕法尼亚大学录取了。

成长的过程有快有慢，前行的脚步有深有浅。许晖不仅对孩子成长和教育有着自己的独特思考，更把这种自然的教育哲学真正用到了育儿实践中。面对孩子的成长问题，她不焦虑，更不传递焦虑，让孩子在自然成长中克服困难，甚至将问题变成优势。这些都值得每一个为人父母者学习借鉴。

让孩子相信天生我材必有用

许晖喜欢和孩子们打成一片，喜欢和孩子们一起看电影，而且特别喜欢《功夫熊猫》里那个笨手笨脚的熊猫阿宝。

阿宝一直认为爸爸的面条之所以卖得好，肯定是因为他有一本神秘的绝世菜谱。然而，爸爸的回答使他倍感意外。爸爸告诉阿宝："我真的没有什么神秘的绝世菜谱。如果你想做出一份与众不同的面条，必须坚信你的面条就是与众不同的。"

这个动画片对许晖的启发很大，她说："一定要相信天生我材必有用，让孩子具备自我驱动的能力。"对于三个儿子，她一直根据他们不同的特点与其进行交流，鼓励孩子在自己喜欢的环境里成长，让孩子找到自己的理想。

在高中选择 AP[①] 时，许晖让孩子完全根据自己的想法做。她让儿子们

① 编者注：AP，即 Advanced Placement 的编写，指美国大学预修课程。

不必多选 AP 课程，喜欢什么就学什么，让孩子依照自己的喜好和兴趣去做。三个孩子就只选了一门数学 AP，这都是他们自己的决定。

孩子的顾问告诉许晖：“你的孩子与众不同的地方是学习成绩优异、喜欢踢球，而且能与家人进行良好的沟通。”

三个儿子都喜欢运动，尤其是踢球。许晖夫妻每星期都会去看儿子踢球。如果有机会，他们常常和孩子散散步，聊聊人生观、价值观。她对孩子们说：“人各有志，每个人都要活出自己的人生。”

许晖的三个孩子都考上了比较好的学校，一个在伯克利，两个在宾夕法尼亚大学。对此，许晖并没有认为有什么了不起，考上好的大学只不过是一个阶段性的结果罢了。美国的好大学至少有 30 所，不必太在乎，我们的孩子都很出色。

有一天许晖问老三，他申请哈佛没被录取，失望吗？老三说：“I am too good for Harvard!（我对哈佛来说太好了）”许晖自信地说：“我们要相信孩子不需要哈佛，照样可以实现自己的抱负和理想。”是的，哈佛不是孩子价值的裁判。

这是一份自然成长带来的自信，这份自信深深地植根于许晖的教育理念中，那是一份淡定和从容，更是生命价值的传承和流淌。

许晖告诉我们，儿子在伯克利念书，虽然功课比较重，但他过得非常充实与快乐。她认为，对于孩子，关键是他自己能否主动去“受苦”，把所有的困难当成自己成长的过程。这就如少年时，三个男孩喜欢在暴风雨中的感觉一样。

让孩子拥有健康的身体、优良的道德品质、和谐的亲子关系，具有幸福感和自信心，敢于探索和追求自己的梦想，是许晖对自己的家庭教育的总结，也是分享给我们的宝贵财富。

让一切都自然而然！

09

一份用心的教育

——中国台湾妈妈 Helen 的教育选择

这天是我的好朋友，来自中国台湾的李刘自汉女士（英文名 Helen）的生日。如今已是医学博士，在密苏里极负盛名的华盛顿大学医学院担任医生和副教授的女儿李可华，特地回来主持妈妈的生日宴会。在妈妈不知晓的情况下，可华悄悄地邀请了四十多位妈妈的好友和学生家长，并设计订购中国的寿桃蛋糕，精心准备，为给妈妈一份意外的惊喜。可华一身清爽的打扮，忙前忙后地张罗，脸上一直带着幸福的笑容，让我看不到曾经名噪一时的学霸的影子。

可华毕业典礼全家合影

面前这个成熟优雅的女子，却有着非凡的经历。可华 16 岁被哈佛暑期班破格录取，不到 19 岁从大学毕业，后进入艾奥瓦大学医学研究院进行深造。她曾经获得过美国总统学者奖，接受了时任美国总统克林顿的授勋。因为成绩突出，她曾应中国教育部部长邀请，和其他 20 位美国学生最高学术大奖华裔得主一起访问中国北京、西安和上海，在北师大附中演讲，受到当时国家领导人和上海市市长的接见。

这一连串荣誉，如今仍然记录于多年前《今日中国》杂志的首页。可华的成长和教育经历，深深地引起了我的兴趣。

因材施教，为孩子的发展奠定基础

看着孩子忙里忙外，Helen 感到甚是欣慰。每一次的交流和她记录的女儿的成长故事，都融进了红红的生日蜡烛和暖暖的笑容里。

20 世纪 80 年代，Helen 从中国台湾来到美国加州大学教育研究所。可华是她的独女，在美国出生。作为朋友，每每听她说起女儿，看着家里满墙孩子的奖章及各种媒体的报道和相片，她总是那么甜蜜和幸福，我也深深感受到了 Helen 作为妈妈的那份满足。

李可华自幼聪明乖巧，品学兼优，获奖无数。Helen 记得女儿两岁半时，公公在美去世。大人们在客厅里赶制花圈、花篮，Helen 拿了几本童话故事书，让女儿自己打发时光。身边人都看着好奇，这么小的孩子哪里懂得自己看书？可是，看着孩子认真地翻阅，人们不禁赞叹起来，这孩子真能看书！

Helen 告诉大家，其实从女儿出生没多久开始，自己和丈夫就每晚给孩子讲故事。女儿平时最爱听的是《灰姑娘》。时间久了，她不仅能说出书里的故事，还变得特别爱看书了。次日，众人瞻仰祖父遗容，本该是悲悲切切的场景，可小孙女指着爷爷身边的真花用英文说“鲜花”，指着假花说“人造花”，让肃穆的气氛平添了几分温情。

对女儿的培养，Helen 特别用心，即便是购买玩具，她也会研究半天。**哪种玩具既好玩，又能长时间吸引孩子，还能有教育性和启智性，都是她斟酌的重点。**在众多玩具中，有一个可活动的女性人体模型，附件里还有一个胎儿，一般的家长可能不太会给孩子买这样的玩具。女儿虽小，可

Helen 认为，这个玩具寓教于乐，对教育孩子非常有用。

爸爸妈妈开始教女儿怎么拼装，告诉她各器官的正式学名。女儿觉得非常有趣，她一会儿拼成一个怀有宝宝的妈妈，一会儿又拼成没有怀孕的窈窕淑女。玩久了，“胎盘”“脐带”“脊椎骨”等艰涩难懂的英文单词，包括人体的结构，都出现在 3 岁可华的儿语里。

或许这无意识的做法，为女儿成人后立志行医的理想播下了种子。这位用心的妈妈，在孩子的成长中，通过不断地发现、循循善诱，为孩子发展奠定了基础。

父母都爱阅读，自然孩子也喜欢在书中徜徉。**孩子刚刚能拿住书，Helen 就开始为女儿助读、陪读、领读，渐渐把女儿带进了自读的大门，使她学会在书中寻找快乐与满足。**

小学四年级的暑假，Helen 带可华回大陆探亲。在南京路的一家大百货商店里，大家忙着采购，女儿却捧着一本厚厚的名著《小妇人》专心地读着。一位服务员注意到了这个孩子，唤来商场很多顾客来“参观”这个看英文大部头书的“中国娃娃”。

书看多了，孩子的写作才能自然也培养起来了。六年级初秋，可华从州大数学资优暑期班归来，在电脑上敲出了一篇以大学女生宿舍为背景的中篇推理小说。开学后，她把这篇小说当作业交了上去。英文教师看了，立刻寄给美国华府英文教师联合总会，说这是一个六年级女孩写的小说。一些人看后，怀疑是旁人代笔，准备现场考核一下这个孩子。可华被叫到校长室，他们以小说为背景重新命题，让可华即席为文，事后证明两文

可华获美国总统学者奖，
时任总统克林顿为其授勋

出自同一手笔。

这一创作使可华荣获“全美最有希望的少年作家”头衔，这篇小说也刊登在华府英文教师总会的期刊上。

阅读打开了孩子的世界，为孩子美好的未来奠定了基础。可华的成就和妈妈的引导分不开，更和整个家庭的环境氛围分不开。

其实，**教育就是环境的建构。一个好的环境，会让孩子受益终身。**

天才和勤奋，让孩子更好地成长

Helen 对学校的选择特别严格，从托儿所开始，她就将城市里所有的学校逐一调查。美国的好学校附近住的都是以教育为重的家庭，Helen 专门选择了一个好环境，在那里重新建房。

可华天资聪颖，初进幼儿园，校长就约见家长，建议可华参加二年级学生的智力测验，孩子的测验结果果然在试题测验的范围之上。在大家给女儿冠上“天才”头衔后，Helen 更不敢轻视孩子的教育。她深知，**仅凭先天智力，孩子是走不远的，后天的勤奋努力才是真正走向成功的钥匙。**

可华参加了学校“资优班”后，每天由资优教育的老师进行数学、英文的单独教授。转学时，资优老师有信交代：“该生须个别辅导，请使用难度较高的教材。”美国因材施教的资优生培训，让孩子接受的教育更符合自身的实际智力。

中学时的可华争取到了到哈佛暑期班学习的机会，孩子执拗地要去念哈佛大三学生才能选的生物、化学。对于没有有机化学的基础，仅仅是高中生的她，这样的请求让哈佛教授以“不可能念得下来”为理由拒绝。但可华没有放弃，最终教授同意让她这个高中生“试读”。

可华一边念生化，一边自修有机化学。期中考试后，助教到处找不到可华的答卷，最后发现原来是教授看完后拿去做标准答案了。孩子用勤奋折服了哈佛教授。高二暑假开始，可华跟随知名教授摩瑞，在他的实验室做帮手，研究如何用基因工程改善在亚洲普遍存在的兔唇问题。

就这样，可华利用暑假时间，不到 20 岁就提前修完了大学课程。

在这里，我们看到了可华过人的天资，但更多是她的勤奋。正是孩子用勤奋敲开了成长的大门，让不可能成为可能，实现了一种意想不到的成长。

做公益和学艺术，爱和修养不可或缺

Helen 说音乐和数学同源。女儿小时候，Helen 给孩子讲解了五线谱上的“豆芽菜”，四分音符、八分音符、十六分音符都是算术中的分数值，教孩子乐理的同时，也把数学分数概念教给了孩子。

可华 4 岁半学小提琴，上小学后，数学能力特别强，她说：“这得益于我从小学习音乐。”

可华学习小提琴的时候，觉得弦乐很难，不愿学，但妈妈鼓励小可华坚持练琴。孩子逐步感受到音乐的美妙，琴也越拉越好，小学五年级就能在音乐会上表演独奏。高三毕业前，她成了全州青少年爱乐交响乐团的首席小提琴手。

因为乐感好，可华 8 岁表演夺冠，并被为她伴奏的钢琴老师看中。钢琴老师家非常远，可华的父母冰天雪地、披星戴月地接送孩子学钢琴。9 岁开始，可华连续六年获得州钢琴比赛冠军或亚军。声乐也是可华的最爱之一，这也受益于从小学习多种乐器的训练。高中时可华和纽约职业歌剧演员同台，演出德国名剧《魔笛》。可华的学校也因为此剧的演出成为全美第一所获得音乐“爱美奖”的高中。

因为琴艺和能力，可华15岁就开始教授小提琴演奏。各种奖项的奖金加上授课所得，让可华有了超过1万美元的存款，上医学院的学费都是她自己支付的。艺术素养让她受益一生，如今更是可华在工作岗位上减缓压力、修身养性的重要方式。这些都得益于妈妈的用心和启蒙。

可华获得青年领袖总统学者奖，这不仅因为她学业优秀，也因为孩子在学习以外的一切爱心付出，以及具备领导力等综合素养。高中时可华被推荐为学生代表，和学校老师们一起为得梅因高中编纂教材，制定次年的预算。这需要大量的时间和精力，可不论功课有多忙，可华都坚持了下来。逢年过节，她常到老人院，用优美的琴音安慰那些孤寂的老人。大学时，作为荣誉生宿舍副总裁，她凭着小时候的美术基础，绘制宣传海报，还担任了文理学院院长顾问和该校艺术、科学、工程学会的代言人。

孩子的成长里，一定有着父母的影子。这一系列的爱心付出，得益于可华父母多年来一直坚持做公益的熏陶。李刘自汉夫妇在爱荷华州首创华人协会，又设立了中文学校，传播中国文化，义务担任城市资优学生家长会总干事和会长。父母的付出和爱心，会在孩子身上得到传承。

儿时的启蒙和教育，让女儿的路越走越远，而且很坚实。今日，可华回归故里，祝福母亲生日。这份对母亲和家深深的爱是最好的回报和证明。

或许在这里，我们看不到他们家独到的教育理论，但是他们用爱心、用恒心支撑起了一个优秀孩子的成长之路，在琐碎的坚持中铸造了优秀，赢得了未来。

10

享受温和成长

——伯克利妈妈 Iris 的“心灵鸡汤”

如果让熟悉 Iris 的人用一句话对她进行描述，我想大部分人会这样评价：Iris 是一位温婉而爱煲“鸡汤”的妈妈。

温婉自然代表她的性格温和。爱煲“鸡汤”，是因为北美各大教育类微信群里常常能看到她不定时发的励志、温情、调侃类的语言和故事，不愠不火，但又温暖有力。作为她的朋友，我也时时会在群里听到她柔软美妙的歌声。那份温柔和热情，让我特别感动。

Iris 是一个认真而细心的母亲，更是一个热心于教育分享的人。邻居孩子从胆怯抑郁走出来的故事，他们夫妻带孩子自驾游惊心动魄的经历，一件件事被她娓娓道来。听她讲家庭教育的故事，不仅是一次深情的述说，更是一种温柔的思考。

意外发现与悉心培育

每个孩子都有潜能，在孩子成长的过程中，不经意间的突发事件常常会有，悉心的培养和坚持却是对父母的考验。

20 世纪 80 年代初，Iris 本科就读于成都电讯学院，老公是这个学校的在读研究生，校友的缘分使两人相识并相爱了。婚后，他们选择到 Iris 的老家无锡工作。大女儿的出生给整个家庭带来了快乐，爱唱歌的 Iris 每晚都给女儿唱摇篮曲。“365 夜故事”成了孩子入睡前的必修课，性格开朗的 Iris 喜欢逗女儿乐，陪女儿玩。

那时候，因为工作原因，每天早上 7 点钟 Iris 就得上班打卡。一天，不到两岁的女儿的“失踪”深深地震撼了她。那天一早，看孩子还在熟睡之中，她不忍心叫醒孩子送托儿所，就先去不远的单位报到。原本想着打完卡后赶回家中，再抽空送女儿，但当她急匆匆赶回家的时候，却发现女儿不见了。她找遍了家中所有的角落，就是不见孩子的身影。慌乱中，她赶紧给居住在不远处的孩子外婆打电话，外婆说：“刚才你女儿打电话来，说妈妈不在家，我就过去把她接来了。”

Iris 非常吃惊，这么小的孩子怎么能知道外婆家的电话号码，又如何会打电话。那个年代，电话在中国还是一件奢侈品。人们很少会想到让这么小的孩子去学打电话。孩子回来，惊魂未定的她专门“审问”了“小精灵”，女儿告诉她，妈妈每次给外婆打电话，她在旁边看到就记住了号码。今天看妈妈不在家，自己一个人在家感到很害怕，就给外婆打了电话。幼小的女儿观察力和记忆力这么强，既让她很惊讶，也让她看到了孩子的天赋。

这件事过去不久，Iris 去北京出差，将女儿送到外婆家。她告诉妈妈：“我每晚都会给孩子讲一个故事，从不间断。您晚上在孩子睡前也给她讲个故事吧。”外婆带孩子的时候，没有继续给孩子讲新故事，而是问孩子都听过哪些故事。那几天，孩子每天都复述听过的故事给外婆听。出差回到家中，听到外婆的讲述，Iris 就对女儿进行了测验。她发现，女儿的复述不仅完整，而且讲的故事几乎与书一字不差。故事开启了孩子的成长之路。她不断给女儿讲新事，女儿也在复述中，感受着故事带给她的乐趣。

事实上，在孩子的成长过程中，每一个为人父母者又何尝碰不到这样的“惊讶一刻”，但我们是否能够始终做到这份坚持和用心呢？或许少不更事的时候，种子却已经开始发芽。Iris 说，孩子如海绵，可以吸纳无限的养分，就看你给他怎样的养分。

女儿五岁那年，从事半导体专业研究的 Iris 夫妇因工作需要举家移居到了新加坡，女儿于是开始就读于那里一所仅一个年级就有 400 多名孩子的超大学校——振华小学。这所学校实行中英文同步教学，以英文为主，一年级就开设了写作课。基于学龄前 Iris 对女儿的语言和故事训练，孩子很快就适应了课程教学。在新加坡学习的五年中，她每年都获得年级第一名的好成绩。

Iris 的女儿和儿子滑雪时的合影

教育和成就孩子，即使是对于这样有着很好智力基础的儿童，也没有捷径。Iris 带给我们的经验，正是那不间断的一年 365 个故事。

父母是伞，移居哪里都有安全感

女儿 7 岁的时候，儿子在新加坡出生了。过了几年，由于工作的原因，Iris 全家移民到了美国，选择定居在加州的湾区，一直到现在。

姐弟俩虽是一奶同胞，但个性差异很大。因为儿子出生不久，家庭搬迁次数多，孩子们也不断地更换幼儿园和学校，所以儿子显得有些胆小，遇事会害怕。Iris 突然感到，这样的变化不仅让孩子的适应难度加大，更让孩子缺少安全感。为此，她决定放弃工作，专门在家陪伴孩子。

在社区，Iris 会主动和邻居打招呼，也让孩子们主动和大人们打招呼。这样，既让孩子们熟悉了环境，又让他们结识了邻居的孩子，有了玩伴。在蒙特梭利幼儿园，那些高个子的美国孩子有时候会比较霸道，常欺负儿子。了解到这种情况，Iris 就主动找老师，告诉他们情况，并申请义工工作。在儿子的幼儿园、女儿的学校，常常会看到 Iris 的身影，Iris 几乎认识所有老师。她积极鼓励儿女参与学校公益活动，收集瓶子，卖巧克力、可乐。姐弟俩在公益活动中不仅收获了成就感和爱心，更收获了友情和自信。Iris 和学校的良好互动，为孩子营造了良好的成长环境，也让孩子有了更多的安全感，由陌生走向了适应。

女儿在新加坡时就喜欢进行辩论，曾经代表学校参加过新加坡全国辩论比赛。这让她在生活中和表达时特别自信。面对儿子不敢发言和胆怯的问题，Iris 和女儿一起鼓励儿子上辩论班。经过几年辩论班的学习和锻炼，读中学的时候，儿子参加了学校的辩论赛，并在校内力压群雄，最后加入校队代表学校参加了区域总决赛。

为了准备决赛，刚刚 14 岁的儿子自己收集材料，从国际联盟、争取民主和平的独立运动到奥巴马政权、科学怪人、美国文学等，范围很广。决赛那天，Iris 陪伴儿子一起来到离家很远的赛场。必答题过后，考官为孩子现场准备了 9 个不同辩题，只让思考三分钟，就要开始即兴演讲、现场辩论。看着孩子们在台上唇枪舌剑，台下的 Iris 却不再紧张。因为她知道儿子通过这些年的学习，不仅拥有了良好的口头表达能力，而且实现了个性的突破，改掉了胆怯的毛病。

果然，辩论赛后的儿子更加自信。从此，无论是在学校俱乐部活动中，还是在各项大事和比赛中，以及在申请大学的面试中，儿子都表现得十分自信。**当自信成为一种习惯，孩子的安全感便会与日俱增。**好性格的 Iris 和好脾气的先生从来不责备孩子，一家人都不会高声说话。这些年，家里没有因解不开的事而发生过任何争吵。他们**凡事让孩子尽力，而不让孩子感觉到来自父母的压力，这样他们就可以在平和的环境中享受成长，感受进步。**

Iris 经常陪孩子去图书馆听故事，这已经成为一种习惯。孩子们学习笛子、小提琴、钢琴、画画时，他们并没有专门让孩子们去参加各种考级，他们希望自己的孩子平和地成长。学业上，在孩子们有困难的时候，他们会鼓励孩子们自己先研究，实在搞不懂，再来问他们。

在辅导孩子学习的过程中，他们注重过程分析，注重让孩子自己思考，让他们举一反三。这样的引导让孩子们懂得了如何去思考，增强了学习的能力。也许这就是我们大众眼里的常态家庭，一双儿女成绩很好，女儿从小学到大学一直保持全A的成绩，弟弟也少有几个B出现，两个孩子都是学校的尖子生。

Iirs 和儿女及准女婿一起度周末

但是，平和地成长，处处都需要父母的用心。

内涵教育，一样中的不一样

读万卷书，行万里路。读书和旅行都会让我们更有内涵。

每年一次的旅游，是Iris家的传统项目。一般都是爸爸和孩子们商量后，全权安排旅游线路。他们基本都是自驾游，因为这样不仅放松随意，还可以根据需要调整行程。这些年，他们几乎游遍美国。曾经有一次，他们一家用了21天，从加州到西雅图再到加拿大，穿越很多险境，也看到很多仙境。

旅游让孩子们渴望看到更大的世界，除了跟随父母回中国的寻根之旅外，从中学到大学，两个孩子经常在网络上寻找游学项目，只要有机会就主动申请，免费出游了澳大利亚、新加坡、德国、英国、日本、哥斯达黎加和美国国内的一些州。儿子第一次申请到哥斯达黎加21天的旅行时非常兴奋，不断拍照传送给家人分享，告诉大家，他虽然很累，但学到很多东西。

开阔的眼界让孩子更豁达，旅行让孩子们的精力和体力都得到提升。女儿小的时候，妈妈总是让她自己走路，不轻易抱她。一次公司组织出游，不到5岁的女儿自己坚持走了两个半小时。后来，女儿在学校的田径比赛中获得三金一银的好成绩。Iris家有个乒乓桌，全家人都喜欢打乒乓球。儿子5岁开始，每年圣诞节前后都会去滑雪，从没间断过。**坚持运动，让孩子拥有了强健的身体，更拥有了坚毅的性格。**

当现实的目标淡去，教育越来越呈现出原本的目标。走向内涵，尊重内心，成为一种选择。女儿全A的学习成绩和只考一次就得到高分的SAT，以及11门AP课程、日语和法语校级考核第一的证书，以及良好的综合素养，使她顺利地申请到了普林斯顿大学。孩子的申请书中写满了父母对她成长所付出的爱，这样的申请书让审查官看到了一个能力强大且懂得感恩的孩子。

Iris的两个孩子对父母的感恩，一直表现在他们生活的点滴中。在孩子学会做饭后，父母的生日、感恩节，他们都会在网络上下载菜单，为父母准备丰盛的宴席。这份感恩一直保持至今。

当女儿被普林斯顿大学录取后，一直在思考究竟是去远在东部的藤校，还是留在加州伯克利大学读书。虽然两所学校都是名校，但学费相差甚远，普林斯顿除了学费贵外，生活费用也很高。上本州学校，学费便宜，并有奖学金。她想，伯克利是很好的大学，等读研究生的时候，自己有了经济实力不再依靠父母，就可以选择学费稍贵的学校了。在专业选择上，女儿也遵从自己的内心和爱好，选择读商业专业。如今，刚毕业的她成为一名金融分析师。

受姐姐影响颇大的弟弟申请大学时也直接上了加州大学，弟弟和姐姐持有相同观点，先上州立学校，独立后再选择其他学校读研。懂事、省钱、省心的姐弟俩，温和而平实的生活，却有着不简单的内涵。

Iris 说，中国传统文化对他们家的影响很大，全家都说中文，如今连美国土著的准女婿也研究了三年中国文化。随着儿女逐渐长大，Iris 工作后的闲暇变得冷清了些。所以，她除了锻炼身体外，很愿意去摘录转发一些喜欢的文字分享给大家。她说，帮助他人，是一份最好的贡献。

一份温和平凡的孩子成长日记，是一份值得借鉴的宝贵经验。

11

和族群一起成长
——杜克妈妈李春燕一家的公益故事

或许这不是一个只谈教育的故事，但它确确实实是一个教育故事。

李春燕教授一家的变化，不仅是个体奋斗的缩影，更代表着一个族群的成长。

我愿意和大家分享这份成长，关乎教育，也关乎我们的未来。

西藏是中国的一部分

春燕的生活本来平静得让人羡慕，20 世纪 90 年代，她和先生一起到美国留学，按部就班地完成博士学业，在新泽西大学做教授。他们养育了两个孩子，多年来过着学校到家庭两点一线的生活。可是，2008 年的一天，这份平静被一次小意外打破了。

那天，读四年级的儿子放学后告诉妈妈，他的历史老师带领同学们学习《时代周刊》的文章，说西藏是一个独立的国家。儿子起身反对，说老师说错了，西藏是中国的一部分，可老师坚决不同意儿子的说法。

春燕虽然心中不平，但考虑到美国老师未必真正了解中国历史，她表示支持儿子的答案并安慰了孩子。第二天，孩子放学回来说，这位历史老师把《纽约时报》关于西藏的报道拿到教室里宣讲，并在下课后单独留下儿子问他对这篇文章的意见。常回中国的儿子依旧坚定地表示他认为西藏是中国的一部分。年仅 10 岁的孩子被老师单独询问对一篇政论文的意见，这让他感到很不舒服。

看到儿子的困惑，春燕意识到了问题的严重性。一是作为学生，自由表达观点的儿子受到老师的单独质问侵犯了孩子的言论自由；二是作为华人教授，她有责任对美国的下一代说清楚西藏的事实真相。于是，春燕找到当地学区的学监，向他面呈了自己的申诉。同时，在学区教委会上，她带领多位华人到场，并朗读了自己的申诉状，指出那位老师在教学中的不当行为，不只影响到了华人学生，还涉及伊朗裔家庭。

在事件处理过程中，春燕在停车场遇到了儿子的历史老师。老师指责她不应该在华人社区中宣扬此事并扩大影响，春燕据理力争，告诉老师，孩子不应因自由表述观点以及长了一张华人脸而被单独质问。最终，学监代表学校决定，让春燕给学校四年级全体学生做一场关于西藏历史、北京奥运会和现代中国的演讲。

精心的准备让演讲大获成功，那位美国历史老师也被春燕翔实的资料和数据折服，号召全体学生为春燕献上每人签名的感谢信。最终，两个人成了朋友。

李春燕和两个儿子合影

春燕的这一举动，不仅让儿子得到了应有的尊重，她自己也有了更多的思考。春燕本来是所居住社区的财务义工，这时她感到，仅仅默默奉献，影响力极为有限。作为华裔，不仅要在社区里对华裔做出贡献，更需要走出去为中华文化进行宣传。

因为此事，春燕教授的义工工作进行了目标性的转移，她更多地开始关注中华文化宣传，孩子们也跟随妈妈一起参加各类活动。在这里，我们看到了一个家庭的成长。

其实，**教育从来不是单向的灌输和传递，它是生命互动中的共同生长。**

大儿子的 ABC 俱乐部和小儿子的生日拜票

贾端端（Austin Jia）是春燕的大儿子，就读于杜克大学，主修公共关系。他曾被布朗、康奈尔、达特茅斯、乔治敦外交学院、纽约大学斯特恩商学院等名校录取。读高中时，他连续四年考入新州州乐团，任高中网球队及辩论队队长，曾获西点军校的艾森豪威尔领导力奖、高中体育学者奖等，他还是新州美华协会第一届青年理事会主席。在优秀学生云集的杜克大学里，端端连续两年进入杜克大学的领导力奖学金决赛。这是顶尖名校里仅有的几个根据学生综合成绩，尤其是领导力颁发的全额奖学金之一，每年来自全世界的优秀学子竞争，仅有十余人能进入决赛。

端端是一个才华横溢的孩子，在经历了儿时和妈妈那次成功申诉后，他开始随妈妈积极参与社会活动。他在 12 岁时创办了 ABC Club（出生在美国的华裔孩子俱乐部）。从刚开始的小型社区的读书俱乐部，到后来的亲子家庭讨论会，再到举办公共演讲、接待中国学生、助选拜票、选民登记、面试培训等，社团不断壮大，影响力也不断扩大。

端端在社团建设上有许多独到的见解。他观察到华裔二代和父母缺乏交流，甚至语言上都出现了隔阂，于是他就借一个机缘，邀请家长参与他的俱乐部，并就共同关心的社会、社交、亚裔问题进行讨论，让父母和子女有机会讨论和解决那些在家里无法调和的分歧。渐渐地，俱乐部里几家人的亲子关系都变得亲密了许多。

很多人称在美的华裔孩子为ABC，即在美国出生的华裔二代（America Born Chinese）。端端却为ABC赋予了新的内涵，即“Achieving Better Communication”，意为“让交流更畅通”。端端通过运营俱乐部，不仅锻炼出了自己极为优秀的领导力，更在义务支持帮助他人成长的过程中，领悟和感受到学习的力量，变得宽容和大气。

他这样说：“权力，当以一颗慈悲的心和无私的态度来执行时，就变成了一个上善之物。再也没有比亲眼看到一个安静害羞的青少年，在我的努力之下，逐渐变得不再害羞，并开始通过贡献自己的观点和发自肺腑的意见来体现自己的存在，让人感觉更美好的了。五年和ABC在一起的时间，是一份珍贵的礼物，因为它使我通过自己的努力，让不自信的手勇敢地举了起来，让担忧害怕的嘴巴敢于张开，让没有安全感的灵魂得以解开枷锁并激发出潜能，在他们重获生机时，我感到无比的冲动和快乐。”

端端做了这么多公益，或许很多人认为这是他大学申请的最好主题。可当他提交申请书时，妈妈才知道他写的是假期回中国陪伴姥爷的故事。他的老师看到这个故事十分感动。如今，读大学的他一如既往地在学校里通过各种形式为大家服务，公益已经渗入他的灵魂。

哥哥对俱乐部的贡献，潜移默化地影响着弟弟贾澄澄（Arnold Jia）。2014年，春燕教授一家正在帮华裔朋友刘建翔竞选密而本学区委员时，13岁的澄澄拉着好友Andrew到中文学校，他手拿选民登记表逐一询问家长们是否为注册的公民。他俩作为第一波敲门拜票（又称“扫街”）的团队，在社区开始了历时一个月的走街串巷活动。

春燕和丈夫在不远处静静地观察着。两个初中生在小区徒步走了一个半小时，挨家挨户地敲门，不失礼貌地介绍竞选人的优势并留下宣传手册。他们的真诚感动了大家，65%的家庭与他们进行了面对面交流，几乎所有家庭都留下了宣传手册。

顶着烈日，贾澄澄只匆匆忙忙地吃了一盒快融化的巧克力饼干，便又开始工作了。来美的华人一代甚至二代，对竞选和参与社区事务往往不甚热心。然而，美国是个竞选社会，居民对学区教育的建议和决策权都通过个人竞选来表达观点。华人只有真正成为学区教育系统的领导者之一，才能将孩子接受教育的命运掌握在自己的手中，才能用优秀的中华教育传统去造福回馈社区。

从这个意义上来说，澄澄给大家做出了榜样，他们让更多学生参与扫街拜票，为华人争取更好的社会地位。哥哥和弟弟两个孩子，以不一样的公益活动，表现了一样的精神。

2016 年秋，澄澄正式在中文学校开设了辩论课，并成功地进行了一年的教学。每次课后他还给家长们提供总结材料，以便交流，那时他还不到 16 岁。2017 年 6 月，结业典礼中，澄澄作为老师上台领奖。在众多的中文学校里，开设英文辩论课的学校极少。澄澄抽出有限的时间周末授课，因为他已切身体会到海外的华人孩子提高表达沟通能力的重要性。

从独善其身到兼济天下

中国有句著名的古语：“穷则独善其身，达则兼济天下。”其实，在美国这个多民族的大熔炉里，如果不靠整个族裔团结起来去争取权益，只会被社会慢慢地忽略。

新学期刚刚开学，春燕教授的新主题就来了。她在俱乐部和教育群里提出话题，如何夸奖孩子，如何面对孩子的成长心态 VS 固定心态。那些老被夸“聪明”的孩子是否更容易怕失败？好成绩是否一定是靠聪明得来的？

她这样引导家长朋友，不妨花几天时间审视一下自己夸孩子的方式，并请孩子对自己取得成绩（或失败）的原因进行分析。她还告诉大家，有多个孩子的父母可以看看孩子们是否有细微的差别。这份研究严密而具有逻辑性，让大家在具体实践中，感受着家教理念的不同效用和辩证使用。

李春燕教授为哈佛录取华裔学生比例不公的申述发言

归属感是华人二代（ABC）永远绕不过去又感觉扑朔迷离的坎。百年的种族歧视史，让很多父母不愿将祖先的历史讲述给孩子们，而新生一代的父母又不甚了解这段历史，由此造成了华裔对自身在社会上定位认识的不足，甚至对美国主流社会产生了隔离感。

2017 年新年伊始，在新泽西州李文斯顿华人日开始之前，在春燕组织下，图书馆放映了介绍华人 150 多年来在美国奋斗、融合、贡献、牺牲的历史的纪录片《荣耀与责任》。这部影片吸引了 200 多位来自不同族裔的观众，其中包括大量的华人二代。

这部纪录片不仅让华人二代了解了中华民族波澜壮阔的奋斗历史，更增加了他们的自豪感。值得骄傲的是，经过春燕多年的社区义工活动和对华人的鼓励，参加组织这次放映活动的有来自华人社区的大量义工，还有不少给春燕在网上积极留言的观众。

经过近十年的努力，新泽西的华人义工已经真正凝聚起来，组成了一个有机的整体。春燕用身体力行为孩子树立了榜样，更为华裔的兴盛做出了不懈努力。公益已经成为华裔族群新的时代声音，意义深远。

充满传承和感恩的母子书

孩子们是如何看待春燕的呢？最近，刚大二开学的端端在返校的飞机上给妈妈写了一封信。下面，我专门把这对母子的信翻译出来呈现给大家，希望大家从他们的对话中能有所感悟。

Hey mom,

妈妈：

I'm so tired from missing the family, the dog, and the house that I don't think that I can write a letter befitting the eloquence that I normally offer. So instead I'll write about some small tidbits of truth racking my brain and they'll naturally weave into something meaningful, big, important to mother and son.

我是如此想念咱们的家、爱犬、房子，以至于我觉得自己无法用惯常的流畅文笔来表达全部感受。所以，我只能记录脑海里的一些真实碎片，这些细微的东西对于我们母子很有意义，也很重要。

I want to observe that going to the airport today was much much more challenging than it ever was. My brother wiped my tears in the backseat of the car and on the line to security. When he wasn't there to do it for me, I wiped them myself. I could barely look back at you all, and in that moment, I fantasized about attending a college that was but ten footsteps away from home. But perhaps only with great distance can there be great closeness. My tears and the pain in my throat that preceded them were healthy and full of promise, promise that they'll be met with wider smiles and deeper happiness when I return.

我今天去机场的心情比往常更加沉重，弟弟在车子后座和安检排队处多次帮我擦拭眼泪。他不在身边的时候，我自己抹去泪水。我不敢回头看你们，在那个时刻，我甚至幻想应该在离家十步之遥的地方上大学。但也许距离越远，我们的心贴得越近。比我的泪水和喉咙哽咽的痛楚更加强烈的是发自内心的承诺，承诺当我回家的时候带给你们更大的笑容和更深的幸福感。

What is childhood？ It is a learning process of truths for both the parent, who offers the world, and the child, who opens his eyes to that world. To that extent, this summer in China was a second childhood. The world you showed me was Shanghai and a side of Harbin that I had no previous knowledge about. And the truths？ They're everywhere. They're in the work I did，the people I met，the food you bought me，the stores you took me to. No one said that the truths to be learned in childhood have to be any big，momentous truths. All there has to be is one nugget of truth a day，something small but gleaming and memorable. I had that because you gave it to me. Thank you for allowing me to be a child again，if only for a month or two.

何谓童年？童年就是父母带着孩子共同了解真实世界的学习过程，父母为孩子打开世界的窗口，孩子睁开双眼观察世界。所以，这个暑假在中国，我感觉是自己的第二个童年。你为我展现了上海和哈尔滨那些我小时候不曾体会的部分。真实是什么？真实随处可见。真实存在于我实习的地方，我遇到的人们，你为我买的食物，带我去的商店，是童年看到的真实却并不宏大的事件。真实由每一天每一件微小的事情构成，存在于那些闪光的令人回味的小事中。我从你们带给我的认识中了解了世界，感谢你们让我再一次享受童年的乐趣，即使只有一两个月。

The last day of Whippany Chinese food，of rummy，and of video games passed like a flash before my eyes. Maybe it passed so fast because I haven't spent enough time with you all yet. But I like to think that it's because in those moments，I finally transitioned from being a visitor in my home to being a presence that belonged in my home. Eating with family，playing rummy with family，watching TV with family，playing video games with family，none of it felt temporary or urgent or rushed or the end of anything. It felt familiar. It felt right.

离别前最后一天在惠帕尼吃中国美食，玩拉米纸牌，打视频游戏，一幕幕像闪烁的光呈现眼前。那一切过得如此之快，也许是由于我和你们在一起的时间太短。我喜欢回忆那些时光，因为我从家中的一个访客成了家中的一员。和家人一起就餐，一起打牌，一起看电视，一起打电脑游戏，丝毫没有仓促感、临时感或终结感。一切都很熟悉，这个感觉棒极了。

Eight hours away from home, there are only so many things I can still control. Take care of Frost. Take care of yourself and my brother and don't get too busy with all the community debates. I'd rather have both imperfect policies and a cohesive family than neither.

一千公里以外，很多家事我都无能为力，但我仍旧放心不下。照顾好 Frost（狗），照顾好你自己和弟弟，别太操心社区的争论，在有瑕疵的社区政策与和谐家庭之间，我宁愿选择后者。

Hang out with Mrs. K sometimes. She respects you immensely.

有空多去看看 K 女士，她非常看重你。

I'll miss you all.

想念你们。

妈妈春燕给儿子的回复：

You are as eloquent as ever baby. Sorry I've stuffed years of my community involvement into the couple of days with you, ironically, for the purpose of having a cohesive family, not like the many families I saw that have little communication. Sometimes it felt too much or too rushed because you are not by my side long enough to have paced talks.

宝贝，你的信一如既往得那么意味深长。很抱歉，和你相聚的短短时间里，夹杂了太多我所参与的社区工作，这恰恰是因为我希望我们互相了解，从而使家庭更和谐，而不是像我看到的太多缺乏沟通的家庭。你肯定觉得我聊得太多或太仓促，那是因为你在我身边的时间太少，我们没有机会从容地交谈。

On the surface it looks like improving admissions policy is a goal I am working toward，yet on the deeper side，it is the parent child communication that I am building the community.Thus sharing some of your previous writing. Hope you understand my goal is never as shallow as college admissions.

表面来看，我所做工作的目的是改进入学政策，但是深层次上，是关于家长与子女沟通，是为了建设更好的社区。因此，我才与大家分享你以前的一些文章，希望你理解我的初衷不仅仅是基于大学入学这么肤浅。

I told your brother that the two years you were in high school we really didn't talk much. And spending time is the best way of building the bond.

我对你弟弟说，你在高中的两年里我们很少有机会交流，而建立关系的最好方式就是在一起共度时光。

The three months and 10 days are the fullest days I had. Thank you for letting mebea mom.

这三个月零十天的时光是我最满足的日子。感谢你让我成为你的母亲。

看完母子间的书信来往后，我们每个人心里都会轻轻悸动。我始终相信，**教育是生命的互动和成长。**

12

尝试和改变，让生命更精彩

——康奈尔父母颐和与天目山的育儿故事

打开颐和的朋友圈，不是菜园子里的花花草草，就是满桌子的美味佳肴，要不就是为大家介绍蔬菜的种植和制作方法。这个在大家看来只关心菜园、花园和家园的贤妻良母，其实是一位在顶尖科学杂志上发表了大量医学研究论文、在斯坦福大学做了 17 年糖尿病研究的科学家。

生活就是这样不可思议，生命也总是这样异彩纷呈。

颐和有一儿一女，女儿即将在康奈尔大学求学，儿子也十年级了。关于父母对自己儿女的培养，女儿一语道破天机："爸爸妈妈给我最重要的东西，就是让我们不断尝试，找到自己喜欢的事情，在不断试错中成长。"

颐和的先生的网名叫天目山，大家也都习惯这样称呼他，这是因为他在浙西天目山下的临安长大，浓厚的家乡情结蕴含其中，让人感受到一种浓烈的赤子情怀。

父母的尝试和努力，赢得了爱情，也改变了生活

20 世纪 90 年代初，上海第一家肯德基店开业了，位于南京西路人民公园旁。在这里，颐和和天目山相遇了。不过，他们不是为了来品尝和享

受时尚的西式快餐，而是来打工挣学费的。当时，他们分别在大学读本科和研究生。两颗年轻的心，因为相似的经历和那份共同为未来拼搏的执着，紧紧地连在了一起。

这或许便是他们人生中的第一次共同尝试。儿时特殊的生活经历，使不断改变命运成为他们的不懈追求，也让他们收获了爱情和婚姻。结婚后，他们在上海各自有着一份发展前途良好的事业，因为机缘凑巧，他们来到了美国。作为一名医药研究科学家，天目山工作于硅谷的一家大医药公司，为了照顾在斯坦福工作的妻子，他们把家安在了斯坦福附近。

随着大女儿的出生，教育问题摆在了他们面前。勇于尝试，成为他们对孩子教育的初心。他们从不强制孩子按照大人的想法做事，而是鼓励孩子尝试，告诉孩子，真的喜欢就坚持。孩子们在不断的尝试和摸索中，选择了他们喜欢的事情，并执着追求。如今十年级的儿子，课余时间排满了各类活动，还参加了所在城市的青少年理事会，协助市政管理青少年活动和事务。耗时最多的是他最喜欢的辩论俱乐部以及和几个伙伴创立的机器人俱乐部，他虽然忙得不亦乐乎，但一切都井井有条。

尝试，让孩子有了内驱力，刚够年龄就申请市青少年理事会的儿子，录取官在E-mail中对他说："I was impressed with your application. I was also impressed by your interest and your passion."（你的申请给我留下了深刻的印象，我也被你的兴趣和激情打动。）这正是对勇于尝试的孩子最好的描述。

女儿在完成大学申请之后，主动申请到星巴克打工，从服务员做起，仅仅两个月就做到了领班的职位。对于女儿的决定，夫妇俩非常支持，仿佛看到了年轻时候的自己。教育或许就是一个轮回，他们年轻时代的努力和尝试，不仅改变了自己的命运，而且深深地影响了孩子的发展。

颐和全家合影

女儿这样说，正是从小父母允许他们自己选择甚至犯错误，他们才可以不断去尝试。**人生就是不断尝试的过程，孩子们在不断的尝试中，寻找内心的热情所在和人生的方向，同样也知道了如何避免出错。**

成功的教育从这里起步，孩子的未来也在不断尝试和努力中成就。

家庭温馨和谐的氛围，滋养了家人，也创造了生活

颐和与天目山夫妇都是全职工作者，还共同协助家族经营跨国大宗商品贸易。工作之余，颐和打理家务，种菜种花，还善于投资理财；而天目山则更像是这个家庭的CEO，其他人不擅长做，或者做不了的事情，他都会主动负担起来。妻子不擅长开车，他基本承担了孩子的接送任务；温和、内敛，不擅长和人打交道的他还担负起了家庭所有对外的沟通联络，和孩子老师沟通，参加各种家长会，计划孩子们的课外活动、夏令营等。

两个孩子也参与到家庭的管理中，只比弟弟大四岁的姐姐常会担负起照顾弟弟的责任。弟弟对姐姐非常崇拜，姐姐在备考SAT的时候，他会帮着姐姐背单词，姐弟俩无论是在学习上，还是在家务上，都互相帮助和支持。

一切都自然而然，一切又并不是随手可得，就像年轻时在肯德基打工，夫妻俩靠辛苦和努力，经营着家庭，教育着孩子们。

全职工作的颐和，精心地安排着时间，也潜移默化地影响着孩子们。善于厨艺的颐和，用做饭来教孩子学会统筹。全家一起享受晚餐的时候，她会借机教孩子们怎样能快速做一顿美餐，并有时间做其他事。她告诉孩子们："必须对要做的菜进行一个整体而快速的统筹规划，比如先用高压锅炖排骨汤，同时做红烧鱼，最后炒易熟的蔬菜。这样不仅节省时间，而且所有的菜基本能同时出炉，也恰好是它们最可口的时候。"从中，我们看到的不是一份教诲，而是一个母亲的用心和耐心。

附近的邻居经常看到夫妇俩傍晚牵手散步，这是他们长年的习惯。他们每天饭后散步一小时，一起说说家里的事，说说孩子的教育，说说单位的工作和家族企业的管理。这一小时的沟通和交流，不仅增进了夫妻感情，还在教育孩子上达成了默契。

颐和是个爱读小说，爱看散文，爱听音乐，喜欢浪漫情调的女人。从她写的随笔中，便能感受到她对家的那份浓浓的爱。摘录其中一段与读者分享：

家，在窗明几净的房子里，在精心准备香气四溢的饭桌上，也在繁花似锦的后院里。家的院子里春有桃李芬芳，夏有玫瑰含笑，秋有金桂飘香，冬有蜡梅怒放。喜欢在家人生日时给他们做一碗手工长寿面，享受孩子们夸妈妈厨艺精湛。喜欢中美的每一个节日，中秋吃月饼，晚上赏月；感恩节全家一起烤火鸡；圣诞节的圣诞树和圣诞礼物；还有春节丰盛的年夜饭和压岁红包。和爱旅游的先生一起，带着孩子们见识外面的广阔世界。热爱生活，热爱田园，热爱阅读。在家的小世界里自得其乐，色、声、香、味俱全。

在这个家庭里，既有市井的欢愉，又有出世的快乐，全家人其乐融融享受着生活。**家庭的温馨和谐，应该是他们教育孩子的最大秘诀。**

全家的热心和公益心，回报了社会，也超越了生活

两年前，颐和和天目山夫妇所居住的城市发生了两名中学生相继自杀离世的悲剧，对整个社区和周围的居民都产生了极大的震撼。作为母亲，颐和也是胆战心惊，对孩子的教育问题非常担忧。她担心这种没有征兆的事再次发生，为什么孩子会这样，一系列问号出现在她脑中。大家都开始关注青少年的身心健康，周围的朋友都深切地感受到教育问题的棘手和压力。

那时，教育微信群刚刚出现，在几个群友的推动下，天目山建起了天目教育群，群友互助、自助，大家交流讨论教育信息。后来，天目山发现仅仅群里的人内部交流不够，大家需要一些更加专业的指导。他开始联系有经验的朋友、专家举办讲座，邀请专业群友进行分享。当时，天目讲坛的语音分享创造了“一分钟必满 500 人”的神话。

由于对交流教育经验和信息的渴求，短短几个月，天目教育的规模迅速扩大，也由分散的教育咨询变成了美国大学教育及大学申请的自助和互助的公益咨询平台。一批志同道合的朋友聚集起来，自己募集资金，为天目家长的孩子组织体育、文艺等公益活动，还申请了公众号，成立了天目教育基金会。

2018 年，天目山读高中的儿子参加哥伦比亚大学商学院主办的学生创业大奖赛，获得第三名

北美的华裔家长大多是国内精英，有着很好的教育素养。多年在美国生活，使他们兼收中西文化，既有一种文化自信，也有一种文化孤独。这个“特殊的群体”，为了第二代 ABC 孩子的成长，会向大家求教自己不明白的问题，也会帮助他人解决难题，共同守望那郁郁葱葱的生命绿色，建设一个共有的精神家园。

建群时，天目山给群友们写了这样一段话：**学习，不是为了比较，不是为了“爬藤校”，而是一种成长，一种必需的最基本的成长。衷心希望每一位家长明白，每个孩子都是独一无二的个体，每个孩子的成功都不能复制，每个孩子的成长道路都可以有“爬藤”以外的选择。我们不需要也不应该以“爬藤”为目的来教育我们的孩子，爬进藤校也不应该成为教育成功的标志。**

夫妇二人让家庭教育走出家庭，大家在共同的学习中成长，不仅让自己的孩子受益，也让更多的家庭受益。

天目山和颐和经营着家庭，经营着工作，也经营着家族的企业，还经营着这份公益事业。对于物质财富，多年的悉心经营，已让他们实现了财务自由。对于精神财富，对于这份公益事业，他们在努力地维护着。因为他们知道，这不仅寄托了家长和朋友的信任，更给孩子们树立了榜样。

谈起这项公益事业，他们说自己收获多多，结交了一批真诚的朋友，提供了一个孩子学习展示的舞台，让一群家长得以继续学习和提高。在这个过程中，孩子们每每听到父母在家对教育群的讨论，便懂得了公益的付出，懂得了努力的不易，懂得了任何时候都有艰难和障碍需要跨越。

颐和告诉我，她喜欢种植是因为看到植物茂盛生长就会心生欢喜和安宁。尤其在春天，院子里桃李芬芳，蝶飞蜂舞，一片欣欣向荣，那是她最爱的景象，一如看着孩子们健康茁壮成长。桃李不言，下自成蹊。教育本来也就是这样！

第二篇　他山之石，可以攻玉

借鉴美式教育的理念与实践

导 语

从人类产生后，教育就是永恒的主题。随着社会的发展进步，教育需要不断面对新挑战，适应新要求，进行新变革。特别是全球化和互联网时代的到来，使得教育在世界范围的交流碰撞、交融互进成为一种新常态。

中美教育，作为世界范围内两个最大的教育文化生态圈，不仅以前所未有的规模和深度进行着交流和互动，更在相互影响中创造着更多新的可能，甚至成为人类教育发展的新方向。作为一名在中国多年从事基础教育的工作者，作为一名旅居美国多年，一直对美国的教育进行草根研究的“文化行者”，我更愿意平视美国教育。

目前，对于美国教育有异于中国教育的地方，过度吹捧让不明就里的中国大众非常盲目地认同它们。对于中美教育，哪些是我们需要借鉴的，哪些是我们需要摒弃的，需要用审视的眼光拨开迷雾，正确对待。美国教育不是“天堂”，更不是“地狱”，它有着自己鲜活的特色和优势，同样也存在着许多需要改进甚至改变的问题和短板。美国的竞争同样激烈，美国的父母们同样焦虑，对子女的要求同样严格。坚持平视，坚持拿来主义，直面教育困境，是我们应该秉持的态度。

伴随着全球化时代的到来，人类的教育越来越趋同，人类教育的基本方向会越来越明朗。我始终坚信，无论在地球的哪个角落，教育的根本目标始终是培养一个人格健全、蓬勃向上的大写的“人”。

“人”需要学会平视，尊重自己，才能尊重他人。无论是学校教育，还是家庭教育，以更加开放的视野，学习吸纳国际先进教育理念和方法，不仅需要，而且必须！我们的任务，就是在比较中发现不足，推动我们获得真正的进步，让教育回归教育的本源。

为了孩子的健康成长，我们是不是应该认真地研究一下中美教育的文化差异，让我们的孩子在教育的交流、交融中多一些从容，多一些了解，多一些适应，多一些选择呢?

他山之石，可以攻玉！

01

可爱的课堂，在美国的校园里

从美国孩子玩骰子，看如何引导孩子学会问问题

骰子常是赌徒用来赌博的工具，中国人打麻将时也用骰子，可在美国，它们却跑到了学校的教室里、课堂上。

为什么？这得从我听过的一节美国阅读课说起，这节课的课名是“茶（Tea）”。当孩子们通读完课文后，老师把他们分成几个小组，然后拿出一个大大的骰子，从讲台上抛起来，骰子旋转停稳，一看，向上的那一面有一个大大的“Why”。老师问：“为什么茶在亚洲最多？”当看见有同学举手时，老师却说：“这是我的问题，你们每个人读了这篇文章，一定也有自己的问题，给你们每个小组一个骰子，你们每个人轮流投掷，遇到什么疑问词，就问什么问题，看谁能回答出来。”

玩过骰子的人都知道，骰子有六个面，美国的老师在这六个面上做起了文章，她把 when、where、who、what、why、how（时间、地点、人物、什么、为什么、怎么样）6 个疑问词写在了骰子的 6 个面上，然后用投掷骰子的方式让学生们进行阅读理解。孩子们分小组对需要了解的问题进行解读，并以不同问题相互提问。每一个疑问词后面，都是一个孩子需要去了解的问题。对于美国孩子来说，对咖啡的了解远远大于茶，老师不仅带

来了家里的茶让孩子们观察，还准备了大量的图片让孩子去感受不同国家的茶叶。

每个小组投掷骰子后，出现“When”“Where”时，有孩子会问：“人类是什么时候发现茶的，茶最早出现在哪里？”出现“Why”时，有学生问了一个有趣的问题：“为什么在中国好茶需要送给皇帝？”孩子们的相互提问与解答使得一篇阅读理解变成了问题的万花筒。

原来，美国老师是用投掷骰子的方法，培养孩子的问题意识。爱因斯坦早年就认为：**“提出一个问题，比解决一个问题更为重要。”培养孩子的问题意识，就是让孩子敢于质疑，养成独立思考的习惯，这对他们的学习成长至关重要，会让孩子一生受益。**

学贵有疑，有疑才有思，有思才有问，有问才有悟。近代教育家陶行知的几句话，颇为风趣生动：“发明千千万，起点是一问。禽兽不如人，过在不会问。人力胜天工，只在每事问。”亚里士多德也曾说过：“思维是从疑问和惊奇开始的。”苏格拉底更是形象地说：“问题是接生婆，它能帮助新思维诞生。”

那么，问题意识如何培养，如何让孩子学会问问题呢？

我采访过的哈佛学生雨晴的爸爸认为，让孩子学会问问题，是孩子成长的起点。雨晴一两岁时，他就开始启发孩子，一天至少问三个为什么，可以是任何问题，包括看到的、听到的、想到的。

就这样，小雨晴在爸爸的启发下，开始了观察、了解、思考和学习，爸爸用问号在孩子心底安装了一个永不停歇的发动机，问号引着他从兴趣到乐趣，从无知到博学，开启了他的学习成长之旅。

每个孩子的心中都充满了各种各样对世界的疑问。有些父母习惯于传授、告诉、记住，而不是鼓励孩子通过问问题自己获得知识。父母的问题意识不足，导致了孩子的问题意识不足。因此，等孩子长大，自然就不会问问题，也没有养成思考和探究的习惯。

美国天目教育群的哈佛女生六二这样告诉我们，爸爸是她小时候的启蒙老师，爸爸告诉她："即使对一片叶子，你也可以有不少的想法，先不用计较想法的对错"。

在美国教室里玩骰子时，老师把问问题变成了一个有趣的游戏，引导孩子问问题。即使天马行空，不着边际，但只要问题问出来，就是最大的成功。

知易行难，问题意识应该从幼儿抓起。对此，有些父母不太理解，会抱怨说："孩子小，不懂事，问题实在是幼稚，老跟在大人屁股后面不停地问，烦死人了。"童言无忌让父母忍俊不禁的同时，也让年轻的父母很烦、很闹心。对于孩子的问题，他们一开始还会简单地回答，可被问多了就会烦，更不用说引导孩子问问题了。

在这里，既是观念的问题，也是态度的问题，更是智慧的问题。当孩子上学以后，抱怨孩子不会思考，抱怨孩子不会问问题，用大把的时间、精力以及金钱，让孩子穿梭在各式各类的补习班的时候，是不是也有家长的问题呢？培养孩子的问题意识是对孩子最重要的思维训练，会让孩子学会自我学习和探索，在成功的路上自我奔跑。

还有的父母认为，自己不是专业的老师，无法像美国老师那样用掷骰子的趣味游戏去引领孩子学会问问题，甚至认为学会问问题是学校的事。

事实上，孩子的世界新奇无邪，一切都是他们探究的目标。有一个经典小故事：一个妈妈带孩子去逛商场，她觉得商场的热闹和物品多，孩子一定会喜欢，可恰恰相反，孩子在商场一点也不高兴，不停地哭，吵着要出去。妈妈不明白，当她蹲下来询问孩子时，才看到，在孩子的角度看见的只是一条条人腿，以及高高的柜台，无趣而狭窄。当我们用成人的思维面对孩子的时候，你的世界并不是孩子的世界。

如果，此时父母蹲下来，和他一起观察他的世界，并告诉他，你会理解他；如果，你能抱起他，让他和你有同样的视野，他的眼中才会有丰富的世界；如果，你能托起他，让他拥有比你更高的视野，让他把眼中的世界告诉你；那么，你会看到一个完全不同的孩子。父母是孩子的第一任老师，你的行为和做法会让孩子更早建立问题意识，并引领孩子的思维成长。

听过一个斯坦福学生的妈妈的讲座，她说，她培养孩子最主要的一点就是保护孩子的好奇心。好奇心如何去保护，其实就在不断问出的问题中。这一切，需要父母和孩子的共同努力，尤其是在孩子思维成长的萌芽期。孩子眼中对世界感到神秘而好奇，无数个为什么里那有趣而有益的求知与探索，需要父母用关心、爱心和耐心去成全。作为父母，我们就是孩子问题意识的起跑线。

好问、多问、深问既是一种思维品质，也是一种思维习惯。而这种习惯的养成，需要很早就开始引导，需要老师和父母的一份智慧，一种坚持。要早，要有趣，要无处不在，要无时无刻。

教育的本质不是涂抹，而是发现。每个孩子都有潜藏在身体里的心灵密码，只有孩子通过自己的感受和思考，才能解开这个密码，才能完成真正意义的成长。作为父母，我们是否也可以如掷骰子一样，打开我们的思维，问问孩子教育里的“Why”，引导孩子形成勇于探索、认知的思维模式，孩子将在提出问题、分析问题、解决问题中，学会表达与交流，提高认知水平，实现自我成长。

作为家长的你，会把骰子带进家庭里吗？或许不会，但我希望我们都能把骰子里的疑问词带进孩子的世界和生活，因为，当问题意识成为思维习惯，孩子未来的人生也一定会充满力量，大有不同。

美国的教师节

众多来自大洋彼岸的留言提醒我，又一个中国的教师节到了。

以前在国内，这一天，我的办公桌上满是鲜花和学生的贺卡。而远在大洋彼岸的美国我依旧收到这么多祝福，幸福涌向全身。

我兴高采烈地将这幸福的感觉与刚下课向我走来的老师分享，她很高兴因此了解到中国的教师节。好奇心驱使我问她美国的教师节怎么过，她告诉我："在美国，教师主要是指中小学老师，教师节的庆祝活动也主要在中小学举行，大学教授们一般不过这个节日。"但是，作为母亲和多年从事教育工作的她对美国的教师节还是比较了解的，向我做了详细介绍。

美国的教师节是一个非官方节日，定在每年5月第一周的周二，因此每年教师节的日期不尽相同。美国国家教育协会（National Education Association）称它是"一个向教师表达敬意和表彰教师对我们生活所做贡献的日子"，而整个一周被称为"谢师周（Teacher Appreciation Week）"。

美国的法定节日非常多，像教师节这样的非官方节日更是数不胜数。5月份，很多学校课程快结束了，有些学校甚至已经放假，但大多数美国家长都能记住这个特殊的节日。他们通常会选择发电子邮件给老师庆祝节日，很多在读或早已毕业的学生也会给老师发去电子邮件祝贺。当然，这一周中，学生和家长都可以选择任何一种表达方式，向老师表达祝福和感恩。

听了这些介绍，我打电话询问在宾夕法尼亚大学工作的一位朋友，他和他的孩子是如何给老师庆祝教师节的。

他介绍说，各种节日他都会给老师发封祝福邮件，但不刻意一定是哪一个节日。孩子则喜欢亲手制作贺卡给老师，在美国老师的心里，花钱的礼物远不如自制的礼物珍贵，所以美国孩子送给老师的礼物，经常是一张自制的贺卡、一张写有感谢话语的照片。老师会将学生赠送的照片、贺卡等贴在自己的办公室。如果是送礼物，礼物一般都包装得比较漂亮，即使是个小图片、小玩偶或一个小画框，也会包装得很精致。他所看到的美国教师的办公桌一般都摆设得很精致、漂亮，很多小物件都是历年的教师节或圣诞节收到的礼物，老师也常会兴奋地向那些初次看到这些礼物的家长或学生介绍它们，话语间洋溢着感染人的幸福。

Ivy 是宾州山谷小学的学生，她说她是从每年学校的广播里知道教师节的，因为那天学校广播会告诉他们关于教师节的消息，学校会给老师举办一个派对。这样，让她和同学们知道并记住了这个节日。学校不会刻意去宣传，同学们也是根据自己的意愿，选择是否送贺卡和礼物。她不是只在教师节这天去感恩，她每天都会感恩老师为学生所付出的。她更喜欢在圣诞节这天亲手给老师制作各种不同的贺卡，她认为新年贺卡可以代表一年的祝福，自然也就包含了教师节。

美国是个多元的国家，对于这个非官方的节日，各州、各校可以根据各自情况选择如何去做。很多州对这个节日没有刻意地表示，甚至不会去庆祝，他们更重视平时学生对教师的尊重和感恩。即使是那些重视这个节日的州和学校，活动的操办一般也是由家长教师联合会去做。很多美国学校都有家长教师联合会，是由热心的家长志愿者组织的，类似于中国学校的家长委员会。当教师节来临时，各个学校的家长教师联合会便会组织策划一些活动，给老师买份小礼物，或准备一个派对。礼物虽小，却让老师感到十分快乐和幸福。

我浏览网络看到，美国教师节前夕，在纽约州新罗切尔市的伯纳德儿童早教中心（Barnard Early Childhood Center），一大早，孩子们将在学校内拥抱每一个老师作为惊喜，他们每个人都用“Thank You”装饰了一张信纸送给老师，家长教师联合会帮助他们制作以诗歌绘画和贴心的笔记为内容的海报。家长教师联合会副主席艾丽莎·瓦斯帕里说：“这一天教师们情绪激动，希望把海报珍藏起来。”

也是这一天，在印第安纳州印第安纳波利斯市的布鲁克风景小学，教师们在学校体操馆里被授予用星星装饰的“学院奖”。家长教师联合会表彰了每一位教师和工作人员，从管理层、教师到清洁工、卖午餐的大妈。布鲁克风景小学家长教师联合会的主席卡丽莎·道勒在她的文章里写道：

孩子们在这场典礼中绝对是不可思议的！他们为全体工作人员尖叫和加油，他们好像看见了自己最爱的明星，他们在老师走上红地毯，领取孩子们制作的奖品“黄金苹果”时，与老师们击掌，高呼他们的名字，老师们被深深地感动了。

不一样的国度，不一样的祝福，作为中国教师的我此时给我所在的美国艾奥瓦州爱华中文学校魏军校长发去了一份 E-mail，那里有一群热心中文教育的中国教师，我为他们送去了一份中国教师节的问候！

加州学校的一节初中数学课

做过数学教师的我出于职业习惯，对美国的教育理念和教育方式十分关注，通过观摩他们的课堂教学，通过自身的学习实践，通过同广大家长和孩子的交流，掌握了一些基本素材，也进行了一些比较和思考。

这里介绍一节我观摩的美国加州伯克利市朗费洛初级中学八年级的数学课。

清晨，美丽温和的教师玛洛·沃伯顿手拿写有“I love a silent start（我喜欢安静的开始）”的图片站在教室门口。她用甜美真诚的笑容告诉每一个孩子：“我希望我的班级充满爱和秩序。”学生报以同样的微笑，安静有序地走进了教室。

玛洛今天要讲的是八年级代数的因式分解课。玛洛首先请同学们尝试做一做黑板上的两道热身题，同时鼓励大家：“学会坚持，就会有答案。”

在玛洛的引领下，同学们开始了自我学习之旅。他们分小组合作，对新课进行探究，课堂气氛非常活跃。为了得到答案，有的学生开始在书架上查找资料，有的学生打开网络查证同学的观点是否正确，还有的学生相互辩论。玛洛并不急于让每个学生的答案都一致，只是不断地引导，让每个学生都尽可能地充分参与思考和学习。在这样的学习过程中，玛洛告诉学生，如果认为困难是坏事，那么就很难体会到生活的快乐；如果认为挑战是好事，就会对每一件事都充满期待。笑声、争执声、感叹声充满了整个教室。

规定的时间很快到了。玛洛走到学生中间，开始了她的计分模式：两颗星，表示依靠自己，初次就解答正确；一颗星，表示开始没做对，当看到答案后马上理解，并会做了；× 表示看到答案后还是不懂。

我们再来看看这间教室的布置情况，为了便于学习演算，教师里随处可见大小黑板；为了方便孩子们查找资料，电脑和书架摆放在教室一角；为了满足学生交流分享的要求，教室中有许多可随时用于固定纸张的悬挂线。此外，教室里还有饮水机、洗手池、挂衣架等各种生活设施。这里，仿佛不是学习的教室，而是快乐的生活空间。

当下的美国，像朗费洛初级中学这样的现代学校较为普遍，已经成为一种主流。上课伊始，教师用充满爱心的卡片及爱的语言有序地组织教学。在评价方式上，教师也不会用成绩去衡量学生的优劣，而是用她自创的星级标准，考量学生是否真正理解了课程内容。师生共同布置的教室温馨整洁，让人感受到学习的有趣和学校生活的幸福。

对于专门做教学工作的人来说，可能会感觉这堂课很一般，因为现在这种教学方式在中国随处可见。例如，教室里布满黑板，让我想到了杜郎口中学；教室中有许多可随时用于固定纸张的悬挂线，让我想起了向阳小学；电脑和书架摆放在教室一角，让我想到北京的黑芝麻胡同小学。这些都是国内的名校，而在教室里摆放饮水机、洗手池、挂衣架等各种生活设施，在一些有名的私立学校也很常见。“以人为本”的教室设计和多元教学方式，一直是中国教育改革的方向和目标。

在我看来，玛洛老师讲的这堂课很普通，但又不普通。普通在无论公立学校或私立学校，这种课型很多；不普通在教师的状态，大家可以看到，教师和学生们脸上显现出学习和探究的快乐。

美国人认为，一个人不管处于什么境地，有两件事是必须做的，并且会伴随一生：一是受教育，二是信宗教。很多美国人对教育的重视，达到了与信仰宗教一样的虔诚境界。或许这才是我们需要认真学习的地方。因为有这种教育意识，才会出现《五十六号教室》里在中国教育界都非常知名的美国的雷夫老师，和我介绍的这位数学老师玛洛。而在美国真正知道他们的并不多，即便他们获得了总统奖，大家都会认为，他们对待学生的态度、以人为本的教学方式是必须也是应该的。

之所以介绍这堂课，不仅仅因为课堂教学的多元方式，更是因为玛洛老师在教育工作中那份视教育为信仰的虔诚，它已经成为一种生命底色存在于美国大多数教师心中。所以我想说的是，所有形式上的东西都是一种技术，而真正源于内心的真诚与需要，才是值得我们学习的地方。

没有固定答案的课堂提问

美国的教师注重采用多种方式引领学生进行学习，在美国孩子的课堂上，教师很少让学生死记硬背公式、定理，而是告诉学生去尝试思考和解决各类问题的方法和渠道。

我听过这样一个故事，一个来美的高中留学生在历史课上，在书上把一些重要的时间、地点、人物都勾画了出来。他的美国老师看见了，十分奇怪地问："为什么要这样做？"孩子告诉他："我们在中国就很重视这些知识点的测试啊，这是考试的内容。"其实，在美国历史学习和考试中，很少会考这样的问题。对于一些重大事件的认识考查，一般会以这样的方式出现：如果当时你是总统，会怎么办？

在中国的历史考试中，有这样一道历史题：成吉思汗的继承人窝阔台于哪一年去世？最远打到哪里？其实，对于这样的问题，我们只需要查找数据即可。

有位华裔家长分享过美国学校对此知识点的考试题目：当初如果成吉思汗的继承人窝阔台没有死，欧洲会发生什么变化？试从经济、政治、社会三方面分析。

有学生是这样回答的：如果当初窝阔台没有死，那么可怕的黑死病就不会被带到欧洲去，后来才知道那个东西是老鼠身上的跳蚤引起的鼠疫。但是600多年前，黑死病在欧洲猖獗的时候，谁知道这个病叫鼠疫。如果没有黑死病，神父跟修女就不会死亡。神父跟修女如果没有死亡，人们就不会怀疑上帝的存在。如果人们没有怀疑上帝的存在，就不会有意大利的文艺复兴。如果没有文艺复兴，西班牙、南欧就不会强大，西班牙无敌舰队就不可能建立。如果西班牙不够强大，意大利不够强大，日耳曼就会控制中欧，奥匈帝国就不可能存在。

其实，对于这个题目老师也没有标准答案，不同答案的产生和分享，恰是学生思维的变化和相互学习的有效方式。

许慎在《说文解字》中解释道："教，上所施，下所效也。""育，养子使作善也。"在中国的教育传统中，更强调上行下效的"教"，强调作善的价值取向。在西方"教育"一词源于拉丁文educate，本义为"引出"或"导出"，意思就是通过一定的手段，把某种本来潜在于身体和心灵内部的东西引发出来。西方更强调对内在潜质的激发，强调能动性的发挥。这就是中西教育文化的差异，也造成了两者教育实践的不同侧重。

美国基础教育协会会长贝斯特在其著作《教育的荒地》里说："真正的教育就是智慧的训练，经过训练的智慧乃力量的源泉。"学校总要教些东西，而这些东西应该是思维的能力。**教育培养的是能力，而不是灌输知识。**

洛杉矶移民吧里曾流传过中国朋友讲述自己孩子的故事：他5岁的儿子初到美国在当地一所美术学校上绘画班。可没想到，这孩子去了不到5次，就开始嚷着不想去了。孩子说："老师根本不教画画，一点都不教！

每次都是给一个题目，叫我们自己画，想怎么画就怎么画，爱怎么画就怎么画，老师一点儿都不管。画完了老师就知道说‘好哇！好哇！’而那些美国小孩的画，根本就是一塌糊涂！”

后来，他去孩子的班里观察，发现那些美国孩子有站着画的，有跪着画的，也有趴着画的。他们画的画根本不敢恭维——不成比例、不讲布局、不管结构，甚至连基本的笔法都没有。然而，这位爸爸由此似乎也明白了，“教”美国孩子学画画，老师往往不设样本、不规定模式，让孩子自由地去“构图”，这样，也就根本不存在什么“范本”，孩子画的画也完全是一种“创作”。正是因为这样，这些美国孩子自然也就不会问“像不像”了。而对于这个年龄段的孩子，思维创造性能力的培养才是最主要的，而我们的孩子却从小就把“像”作为自己的最高追求。

教育的主要目的在于教会孩子思考，教学的根本任务之一就是提升学生的社会实践能力和水平。相对于我们重视知识的传授和习题的训练，美国课堂更加注重思维训练和能力培养。美国基础教学对概念的强调、对实践性的重视，方法方式与我们不同，这里有体制机制问题，也有文化传统问题，但它带给我们的借鉴和思考是很强烈的。

美国老师 Tamy 的课堂情绪导入法

在中国教学多年，我认为作为教师是需要认真备课的。而在备课环节，新课的导入非常关键，因为这关系到新课是否能让学生顺利接受。而我们都知道，人是情绪动物，做任何事都有可能受到情绪的感染。所以，当老师走进课堂的时候，虽然受过专业训练，但控制好自己的情绪，并将它瞬间转换成正能量，是件非常不容易的事情。

在美国课堂上，似乎比我们的课堂导入要随便得多。在这里，和大家说说我经历过的一堂课。我的美国老师 Tamy 是个比较情绪化的老师，一天，她满脸沮丧地走进教室，来到电脑屏幕前，把自己手机里的一张图片放了上去。照片上是一只小狗楚楚可怜地望着老师的车门，那表情似乎要告诉主人："不要走，我不想自己单独待在家里。"

看着这个画面，Tamy 几乎是用哭腔对大家说："今天早晨，我的小狗病了，它好可怜。我来给你们上课，不能在家照顾它。我走的时候，小狗就是这样送我的。"听了她的故事，同学们纷纷表示同情。同时，大家询问小狗得的是什么病，也贡献了许多自家小狗治疗的方法。在大家的讨论和劝慰中，老师的情绪开始缓和，最后她精神饱满地对大家说："感谢大家给我的建议，相信小狗会好起来，咱们现在上课！"大家一起进入了教学环节。

这样的开场不止一次出现，也不仅是在我的课堂上。我对一些留学生和美国老师进行过调研，他们普遍认为，这很正常，这种即时生成的课堂导入，让学生感受到了人正常情绪的发泄，以及一种平等友好的师生关系。

美国教育家大卫·金斯伯格（David Ginsburg）在《每周教育论坛》上说，**课堂不仅是学习的地方，也是欢笑的地方。**

在一节英文阅读课上，老师 Sharon 准备了很多颜色的笔，她让学生选择自己喜欢的颜色，书写课堂需要的材料。学生们可根据自己的喜好任意挑选，这让他们十分开心。当然，如果有人挑走了某个学生喜欢色彩的笔，他就必须去选择其他颜色，也许会有些失望。对此老师却说："对不起，但这就是生活。"这个学生一笑而过，老师又会这样说："下次可能你会幸运地得到最先选择权。"

Sam 是英文老师，他最擅长的英文教学是让学生用唱歌的形式学习语言。他经常会边唱歌边提问歌中的某个单词的意思。因为上课就是听歌，学生们都感到学习很轻松。有时在课堂上，大家会不停地猜测歌曲中的单词，老师选的歌都是非常好听的经典歌曲，学生们潜移默化地学会了很多歌曲，Sam 也成了学生们心中的明星老师。

杜威说，生活即教育。**在生活和教育的辩证中让教育回归生活，在教**

与学的良性互动中让生活融入教育。美国课堂生动活泼的教学模式，带给我们的启示绝不仅仅是方法的借鉴，更是一种尊重人性、回归生活、讲求本真的教育回归。教育作为人类生存发展的基本方式，没有必要，也不需要总是端着架子，所谓师道尊严正存在于老师和学生的点滴互动中，存在于真诚真实中。

Sam 老师课后请作者清瑕老师和同学喝咖啡

美国的中学课堂教学，选班自由，在学校跑班，并没有固定的同学。而中国的中学里所有的课都在同一个教室进行，学生们不动，老师跑教室。

美国中学的教学模式的好处是，学生可以跟能力相当的同学一起上课，所以一个孩子可能英文课与这 30 个学生上，数学课与另外 20 个学生上。一个学期下来，跟全年级几百人都在不同的科目同班过。简单来说，美国的中学教育是看你的脚多大，再给你配适合的鞋；相较起来，中国则是不管脚大脚小，鞋子的尺码全一样。

清瑕和老师 Sharon 在艾奥瓦州政府图书馆

人和人是不一样的，但基于教育的科学化和标准化，全世界的基础教育都是在批量地开展教学。相对于中国，美国的教育方式可能在资源分配上更适应了不同学生的要求，更符合教育规律一些，更具有人文关怀一些。

02

家庭作业，如何成为研究性学习

美国孩子没有家庭作业吗

不止一个学生的妈妈向我咨询，孩子的作业太多太难，听说美国孩子都没有家庭作业，她们希望自己的孩子申请到美国去读书。面对国内激烈的考试竞争，很多父母根据自己对美国教育的碎片化的理解，希望自己的孩子能够去另一种文化和教育体制下享受既轻松又收获满满的教育。

由于信息的失真，这样的想法不仅片面，而且可能对家长指导孩子的学业造成影响。事实上，美国低年级的孩子是没有家庭作业，但是高年级和中学阶段基础学科必需的课业练习也是有的，而且美国孩子的作业完成情况会计入他们的期末成绩和毕业成绩，所占比例各个学校不同，大约为20%~40%。

美国孩子的家庭作业除了基础的练习外，研究型作业较多。这类作业不是课本内容的简单重复和巩固，更不是同类型题目的反复练习，而是一个围绕问题的探索和研究，是典型的探究性小论文创作。如果按照国内的课业标准和美国孩子的智育培养而言，美国的孩子不仅有课后作业，而且比中国同年级孩子的作业难得多。

如果将中美教育进行对比，美国教育更注重学生能动性的发挥，探究性学习是主流。家庭作业方面注重学生的探究性学习和独立完成，也成为美国教育的一个基本特色。

Allison 的作业很像课题研究

我的一位朋友是生物学博士，在美国宾夕法尼亚大学医学院工作。他的女儿 Allison 的作业情况是这样的：Allison 一至三年级的课程主要是数学和英语，重点是词汇、阅读理解和基础写作，同时还学习基本的科学常识、地理、社会及音乐等。孩子回家后基本没有死记硬背的作业。到了四年级，学校提供的课外活动很多，如电脑知识、器乐演奏、声乐训练，还会有奥林匹克阅读竞赛等，老师会给出很长的书单，要求在一定的时间内完成阅读。

Allison 小时候，老师经常留这样的作业：用纸制作一个你喜爱的房子，写一篇蚂蚁怎样生活的观察报告，写一篇人类怎样发明汽车的文章。每次当作业布置下来，Allison 就忙碌起来，画笔、剪刀、胶水摆满桌子，又是画又是折。有时候，作业不只是手工和玩耍，还要提交记录制作过程和想法的文字说明，以及图书馆查阅图书资料的借阅目录存根等。对于这些作业，Allison 总是兴致勃勃，全身心忙上一段时间。

二年级时 Allison
在小河边观察鱼吃虫子

她的爸爸记得女儿小学二年级的一次作业是“为什么美国鹰的数量比过去少了”，Allison 回家后，就去查资料，通过思考，她得出了自己的结论。Allison 认为，美国家庭中都有大草坪，这些草坪都要用除草剂，很多小虫子来吃草，就被这些农药毒死了。下大雨的时候，这些虫子又被冲到小溪里去了，然后鱼吃了带毒有病的虫子，鹰又来吃了这些有病的鱼，于是鹰就生病了，导致鹰的数量不断减少。当时 Allison 并不懂什么叫生态学，也不知道什么叫食物链，但是她却通过自己的研究，在图书馆阅读绘本，将这些现象串在了一起。

四年级时，老师告诉学生们，澳洲有一个叫 Tasmania 的海岛，这个岛上生活着一种动物，它的叫声非常恐怖，像鬼一样，因此这种动物“被称作魔鬼”，老师让学生们写一篇关于这种动物的报告。要求在报告中回答以下几个问题：为什么这种动物叫魔鬼？这种动物的生活习性是什么？这种动物的食物是什么？这种动物是怎么繁殖的，寿命是多长？四年级的 Allison 已经能够非常熟练地去图书馆和网上查找资料了，她的报告写得非常详细，且富有逻辑。身为生物博士的爸爸说，这是他印象中孩子第一篇像样的研究报告。

Allison 八年级时，有权选择不同的研究课题，如机器人、医学、环境等。这次，Allison 和她的好朋友 Roland 自由组织了一个小组，他们选择了一个医学技术课题的研究，内容是“颅骨和天灵盖的移植技术”的调查报告。

Allison 在图书馆查找资料

Allison 介绍说，他们的调查分为两个部分：①血管是怎么移植的？②显微手术是怎么做的，是怎样将神经一根根连起来的？同时他们要追踪的问题，还有美国进行器官移植的人数，手术成本是多少，医生和护理的数量是多少，设备的价格是多少？爸爸问她：“为什么要算这些费用？”她说她需要知道有多少人能承担起这些费用，做得起这样的手术，以及大众是如何看待这种手术的。因为对于这种移植手术，不同宗教的文化有不同的要求，需要从伦理学的角度调查，有多少人能够接受这种移植。她还需要告诉人们，这样的手术能救多少人的性命。

她说完成这个研究需要三个月，目前已经做了两个多月，还有半个月就要结束了。他们已经到了写作调研报告阶段，做完就交给老师，由老师决定研究水平，同时决定是否可以将这项研究推荐上去，代表学校参加校际竞赛。初中生需要完成这样的作业，显然并不比中国的作业容易。

或许在我们看来，这份作业根本不是给孩子布置的作业，而更像一个庞大的研究课题。这些问题或许是我们攻读硕士生、博士生才能够去解答的。这些问题在课堂上没有标准答案，它们的答案需要自己去查询，有些可能需要孩子用一生去寻找。但是，这就是美国孩子的家庭作业，很难，很有趣，很贴近生活。

Annie 是费城重点中学的一名高中生。有一次，她的作业题目是美国种族歧视历史。此前，她虽然知道，美国法律不允许有任何种族歧视，但也知道黑人普遍较为贫穷，但她并不明白其中的真正原因。为了完成作业，她阅读了大量的书籍，弄清了美国黑奴产生的缘由，黑奴当时的生存状况，解放黑奴过程中发生的重大事件，以及著名民权活动家马丁·路德·金的斗争经历，她还阅读了他的著名演讲稿《我有一个梦》。这项作业让她变得更有爱心，更乐意去帮助那些需要帮助的人。她每周都会去以贫穷黑人为主的老年看护中心，给他们义务演奏小提琴。

一个叫多多的二年级孩子，老师给她及学生们留的作业是做一本动物简介手册，给三个月的时间，每个学生必须选择一个自己最喜爱的动物并描述它们的生活习性，上交的手册应按照出版物的要求进行设计，包括封面、目录、章节、图表、作者介绍、词汇表和封底等。

多多选择了她最喜欢的熊猫作为研究对象，为了搜集资料，她几乎每天都要在社区、学校的图书馆和网络中搜寻关于熊猫的信息。在收集资料之后，多多将资料分类整理并分出章节。首先，她在书的第一页告诉读者关于熊猫的有趣事情，例如，你知道有熊猫幼儿园吗？以此来引起读者的阅读兴趣。接着描述熊猫的种类、从小到大样貌的变化、生活习性、食物的特色等，然后图示熊猫每个身体部位的名称，最后是多多的自我介绍与整本书所提到的词汇参照表。

在多多完成初稿之后，她和老师对手册讨论了一番，老师订正了其中的一些错字并给了她一些修改建议，几天之后，多多人生的第一本书终于大功告成了。在学校的新书发布会上，多多向全班同学介绍了她的新书内容，并分享了她的研究成果。虽然初版的发行量只有一本，但这却给多多和她的家人带来了莫大的成就感。

多多的家庭作业是美国小学教育中很典型的教学设计方式。在这项作业中，她独立完成了拟定题目、搜集资料、分类整理、撰写内容、绘图和编辑，家长完全不知道她这段时间在忙些什么，一直到她在学校新书发布会之后将作业带回家，她的父母才第一次看到她的作品。在整个过程中，作品的创意和内容完全由多多自己决定，而她在研究过程中获得的知识有相当高比例超出了老师和家长的知识范围。

美国孩子的家庭作业和我们传统的中国式教育有很大不同。其实，就人类科学研究的一切成果而言，探究性学习是顺应人类成长和发展规律的基本教学方法。因此，美国教育很值得我们学习和借鉴。

美国孩子的暑假作业是什么样的

美国中小学的暑假通常从 5 月底开始，一直延续到 8 月份。长达 3 个月的时间里，如何打发孩子的时间是个大问题。和中国不同的是，在美国虽然也有各种文化课的补习班，但很多孩子一放假就会去度假，或是参加各种夏令营。

关于“暑假作业”有无必要布置，布置什么内容，在美国一直存在争议。近年来，一些美国教育专家对一些学生追踪研究发现，暑假期间书都不曾打开的学生，上学后会在阅读上严重滞后——这也就是广为人知的“暑假滑坡”，这些学生会与暑假期间保持甚至增加阅读量、改进阅读技能的学生有很大差距。

这些基于实证研究的报告，开始改变一些学校对于暑假作业的看法，部分学校开始布置一些以阅读为主的暑假家庭作业。美国的教育研究者成立了专门的机构——美国暑假学习协会，来研究如何防止学生出现严重的“暑假滑坡”问题。他们的建议包括：让孩子保持每天至少30分钟的阅读，让孩子坚持写作（写信、写日记、写博客），启发孩子的空间推理思维，让孩子探索各种课外知识等。

其实，在美国只有那些计划拿个高中毕业证（或者连高中毕业证都拿不到）的学生的暑假过得十分欢乐。那些打算申请优秀大学的学生一点儿都不轻松，他们除了要参加课外活动和夏令营外，其余时间都被暑假作业填得满满的。即使高中布置的暑假作业仅是阅读一两本书，那这些书也绝不是随随便便浏览一下就可以的，老师随书单附加了很多作业要求，放假回来后在开学第一周还要测试学生的阅读效果。而作业的完成情况和测试的结果都将计入学科成绩中。

下面介绍我在几所美国学校网站上查到的近年美国孩子暑假作业情况。首先说说中学的，为了使介绍更具有普遍性，以一所中等偏上的普通公立高中为例。Parkland Senior High School，位于宾夕法尼亚州东部的Allentown市，在校生共3000多名，有86%的学生毕业后继续到大学深造。学校官方网站上给出的暑假作业分为英语、数学、科学和社会研究四大类，由于内容过多，我只选择一部分，也就是九年级（初三）的作业给大家介绍。

英语：仔细阅读图书《森林之光》（*The Light in the Forest*），并做好阅读笔记。在开学的前两周中，教师将针对这本书进行客观题和写作测试，学生需要达到80分以上才算合格。《森林之光》讲述的是18世纪北美大陆白人与印第安人之间发生的悲剧故事，共有200页左右，提出了种族文化的对立和冲突问题，阅读难度和理解难度都相当高。

数学：为了让学生能更好地适应开学之后的几何课程，教师布置了帮助学生复习之前课程的暑假作业，一共分为七大板块，分别为：①一次方程；②方程组；③坐标平面；④分数方程；⑤根式方程；⑥比例方程；⑦二次方程。开学后，教师会安排随堂测试，来评估学生的数学水平。

物理：在物理学科内部还分为一级、二级和C级三门AP课程。其中一级是预习物理教科书的第一章，然后完成7个小节中的17道题。开学第一天提交作业，之后进行测试。

其他的课程如化学、生物、社会研究等都有相应的作业。比如社会研究，九年级主要是研究从北美殖民地到19世纪末的美国历史。整个暑假作业分为三项任务：

任务一：45分，制作13名欧洲探险家的信息表。表格中要涵盖探险家的名字、资助其出行的国家、探索发现的关键日期、发现的区域，以及整个探险的影响和意义。

任务二：20分，制作新大陆的地图。地图中要明确标示出新大陆周围的海洋以及内部重要的山川河流，另外还要标明1750年前后各殖民地的所属国。

任务三：35分，从教师提供的材料中选择两个第一手原始文件进行分析。

再来看看小学的暑假作业：共有35项，选择其中的一部分展示一下。

1. 列出暑假你所做过的最有趣的十件事，可含插图（照片、绘画等）。

2. 从你去过的地方，给老师、同学、亲友邮寄一张明信片。

3. 列出关于你最喜爱的作家的五个事迹。

4. 写一篇自我介绍，入学日交给新的老师。

5. 读一篇童话或者民间故事，并将其主要内容表演给家里人看。

6. 去当地的公共图书馆，报名参加其暑期阅读项目。

7. 给某人帮个忙。

8. 看看天上的云彩，根据云的形状编个故事。

9. 从视觉、听觉、触觉、嗅觉、感觉五个方面，描述你最喜欢的食物。

10. 读一篇故事书前，先看看封面，然后猜猜里面会讲些什么。

11. 研究月相（月亮的圆缺名称和时间），并画出来。

12. 读一本你父母在你这个年龄段所读的书。

这些作业体现了比较全面的对人的良好素养的培育，此外还有一项这样的作业："今天晚上不要玩电脑，也不要看电视，请和家人一起阅读或做游戏。"这种更富人性和精神特色的作业，非常值得我们深思。

辅导作业，中美父母的不同选择

美国的老师和父母都认为，孩子做作业不管是否正确，一定要鼓励孩子自己去完成。在中国，家长坐在孩子旁边监督、辅导和检查孩子的作业是再正常不过的事情，甚至有的家长认为，如果不这样做，就是做家长的不负责任。但是，同样的事情，大多数美国老师却不鼓励家长这样做，哪怕最后孩子自己完成的作业很糟糕，老师都会鼓励孩子："我太为你高兴了，因为这些都是你自己独立完成的呀！"

一位美国幼儿教育学博士曾经做过这样的分析："给孩子布置作业的

目的，除了增加孩子对课堂传授概念的了解、提高孩子相关学科的技巧之外，更重要的是打开孩子的视野，锻炼孩子探索和拓宽知识的能力，养成独立思考的习惯，最后形成对事物的独立看法。而家长辅导过的作业，老师判断的是家长的水平和思路，根本看不出学生的想法，这就失去了作业本来的意义。长此以往，孩子的思路便被禁锢了，失去了自我探索的能力和创造性，这样的教育培养出来的只会是一代又一代的机器人，而且很可能一代不如一代。只有放手让孩子们自己做，才能鼓励他们独立思考。”

在中国，学业的竞争让孩子的成绩牵扯着父母的心。而陪伴孩子写作业已经成了许多父母，特别是妈妈的一项重要任务。从幼儿园的手工到小学的生字，再到初中的补习课，甚至孩子上了高中，即使家长无法辅导孩子了，也要陪着孩子把作业做完，才会安心去睡觉，但不少孩子的学习成绩却并没有因为父母的陪伴有所起色。被动学习使得有些孩子做作业非常依赖家长，家长不在身边，就不去写作业。

这就是中国的现状，家长十分辛苦，但是又收获了什么呢？

虽然不少美国父母并不辅导孩子做课后作业，但他们会引导孩子学习大量的课外知识，拓宽视野，还会和孩子以平等的身份一起去探索使用学习资源和工具，包括数据库搜索、答案筛选和归纳、图书馆检索等。作为家长，不要告诉孩子答案，但要帮助孩子启动项目，提出建议，让他们自己决定；不要打压或者胁迫孩子完成作业，要赞扬孩子，因为鼓励孩子每一点滴的进步，都会对孩子的成长起到促进作用。

如果孩子对作业确实有大量不懂的地方，难道家长应该眼睁睁地看着孩子把错误的答案交给老师？

对此，美国教育专家指出，**家长应该对孩子的作业放手，允许孩子犯错误，而不是企图帮助孩子把作业“修理”完美，因为只有孩子从小学会了怎么面对和解决困难，养成接受并战胜挫折的能力，才可慢慢拥有学习技能，从而应对人生道路上可能遇到的困难。做作业也是一个性格养成的**

过程，对孩子来说，从小就学会承担责任是一个十分重要的训练，完成作业就是他们自己应当担负起来的责任之一。

面对孩子的家庭作业，我们应该如何做？在这里，推荐美国老师给大家的四个好建议：

第一，把挑战摆在孩子的面前：真正的成功往往发生在人们突破边界和障碍的时候。如果你的孩子一直没有机会战胜一些困难，他可能永远不会具备面对挑战的自信。

第二，不要在感觉糟糕的时刻结束：这可能会导致孩子养成轻易放弃的习惯。其实，即便是天才也需要通过不懈地努力来磨炼自己的心志。

第三，适时加以推动：如何帮助孩子做到最好，该推的时候要轻轻推孩子一把。当然，这需要你的智慧。

第四，拥抱无聊和沮丧：成功很少发生于第一次尝试，孩子的作业不可能一次性全部做对。与其在孩子遇到困难时直接给他一个解决方案，不如看看他自己能否想出办法解决，启发他自己思考解决的办法，而不是直接告诉他怎么办。

从美国孩子做作业的情况，我们看到了学习的广度、研究的深度和孩子自身的独立度。大多数美国孩子正是在这些教育理念的引领下，将探究性学习融入自身的学习实践中，培育了其研究和创新的基本素养。但是，我们也要看到，美国教育和中国教育一样，处在不断的变革和创新中；美国家长和中国家长一样，在教育和培养孩子上，也存在着很多困惑和问题。这样的比较，就是在认识教育的异同中，学习借鉴彼此的经验，共同探寻人类教育实践中的发展趋势和闪光点，在相互借鉴中实现共同成长。

03

阅读，比其他各科都重要

美国孩子的阅读

我采访了很多美国教育工作者，询问他们美国教育最重视什么，他们大都认为，美国教育最重视的就是阅读。

美国孩子阅读量大，不仅仅是老师和家长在起作用，更多的是全社会共同努力的结果。这里不能不提到美国的公共图书馆。美国的公共图书馆极为普及，而且利用率极高。小到蹒跚学步的孩童，大到坐着轮椅的老人，都是图书馆的常客。其实，对于孩子教育而言，这样大的读书量，如果全部自费的话，是负担不起的，因为美国的书非常昂贵。

举个例子，我居住的地方，东西五公里的范围内，就有三个图书馆。如果学校发来书单，孩子们可以把想借的所有书直接发到图书馆的网站上，一般每次都要借二十几本，图书馆会指定到哪个分馆去取，然后孩子们就可以借阅了，到时间还回去就可以了。

据一些资料说，美国孩子的阅读量是中国孩子的6倍，但我没有找到真正的出处。在我身边的美国孩子们，即便是小学生，每学期都会从学校老师那里拿回长长的书单。在美国的小学和初中阶段，阅读是一门独立的课。如果从教育功能和评价的角度来看，他们是这样定义这门课的，阅读课侧重于扩大学生的词汇量，提高学生的阅读技巧及阅读理解能力，培养学生对阅读的兴趣。

在美国的小学里，有应用完善的分级阅读系统，来指导不同年龄阶段学生的阅读。和电影一样，美国的青少年读物有严格的分级制度，而且分级比电影的分级要细得多。每本书等级不同，点数也不同。举例来说，如果一本小说的级别是 4.5，那就意味着一个上了五个月的四年级学生才可以独立阅读这本书。这样的分级十分具有指导意义，家长可以帮助孩子挑选难易适中的读物，也不用担心书的内容是否“少儿不宜”。

同时，学校有一个配套的软件，**孩子每看完一本书都要回答问题，这里既有很常规的问题，也有非常细节的问题。只有能正确回答大部分的问题，这本书才算是读过。**学校里的每个学生都有自己的账号，读完一本书，软件就记下点数。学校每周或每月都会及时公布所有有点数的孩子的名字和他们的点数。老师并不强求孩子必须读多少本书，但是很鼓励孩子们这样做，那些喜欢读书的书虫们的干劲都特别大。

不同学校对阅读的要求不尽相同，有的要求父母督促孩子在家每天至少读 30 分钟的书，有的要求孩子阅读后在一张专门的登记表上填写书名、作者和阅读的页数，有的要求学生每周上交一次阅读作业，在第一页提供两段小故事，学生需把故事朗读给两个人听，然后由朗读的人和听读的人一起签字，保证双方都认真负责地完成了任务。至于听读人的身份，倒是没有规定。

有个华裔朋友的孩子就选择了一个很“雷人”的听众——他三岁的小妹妹。当每次看到哥哥煞有介事地给妹妹读书，然后妹妹一本正经地在哥哥的作业纸上签上自己歪歪扭扭的大名，父母都会忍不住哈哈大笑。

我在美国的一个教育群里做过专项调查，在每学期带回的书单上的上百本书中，有的孩子能读完 80% 以上的书，有的甚至能全部读完，还有的孩子不仅能保证将书单上的书全部看完，还会阅读自己喜欢的课外书。

阅读作业

阅读是学习的基础，在美国已经成为学校和家长的基本共识，大家一致认为阅读比其他各科的学习更为重要。一个孩子的妈妈告诉我，她家孩子的钢琴老师招收学生有个癖好，只有喜欢读书的学生他才愿意教。一个叫 Juliet M 的华裔孩子，她的老师告诉家长，小孩只要愿意读，不必计较是否为名著，只要开卷就有益，结果她女儿写作文竟引用了莎士比亚的名句。她很奇怪地问女儿怎么会知道，孩子说，从小说里了解到的。

孩子的阅读作业也有新花样。老师会要求孩子每周选择一本最喜爱的书，撰写阅读笔记。低年级孩子的阅读笔记主要以回答问题为主，形式有点像我们小时候做的阅读理解。在文章最后，老师提出四到五个问题，比如：这个故事讲了些什么？你最喜欢的部分在哪里？你认为故事里的主人公是怎么想的？接下来故事可能会怎么发展？和我们的阅读理解不一样的是，这些阅读笔记并没有标准答案，孩子想写什么就写什么，哪怕胡言乱语也可以。

一个名叫 Allison 的女孩子的父母曾打电话给我报告了一个好消息，他们的女儿在美国宾州“奥林匹克阅读大赛”中跻身三甲。我对此十分感兴趣，详细询问了一下她的情况。

宾州的小学每年都要举行一次阅读比赛，比赛要求学生了解的内容大约有 20 本书，由各校四五年级的学生组成小组，代表学校参赛。这时，各个学校的小组合作学习模式就充分发挥了它应有的效用。老师将学生分成若干个小组，一个组 6 至 10 人，要求每个学生都要读完规定的图书，然后再每两人一小组，熟读其中的两本书，详细了解里面的内容，回家和父母探讨书里的相关内容。比赛时，遇到答题，大家一起商量，然后由那个对相应内容最了解的同学现场回答。Allison 所在的小组就是凭借在每一轮比赛中相互配合，最终脱颖而出，进入三甲。比赛完，她非常兴奋，小组成员互相拥抱并击掌祝贺。而比赛时，孩子们的爸爸妈妈都可以去观摩，家长们看到孩子们在合作学习中的成长，都非常高兴。

我曾经浏览过一个朋友的女儿小学时学校开列的书单，内容非常丰富。她妈妈告诉我，女儿一二年级的时候，妈妈还看一看她读的是什么，后面基本就跟不上了，她说："孩子的学校有一面墙，画了一棵树，根据孩子读书阅读点数的不同，带着名字的花会放在不同的位置，每月更新，形成良性竞争。"她的女儿小学毕业的时候拿了全校第二的阅读量。

在孩子们长长的书单里，读什么书没有绝对的要求，有老师会根据书的点数来确定自己班级的学生读哪些书，比如，小学低年级有《灰姑娘》《白雪公主》，在四年级的阅读书单里有《战争与和平》，六年级有《哈利波特》，中学书单里有海明威的《永别了，武器》，诺贝尔文学奖作品《蝇王》等。

阅读是学习的基本途径，阅读也是生命的最大财富。看到美国孩子长长的书单，我们的中国父母不知道有什么样的感想呢？

海量阅读开阔了孩子的视野，也奠定了孩子的思维和探究学习的能力基础。而我们中国的很多父母，有的会认为平时孩子作业太多，根本没时间读书；还有的会认为孩子读的书都是闲书，而把孩子牢牢地固定在学习的几门课上。美国孩子的阅读情况，或许能给我们很多启迪。

04

天才班，天生我材必有用

美国天才教育的昨天与今天

在中国不少学校都有重点班、实验班，大多是以文化课考试的分数作为唯一的录取条件。这样做为的是集中优势资源进行教育，加速提高考试分数，以达到保证一部分尖子生考入好大学的目的。

在美国的公立学校里，同样也有这样招收相对智商高、成绩好的学生的实验班，叫作 Gifted and Talented Education，简称 GATE，用美国的翻译应该叫“智优班”（智力优势班级），中国人习惯叫它“天才班”。只不过它不是以考大学为目的，而是为了培养孩子相应智商的能力。

美国的天才班开始于 19 世纪初，由一批民间教育家发起。1868 年，美国圣·路易斯学区的学监威廉姆·哈里斯主导论证，并在本校推行了一个“天才学生加速发展计划”；1918 年，正规的“天才教育班”；开始开设 20 世纪 60 年代之后，大规模的联邦“天才班”计划开始实施。经过近百年发展，美国的天才教育日渐成熟。

1988 年，美国国会通过了《杰维斯资赋优异学生教育法案》，也将此作为授权《初等教育和中等教育法》的一部分。1994 年，美国对《杰维斯资赋优异学生教育法案》进行了修正，强调学校必须向天才儿童提供特殊的活动或服务，以培养发展其特殊的潜能。此后，该法案每年均经国会确认，并明确规定联邦政府的拨款额度。目前，美国已经成为世界“天才教育”最普及、研究和从教人员力量最大的国家。尤其是公立学校，从幼儿园到中学都设有“天才班”。

即使这样，美国天才教育的质量和水平仍然备受争议和质疑。2004年，美国天才教育研究者科兰杰洛（Nicholas Colangelo）等发布了名为《国家被骗：学校如何阻碍了美国最聪明的学生》的报告，对美国天才教育及儿童教育、学习权利保障进行了尖锐批评。

报告指出，今日美国教育设计和实践并不适合天才儿童的发展要求，聪明的学生被放在同样的起跑线上，在常规而缺乏挑战的教室内，面对同样的教学时间、老师、课堂、课程和教学进度，被迫用一种锁定的步伐去学习低于他们能够和期望学习的东西。他们的梦想和手脚都被束缚住，他们在观望和等待中，慢慢腐蚀消磨了学习的兴趣，变得冷漠或沾沾自喜；对学习感到无聊并放弃努力，往往成为教室里最失败的学生。

报告引起了美国社会各界的普遍关注，天才教育再次成为美国教育理论与实践领域的热门话题。针对上述问题，报告强烈呼吁和明确提出强化美国天才教育的加速发展模式，即通过一种在比通常更快的速度，实施教育规划，推动学生发展；承认个别差异，尊重天才学生的个人选择和努力，以积极帮助、合理干预的方式，推动天才学生的加速发展，是这个报告的核心内容。

在如今的美国公立学校里，“天才与资优教育计划”有单独的经费支持，各方面师资配备都比较好。对于经费充足的学区，可以大量开设，招收学生时不一定必须达到百里挑一的标准，很多华裔孩子都在美国上天才班。

教育不是揠苗助长，教育更不是标准化生产。如何面对差异，实现因材施教，永远是教育的努力方向。在本书中介绍美国天才教育的历史和现状，并不是要褒奖它有多好，而是想真实地展示其对教育规律本身的尊重、思考和实践。中国的学校设置重点班并不一定是坏事，关键看如何因材施教，孩子适合与否。

Allison 的天才班学习经历

对于“天才班”，美国各个州、各个学区，各有各的招生、考核和学习模式。Allison 如今是宾夕法尼亚州费城公立学校九年级的学生，她从二年级开始，一直在天才班学习。

Allison 的父母对孩子的学习从不强压，当他们了解到孩子就读的学校有天才班时，就给女儿进行了申请。女儿二年级时，学校对 Allison 进行了智商测试，当时的测试结果属于比较高的水平。由此，Allison 从小学开始，就进入了天才班。

宾夕法尼亚州的资优培训班，更像国内学校的开小灶。进入天才计划的学生平时分散在各个班正常学习，专职老师每周会把天才计划的学生召集在一起，针对不同的话题进行讨论或外出调研。每个学生都会发表自己的观点，老师也会加入讨论，但通常不下结论。例如，在小学时，老师曾让他们讨论，日常产生的垃圾最终去了哪里？大家议论纷纷，涉及垃圾的定义、种类、和环境的关系等，但孩子们最终没有得出垃圾最终去哪里的一致意见。

后来老师带他们出去参观，先看了垃圾的中转站，在这里大家知道了垃圾是怎么被进一步分类、压缩的，可回收垃圾的纸张、塑料、玻璃、金属、废油等被送到什么样的工厂，什么类型的垃圾送电厂燃烧发电，什么类型的垃圾需要填埋。这样的天才班的学习，更类似于中国的社会实践课，更注重思维的训练和认知的扩张。

到了初中，老师曾组织他们看过电视真人秀节目。节目中，当发明家展示他们的发明，投资人现场决定该发明是否值得投资时，老师会问同学，这些发明是否还有其他用途？同样的发明是否可用其他材料和方法代替等。如今，作为九年级的学生，他们在天才班里，讨论的是恐怖组织IS，并被老师问及世界上主要国家对该恐怖组织的政策和看法，他们每次的讨论都有趣而热烈。

每一学年结束前，天才项目的专职老师首先和学生的任课教师一一沟通，详细了解学生各科的学习情况及成绩，对学生进行全面的评估，以确定他们下一年度是否继续留在天才班，最后再和家长进行沟通。Allison 的父亲说："每次沟通时，老师都会详细介绍 Allison 各个学科的学习情况，并给我看每一学科老师对孩子的评价。同时给我一个成绩单，成绩单会反映孩子这一年的学习成绩和各科教师的评价及建议，最后征询我们是否同意 Allison 下一年度继续在天才班里学习。如果同意，双方就签署下一年度的合同。"

爸爸问过 Allison，在天才计划里是否感到有压力，以及最大的收获是什么。她说从未感受到压力，最大的收获就是学会了思考。

Allison 在小学阶段除了参加天才计划学习，还参加学校里的奥林匹克阅读计划、校际阅读竞赛，以及校合唱团。读中学后学习比小学要紧张得多，Allison 在八年级时，已经试考了 ACT（类似于中国高考，美国九年级前参加这类试考可以不计入未来申请大学的成绩）。现在九年级的 Allison 已经和同伴参加了全美环境、航模、数学、物理等的奥林匹克比赛，在麻省理工学院、宾夕法尼亚大

Allison 和同学们获得
全美科学奥林匹亚大赛团体第二名

学、普林斯顿等美国名校参赛，并获得个人单项奖和团队第二、第三的成绩。九年级的她，代表学校参加高中奥林匹克竞赛团队，还只是一个年龄最小的选手，常常只能作为替补队员。

在天才计划教育下的 Allison，确实实现了较早的起飞，也印证了美国教育在这方面因材施教的优势。美国的教育部门在天才班的投入远大于一般公立学校，比如，纽约的天才班项目中有非常丰富的课外活动和实地考察旅行，一年中他们就组织了 50 次之多，平均每周有 1~2 次。让孩子学习历史就会组织他们去自然历史博物馆，学习美术就去中央公园或者各景点写生，还去大都会博物馆、MOMA、设计博物馆等接受熏陶；让孩子学习政治就会组织他们去现场观摩民主党和共和党辩论。顶级的艺术文化中心，比如林肯中心、卡耐基音乐厅、纽约城市芭蕾、百老汇，都和学校有合作项目，课堂延伸到社会，学生学在其中，乐在其中，丝毫不会觉得有压力。

教育是一门技术活，天才教育更是全方位对孩子的引领，虽然现在美国教育组织无法做到对所有孩子进行个性化教育，但相比较于中国学校更倾向于课本知识的学习，美国天才教育的广度、深度和实践性，都值得我们借鉴和学习。

美国天才教育的利与弊

美国天才班主要针对那些智商较高的孩子，有些州还会打破学区的限制，选拔招收天才计划的学生（美国学区内的公立学校有 1~10 分的得分评价体系，在一个大的学区里，可以根据得分的多少了解哪所学校比较好）。因为上天才班的学生都有较好的基础和能力，所以整体的学习氛围比较好。

当然，天才班的设立，也带来了负面影响。因为竞争激烈，造成了一些孩子感到压力较大，出现了“牛尾效应”。比如说，很多上天才班的孩子因为心智相较于同龄人更成熟，在普通班级里很容易成为领导。同样，天才班毕业的学生，熟悉的往往只是本班的同学和生活中的一些朋友，而普通班因为每年都打乱重新分班，毕业的时候几乎所有人都曾经同班过，这对于天才班的孩子的社交能力产生了重要的影响。

上不上这样的天才班，每个家庭的选择会不一样，孩子的感受也会不一样。在美国有很多家庭的孩子即便智商比较高，也不一定去上天才班。有的朋友会问，这样的体制下，那些考不上天才班的孩子是否会自卑？

这关键取决于心态，父母攀比心理比较严重的可能会导致孩子自卑，这也是一个文化问题，美国文化相对而言，并不认为智商低的人就一定生活不好，且生活中，你住多大房子、开什么车、孩子成绩是否很好，也不是评价一个人是否成功的标准。

任何事物都呈现着两面性，但尊重规律是每个教育者的基本起点，无论是老师还是家长，孩子进不进天才班或重点班并不重要，关键是我们要了解孩子，始终相信“天生我材必有用”，努力寻找适合孩子的教育路径。这和孩子的智商关系不大，却和家长的教育理念息息相关。

05

小组合作，美国孩子喜欢的学习方式

美国“小组合作学习”的缘起和功能

什么是小组合作学习，如何真正让小组合作学习起到良好的功效，在教育中发挥真正的作用，这可能是我们教育教学改革的重要课题，也是广大教师和家长期望有所了解的。了解小组学习的方法和经验，对我们非常重要，也是我们必须探讨的问题。

小组合作学习兴起于20世纪70年代初的美国，是一种活动型的教学模式。1994年，美国明尼苏达大学合作学习研究中心的罗杰·约翰逊和大卫·约翰逊认为：“合作学习是一个小组里的学生之间的一种联系。这种联系要求学生们互相依存，拥有个体的责任感，具备人际间的交往技巧以及要求学生面对面地进行互动和促进团体不断完善。”

一般认为，小组合作学习的理论基础包含认知心理学理论、社会凝聚力理论、语言交际理论和建构主义学习理论。这些理论认为，开展小组合作学习时，教师首先要依据学生的初始能力水平、性别、个性特征、社会家庭背景等方面的差异，将学生分成若干小组，然后按照一定的操作程序，以小组合作学习为核心，适时穿插讲授或组间交流，形成学生之间、师生之间的多向交流与互动，大力发挥学生学习的积极性、主动性，有效提高教学效率，促进学生之间形成良好的合作关系。

美国在这方面做了很多成功的实验。2008 年，通过对俄亥俄州中小学生的学习研究得出，合作学习能带来更好的学习效果，大部分学生在学习中，可加深对教材的理解，增强自信心，对学习任务表现出更高的积极性。小组合作学习可以帮助学生积极并建设性地融入学习过程，成为学习中的主人翁，同时提高解决团队纠纷和增强团队合作技巧的能力。他们的研究还证明，采用合作学习的方法能促进学习，两名互相合作的学生或组员往往会加深对对方的理解，并会更喜欢对方。

美国学校的“小组合作学习”模式

在美国的中小学里，学生小组合作学习的模式是多元的，可以是课堂上的，也可以是课外的。每个州和学校的规定也大不相同，但很多学校都会在学校网站上列出对学生小组合作学习的要求。

在美国马里兰州乔治王子郡公立学校的网站上，就有一份《学生合作学习指南》(以下简称《指南》)。《指南》明确指出，合作目的是学生们以小组的形式一起完成重要的合作任务，学生由此会获得更高的成就水平，体验自尊，建立跨种族的友谊，学到互动和沟通技巧，并掌握抓住关键的技巧，具有创造性和自主的思维习惯。

在《指南》里，还对小组合作学习的组员人数及构成提出了具体要求。其中规定，最小的一组是两个人，建议最大的组为六个人。在较小的合作团体中，每个成员参与性更强，能够更快速地工作。大的群体则会产生更多的创意，更好地应对复杂的问题。

在小组成员构成上，《指南》要求，除了少数例外，教师在做小组分类时，要根据学生的性别、种族、任务导向、能力和学习风格对他们进行搭配。它认为，异质群体能促进更精细的思考和认识，并为学生的成长提供必要的情感交流的机会。当然，也可以随机分配学生，实行自由组合，但进行组合时希望学生既能参考老师的建议，也可以提出自己的请求。小组会设一个组长进行组员的管理。

在美国，小组合作学习的内容包罗万象，可以是不同学科的问题探讨，也可以是课外的论文写作、社会调查以及各类竞赛等。老师给学生的任务常会要求在具体规定的期限内完成。例如，在课堂教学中，老师常会对每个小组说这样一句话："你有一分钟说出你们小组同意的原因，请使用定时器。"

当然，在给小组做项目评价时，同一小组中的学生不会有区别，他们等级完全相同，至于等级的高低就要看这个小组在整个学习合作中的成果如何。

同一学习小组中的学生会在不同的年级或不同的学科中，进行互换或重新组合，一个小组的持续时间为 4~6 周。因为美国小学中每个班级有 20 人左右，很多州的学生每升一级都要重新分班，而分班一般都是随机的，新班级有过去的同学也有新同学，目的是让孩子多接触交流，每个人都有不同的文化背景和习惯，人与人需要去适应融合。因此，学生每升一个年级，班里相当一部分都是陌生和不认识的同学。美国是移民社会，这种分班形式导致学生的学习合作小组不断更换，对于学生而言，可以对不同文化进行更深的了解，同时也能和更多的同学进行沟通。

在美国中学里，班级相对固定，但由于选修课和兴趣小组的时间不同，而选修科目又很多，每个学生会根据不同课程去不同的教室。这样也使学生小组合作成员的更替时间较快，学生间的沟通也就更灵活，知识信息的获取也更为宽泛。

以我的朋友的孩子 Jenny 为例，她五年级的时候，曾经在美国宾州"奥林匹克阅读大赛"中获得前三名，她认为这和学校的小组合作学习不无关系。宾州的小学每年都要举行一次阅读比赛，而比赛需要了解的内容大约有 20 本书，由各校四五年级的学生组成小组，代表学校去参加比赛。

各学校小组合作学习模式充分发挥了它的效用。美国教师的做法是，将学生分成若干个小组，一个组 6~10 人，每个学生都要读完规定的书籍，并详细了解里面的内容，回家和父母探讨。比赛时，遇到答题，大家一起商量，然后由那个对相应内容最了解的同学现场回答。

信息化带来美国“小组合作学习”新前景

在当下的信息时代，美国学生的合作学习脱胎于课堂，演化出各种形式，如各种社交网络、博客、学校网站、微信群都是合作学习的新方式和课堂的新延伸。传统的小组信息交流也发展为网络性的全面信息交流。很多老师在 Facebook 社交网站中成为自己学生的“粉丝”，并把网络社交引入学习中，建立网络学习组。

在纽约布鲁克林区的 P.S 200 中学，科学教师珍妮特·托克尔的学生使用远程视频同克利夫兰的同学组成学习小组，学习讨论如何治理空气污染。这种班级间、城市间的交流互动，让学生们有一种强烈的参与感和兴奋感。

密苏里州春田市的春田公立学校将小组合作学习方式从幼儿园贯穿至高中。他们制定了整套的小组合作学习战略计划，不仅仅是学生之间的交流，还包括学生、教师、家长、社会组织间的交流合作，一些课堂中的学习活动要求学生和不同层次的人群接触并合作，最终达到了良好的学习效果。

在梅普伍德市的里奇蒙高地小学早就将小组合作学习计划列入每日教学必修项目，将合作学习的思想传授给了每一个学生，它指出：①你的成功使我受益，我的成功也使你受益。②无论沉底还是游出去，我们都已经在一条船上了。③没有你，我们完不成目标。④我们都祝贺你有所成就！

面对越来越国际化的社会，有美国专家认为，未来的合作学习研究会有更多的突破，会打破课程间的边界，会将整个学期视为一个大课程，学校之间有更多的联系，教师起带头作用，家长是合作伙伴。让学生、家长、教师、学校行政参与进来，形成一个学习共同体。合作学习，不仅是学生的协同合作，更有老师、专家、社区居民的共同参与，以此来实现共同学习。

一些新型的小组合作学习模式正在形成。密歇根州的 AALC（Ann Arbor Learning Community）学习共同体是一个非营利性组织，当地的学生可以在此免费上课，通过设立共同体条约，课堂会议、共同体会议、“部落”（课程中自发产生的小型组织）年级间交流活动等使学生在学习中更为自主。

美国“学习共同体”改革的成功典范——纽约东区中央中学东校的传奇校长 Deborah Meier 还提出了作为“学习共同体”的学校，其建设要遵循三项基本原则：**第一，少则多，即学习内容越少，学习成果就越多；第二，简则优，即课程越简化，知识就越系统；第三，小则精，即规模越小，就越精致**。他认为，运用这三项原则进行合作学习改革，会对学生的学习会起到极佳的提升作用。

在美国，要组织进行小组合作学习，无论是在中小学还是在大学乃至工作组织及社区，已经成为一种方法共识。大家认为，仅仅个人成绩好而没有合作，缺少沟通交际能力，构不成完美的人格。学会沟通互助、有团队精神的人，才是美国人认为的人才。

合作学习，其实是人类最古老的生存方式和学习方式。它绝不是美国教育的创造，而是教育本身的内在要求和存在。教育绝不仅仅是传授和灌溉，它是内生动力的激活和创造力的再生。

06

借宿，美国孩子喜欢的校园社交

借宿的组织和内容

在美国孩子的成长交友过程中，有一个大家都非常喜欢的活动，就是和小伙伴一起到一个有创意的地方去玩耍和过夜，美国人叫借宿（Sleep Over）。Sleep Over 形式多样，可以是家庭组织的，也可以是学校组织的，或是其他机构组织的。譬如，除了同学亲友之间的 Sleep Over party 以外，在美国大大小小的博物馆、海洋馆里，也提供了 Sleep Over 的场所。

美国的家长对孩子们的 Sleep Over 大多持肯定态度，也特别喜欢这种方式，愿意送孩子到别人家里过夜，或者邀请别的孩子来自己家里过夜。Sleep Over 让我仿佛回到了童年时代，那时，家里孩子较多，表哥姐、堂兄妹或自家兄弟姐妹，晚上会挤在一起睡觉，一起疯玩，特别开心。

不过，美国的 Sleep Over 和我们孩提时代的搭伙睡觉还是有很大区别的。大部分时候，它是一种父母和孩子主动设计的活动。孩子们可以根据自己的喜好或需要，约定同伴后，回家和父母商量；有时也会是父母感觉孩子寂寞，需要伙伴交流，和孩子商量后一起决定。

有责任心的父母还会去了解参与活动的其他孩子家庭的大体情况，帮助孩子做出最后决定。活动的主题大多由孩子们自己决定，可以通过漫无边际的讨论，确定一个大家都喜欢的主题，比如女孩子的睡衣派对，男孩子的游戏电影之夜等。晚上，孩子们可以在卧室睡觉，也可以在地下室睡觉，还有些孩子喜欢睡在客厅的沙发上、地板上、睡袋里、帐篷里；等等。

一些公共场所也可能成为孩子们进行 Sleep Over 的选择。譬如，华盛顿自然历史博物馆会开放 IMAX 屏幕，为来访的孩子们放映电影。寂静的博物馆之夜，带给孩子一种特殊的神秘感，仿佛陈列的展品都会苏醒过来。大家知道的美国经典电影《博物馆奇妙夜》，就是对孩子们参加 Sleep Over 的经历和体验的艺术展示。

在美国，父母对孩子的 Sleep Over 也是有要求的。家长一般不会自作主张，让孩子和不喜欢、不熟悉的孩子交往。他们认为，相互熟悉的孩子，共同语言会多一些。家长们对孩子的表现可随时进行电话沟通，但也不会过于频繁，他们会尽量让孩子去向自己的爸爸妈妈汇报。

一些美国家长特别重视 Sleep Over 参与者的父母教育理念的一致性。一位美国爸爸告诉我，他认为这一点非常重要，对于孩子来说，价值观相同的人在一起玩，可以保持相对一致。对于家长来说，价值观相同不仅意味着教育理念相同，也会对别的孩子的家庭有一种特别的信任。

同时，在整个 Sleep Over 过程中，家长会保证孩子的主角地位，尽量给孩子选择的权利和做决定的空间。比如，带什么玩具、图书，玩什么游戏，穿什么睡衣等，让孩子有一种“我是小主人，这是我的小客人”的感觉。在主办 Sleep Over 的家庭中，父母也要求孩子们要真实，不要迁就，体验不同的生活方式，无论是作息、饮食、游戏，都尽量保持平时的规矩，不特意迁就。尤其是当孩子们出现争执的时候，父母不会过多干预，因为孩子们往往三分钟过后就又高兴地在一起玩了。

组织 Sleep Over 有很多益处。第一，孩子会学会独立。让孩子逐步克服分离焦虑，能够快速熟悉陌生环境，学会收拾衣物，独自进行睡前准备等技能。第二，孩子能够建立社交能力。让孩子适应不同的生活习惯，正确处理饮食和文化上的差异，融入集体活动。第三，孩子学会介绍自己。通过自我介绍，孩子学会表达自己的需要和想法，熟悉陌生的起居环境。第四，深化同学间的友谊。通过和他人相处，加深同龄人之间的情感和思想交流，孩子可以结识新朋友，增进友谊，具备合作意识。

总之，Sleep Over 为未来孩子在社交、性格等方面带来很多益处，在 Sleep Over 的过程中，孩子们逐步学会了如何在社会群体中成长。

村长 Vivian 的孩子参加的借宿

天目五群是北美华裔群体的知名教育群，村长 Vivian 是我的朋友。她介绍了自己的孩子参加 Sleep Over 的一些经历。

她家有两个在硅谷上中学的儿子，他们都热爱体育，尤其喜欢打篮球。一天，篮球队的三个小伙子在他家进行 Sleep Over，第二天去参加其他活动。她说："Sleep Over 已经成为家庭间的互助活动，更是小伙伴们在一起聊天、游戏、玩乐的重要方式。"

因为篮球训练和比赛地点的不确定，有时需要开两个多小时的车，遇到这样的情况，忙于工作脱不开身的家长就会让他们的孩子到 Vivian 家 Sleep Over。这种伙伴之间互助的 Sleep Over，特别有气氛，每个家庭都有可能成为孩子的"旅馆"。人多的时候，在客厅打地铺、在卧室挤着睡，哪里都可以成为孩子们畅谈的天地。

Vivian 介绍，一次小儿子跟哥哥去同学家 Sleep Over 时，半夜时分，孩子对陌生家庭的"恐惧感"突发，哭叫着要回家。半夜，Vivian 和丈夫专门开车接回孩子，耐心地听孩子讲述了"害怕"的原因。从此以后，他们在生活中不断加强对小儿子独立能力的训练，现在 Sleep Over 成了小儿子最喜欢的活动。

一次，儿子的一个同学过生日，他家住山边，风景宜人，夜晚星星特别明亮。同学的父母和孩子们就在生日夜晚策划了一个“阳台 Sleep Over”。一群孩子带上自己的睡袋，齐聚同学家的阳台。当星星、月亮露出脸时，稚嫩而甜美的生日快乐歌在山谷里响起，孩子们躺在睡袋里，数着星星，聊着漫无天际的星空及属于自己的故事，伴着月色进入了梦乡。

Vivian 的孩子和同学们在阳台上过了一个伴着月光的生日 Sleep Over

这次 Sleep Over，让 Vivian 记忆十分深刻。

学校和社会机构组织的借宿

离家 Sleep Over 是美国西切斯特地区学校的一个特色。学校会举办一夜的露营活动，孩子们不仅在游戏中其乐融融，而且活动还能有力地激发他们的阅读兴趣。

这项活动不是每个学生都能参加，而是需要通过一定的申请程序才可以。学校有一个硬性规定，活动报名只对学校三年级到五年级的学生开放，并且申请者必须完成全年阅读计划。

Cheryl Chaborek 是 Mary C. Hows 小学的图书管理员，她说：“学生必须完成阅读计划才能获得参加活动的资格。具体而言，在整个学年中，学生需要读完规定的 10 本书。这些书必须是尚未读过、内容适宜学生的，而且不能是课堂上选定的图书。这个活动鼓励孩子们为了快乐去阅读。在申请参加这次活动之前的日子里，学生们放学回家后，他们的注意力很大程度会从电脑游戏、网络聊天上转移出来。他们为了享受快乐去阅读，而不再是当作任务去完成。”

美国的《巴尔的摩太阳报》对一个在户外过夜以让学生们体验无家可归的 Sleep Over 进行了介绍，报道真实而有趣。

高中生们在这个周末经历了一堂课，感受下雨时在户外露宿纸板下的滋味。其实，天并未真正下雨，学生们睡在一个流浪者收容中心的空地上。在凌晨三点学生们睡得正香的时候，草地上的喷水系统意外打开，部分学生被浇了个透心凉。居住在巴尔的摩富人聚集的市郊、就读于圣弗朗西斯学校的 18 岁阳光孩子 Odogwu 这样感慨："这个夜晚改变了我对无家可归者的看法，我们知道，生命是不公平的。"

这次由天主教慈善机构与乔布斯住房和重建公司赞助的学生户外 Sleep Over 活动，旨在帮助学生更好地了解贫困，并激励他们努力减少世间的不幸。在距离州监狱和一个无家可归者避难所一步之遥的布雷德就业中心，大约 76 个学生度过了他们的周六夜晚。在这 12 小时的露宿期间，学生们为无家可归的人提供热腾腾的早餐，并听了他们的故事和演讲。周日一大早，学生们准备回家了，此时他们进行了深刻的反思。

17 岁的学生 Hannah Poole 说："了解到有很多无家可归的人必须离开这些庇护所，我们心里很难过，在无家可归者社区，已经没有更多的床位提供给老年妇女了。"她说她对收容中心的体验感到惊讶，那些为收容中心工作的人们给她留下了深刻的印象。

巴尔的摩"为无家可归者而露宿"的组织者，向学校发送了邀请函，这些学校又向学生及其父母转发了邀请函。作为事件发起人之一的 Meg Ducey 说："这绝对是积极的。""这些学生受到深刻的影响，他们都认为这是一个神奇的经历。"

共有 8 所中学的学生参加了这次活动。虽然没有下雨，但气温很低，徘徊在 4~5 摄氏度，Ambrose 说："我没有因为被淋湿而感到生气，我意识到自己的幸运，每一天对我来说都是美好的。"Ambrose 继续说："我几乎拥有一切，无家可归者几乎一无所有。课余时间，我在离家很近的超市打工，常看到无家可归的人在立交桥附近睡觉，我偶尔会买一些苏打水和饼干送给他们。”

来自 McDonogh 中学的 Philippe Ayres 说：“在此之前，我无法想象没有手机和汽车的生活。”“这个晚上的经历，让我克服了刻板印象，”Ayres 继续说，“无家可归的人可以是任何人，我知道不幸的事件可能导致他无家可归。通过 Sleep Over 活动，我也学会了感恩我现在拥有的一切。”

借宿的风险和争论

Sleep Over 也有风险。我的一位同学曾讲过他儿子的一次 Sleep Over 经历。他儿子 Kuang 十岁时来到美国，初中阶段接受了同年级同学的邀请，周末去其中一家 Sleep Over。他认为，既然已经到了美国，让自己的孩子和美国孩子进行私下接触，对融入美国社会有好处，而且 Kuang 也是男孩子，还是比较放心的。

周末的晚上，我的同学开车把孩子送到 Sleep Over 家庭，嘱咐孩子要尊重对方家长，注重礼貌。回家大约不到一小时，他就接到儿子的电话，让他赶紧来接自己回家。这时他很着急，不知道发生了什么，赶紧开车到 Sleep Over 的家庭把儿子接走。

上车后，他儿子半天不吭气，在他的不断催问中，才说到同学家后，有个同学就拿出了大麻让伙伴们吸，并说吸食大麻能给身体带来快慰感等。所幸的是，Kuang 是个接受过中国传统家教的孩子，对在北美吸食毒品之类的事，父母早就给他打过预防针。所以，面对同伴的要求，他果断拒绝后，选择让爸爸接他回家。

爸爸赞许了儿子的表现，并对他进行了心理抚慰。即便这样，孩子还是产生了恐惧心理。这对如何慎重安排孩子的 Sleep Over 活动，提出警示。

华裔父母们也在微信群对此问题进行了讨论。天目五群中就有人询问："女儿要求去好朋友家 Sleep Over，虽然以前有过多次，但这次不同的是，算上她一共有两个男生和两个女生，都是十二年级。我要求睡觉要分男女生两个房间。女儿进一步解释，四个好朋友都认识，都是华裔和韩裔，不过没有一起 Sleep Over。请给一些建议。"

有网友认为，最好和对方家长沟通一下，并告诉孩子什么应该做，什么不应该做。既然是熟悉的人，同学父母应该也会照顾自己的女儿，不会放任不管。如果已经答应去了，就选择相信孩子，并告诉孩子，父母的担心是什么，也许她的回答就会让你释然。

天目五群的 T 阿姨在中国香港从事教育行业，一直往返于美国、中国香港和中国大陆之间，对此很有感触。她说："Sleep Over 在香港很普遍，孩子从读小学就开始了。一般是几家朋友住得很近，知根知底，孩子们很要好。就算她们通宵聊天，也觉得没什么大碍，第二天回来补觉就好了。"有限度地放手，等孩子们长大回想起来都是美好的记忆。

一个刚刚移民来的中国孩子参加了 Sleep Over 后，感触颇多。这个孩子是从国内来的独生子女，不太懂得如何与同龄孩子长时间共处。他这次偶尔与不同的孩子玩耍，感觉很友好、很兴奋，他发现美国的孩子能做很多家务，而自己在家中多是衣来伸手饭来张口。因为在家受宠，对喜爱的食物独自占有，而在 Sleep Over 家庭中，他不太敢这样做。这种活动让孩子开始对自己在家的行为进行反思，家长也觉得孩子经历了 Sleep Over 后，有了明显的变化，开始懂得独立、宽容、尊重和合作。

任何事情都有利弊，教育不能离开社会在真空中进行。对于美国孩子的 Sleep Over，我们在规避风险时，也应该看到它对我国教育，特别是家庭教育的借鉴意义。和国内的家长聊起这个话题，他们一般把孩子"看"得比较紧，害怕孩子离开自己会出现什么纰漏。Sleep Over 利大于弊，关键看家长用不用心，细不细心。让孩子们在深入感受不同家庭文化的过程中，在观察他人生活方式的过程中，在友善地对待朋友的过程中，更加独立和向上，这才是我们每个家长的真正心愿。

07

体育，美国教育的重中之重

美国教育有三大特点：重视阅读、重视体育和重视终身学习。

重视阅读有政府的推动和社区图书馆的配备作为支撑，终身学习似乎是美国人骨子里的成长技能，在大学你能看到不同年龄的人，为了一门新技能在认真学习；而重视体育似乎如一场全民运动。

在美国学校中，体育生往往比学霸更出风头。美国大学对体育特长生的破格录取，不亚于中国名校之于奥数获奖生。在美国，体育特长生一旦被录取，成为代表学校出战的学生运动员，这些学生将会得到学费全免待遇。为了不耽误他们的学业，学校还会为他们提供一对一的辅导服务。在学业水平相当的情况下，运动员学生也比普通学生更受青睐。

美国人爱看体育赛事是全球共识，其中橄榄球、棒球、篮球是他们最爱的三大项目。在美国，你经常能看到全家人周末一起去看比赛的情景，很多家庭的日程表甚至是围绕孩子的体育活动安排的。在公司里，如果一个员工因为要去现场观看孩子的比赛而请假，那绝对是再合理不过的理由。

大名鼎鼎的美国常青藤盟校（The Ivy League），其实是由美国东北部地区的八所大学组成的体育赛事联盟，它们全部是美国一流的名校，也是美国产生最多罗德奖学金得主的高校联盟。盟校的构想酝酿于1956年，各校订立运动竞赛规则时订立了常青藤盟校规章，选出盟校校长、体育主任和行政主管，定期开会讨论各校间共同的入学、财务、援助及行政问题。这八所院校包括：哈佛大学、耶鲁大学、普林斯顿大学、哥伦比亚大学、宾夕法尼亚大学、达特茅斯学院、布朗大学及康奈尔大学。

美国人为何如此推崇体育运动

美国人十分推崇体育，这主要源于运动中所蕴含的体育精神。一是既合作又竞争的团队精神；二是挑战自我、坚持不懈的拼搏精神。

只要人类社会存在，竞争和合作就是永恒的主题。体育的竞争，锻炼了人的心理素质，更锻造了人的团队合作精神。一个能赢的团队，一定是经历过许多逆境，也经历过失望、恐惧、质疑、懊恼的团队。

美国的父母认为，体育锻炼的是孩子的人格和品质，以及在团队活动中的合作能力、领导能力。同时，也通过体育活动为孩子创造了吃苦和经历失败的机会。

从生理原因说，现代生活让人容易焦虑，焦虑是大脑血清素不足引起的行为和心理表现。血清素不足有环境、基因的共同作用，而运动是提高血清素最好的方法。运动时会产生多巴胺、血清素和去甲肾上腺素，这三种神经传导物质都和学习有关。

多巴胺是一种正向的情绪物质，人要快乐，大脑中一定要有多巴胺。我们看到运动完的人心情愉快，打完球的孩子精神兴奋，就与此有关。血清素同情绪和记忆有直接关系。血清素增加，记忆力变好，学习的效果也会较好。去甲肾上腺素跟注意力有直接关系，它在面对敌人决定要战或要逃时分泌得最多，去甲肾上腺素使孩子的专注力增强。所以，爱运动、爱体育的人心态更健康。

学体育是需要花钱的，且付出不菲，可美国父母非常愿意花这笔钱。

美国一位叫 Dave Fulk 的企业家、作家，2017 年 6 月在 Linkdedin 网络上发表了一个帖子，解释为什么花那么多钱让孩子学各种体育项目。帖子很快获得了上百个评论、上千个点赞。

他是这么写的（翻译如下）：

我的一个朋友问我："为什么你花那么多钱让你的孩子练体育？"那么我要坦白一件事，我根本不是把钱花在孩子的体育上了。就我个人而言，我甚至对孩子究竟参加什么体育项目都不关心。

那么，如果我没有为孩子练体育花钱，我的钱到底花在什么地方了呢？

我为我的孩子已经精疲力竭想放弃，但最终又坚持下来的那些时刻花了钱。

我为我的孩子放学回家已经累到不能去训练，但无论如何还是去了的那些日子花了钱。

我为我的孩子学会了遵守纪律、专注和奉献花了钱。

我为我的孩子学会了照顾自己的身体和装备花了钱。

我为我的孩子学会了和他人协作、成为一个优秀的团队成员、胜不骄败不馁花了钱。

我为我的孩子学会了在没有取得期望的排名或头衔时能面对挫折，并且一周又一周地卷土重来竭尽全力花了钱。

我为我的孩子学会了制定目标并实现目标花了钱。

我为我的孩子学会了不仅尊重自己，而且尊重其他运动员、裁判和教练花了钱。

我为我的孩子知道了需要日复一日、年复一年艰苦努力和训练才能获得冠军，而不是一夜之间就获得成功花了钱。

我为我的孩子懂得为小的成就感到自豪，并且不断为长远目标努力花了钱。

我为我的孩子得到的或者将要得到的结交终生好友的机会、产生人生美好回忆的机会，以及和我一样为自己的成就感到骄傲的机会花了钱。

我花了钱让我的孩子可以外出去运动场或者体育馆，而不是在电子屏幕前待着……

我还能说更多，但简而言之，我并没有为体育花钱，我的钱花在了伴随体育而来的发展孩子终身受用的品格的机会上。就目前我所观察到的，我认为这钱花得相当值！

风趣幽默的语言，让我们深刻感受到美国对体育的重视。其实，体育在美国已经变成了孩子身心健康成长的必修课，不可或缺，深入骨髓。

邵蔚和两个爱打篮球的儿子

邵蔚是我非常好的朋友。自身喜欢运动的她有两个儿子，在全民热爱体育的美国，她对孩子的运动特别重视。

两个孩子小的时候，邵蔚带他们练过网球、羽毛球、游泳等项目，期待能发现孩子们的特长。有一天，老大回来对妈妈说，学校有篮球队，他也想打篮球。妈妈没想到孩子会对打篮球感兴趣，抱着试试看的态度，让孩子课后去练习。没想到，这孩子深深迷上了篮球，可是要打好很难。四年级的时候，儿子没能通过选拔考核进入校队。对于孩子的运动一贯支持的邵蔚就帮孩子找教练，在教练的带领下刻苦练习，一年后儿子终于入选校队。两个孩子就读的私立学校在硅谷乃至全美都有一定名气，学习任务抓得很紧。孩子们平常没有时间练球，每天清晨和傍晚成了他们的练球时间。常常是天刚蒙蒙亮，孩子就起床让妈妈送他去球场。

打篮球让孩子的生理机能特别发达，个子快速长高，性格阳光而开朗。同时，打篮球对他的个性成长也是极好的锻炼。记得有一次比赛，赛前教练进行了周密的安排，比赛中大家按计划进行，可是比分连连落后。老大属于创新型的孩子，喜欢思考。中场休息时，他主动向教练建议应该调整战术。当时，在队伍比分落后的状态下，教练的心情不是很好，对一个初出茅庐的小伙子的建议，自然没有采纳。而且因为情绪问题，教练当时的态度也不是很好。

邵蔚家老大在篮球赛场上

老大感觉很委屈，比赛结束回到家和父母说起这件事，他非常坚持自己现场的建议，认为教练错了，这让邵蔚一时不知该如何回答。在深入思考后，她和孩子进行了交流。首先对孩子能在赛场紧急状况下快速反应，提出新的比赛计划予以鼓励。她告诉孩子，这说明你不仅用身体练球，也是个善于思考的人。同时她又告诉孩子，对教练的战术安排要尊重，对教练的态度要包容。最后，她建议孩子在以后训练中，找适当的机会和教练进行一次交流。

听完妈妈的建议，孩子平静了下来，认为自己的确有点冒失。而如何克服困难，战胜挫折，调整策略，取得胜利，这些都是难得的经历。从那以后，无数次的比赛，尤其是在赛场上教练指挥失误的、裁判误判的，一次次地磨炼着孩子们，让他们越来越抗压，越来越抗挫。

篮球队的生活对老大来说，也是很好的考验。有时候在场上，有的队员觉得自己打得好，不传球给别人，甚至还看不起打得不好的队友，如何处理也是一种智慧。这些自强的孩子一边磨合着队友之间的关系，一边请求教练增时训练，并在练习场上和赛场上努力配合队友以获得信任，心中渴望着教练信任他们的付出。确实，练球也在练人。

每当孩子告诉妈妈球队里的事时，邵蔚总是鼓励儿子学会和队友相处。她除了接送孩子外，有时间便去看他们训练，帮他们出主意。尤其孩子们去外州外市比赛，她更是开车前往陪同。孩子们锤炼着内心的体育精神，父母们陪着他们一起成长。

邵蔚家老二在球场上的英姿

老二从来都是哥哥的小跟班，自从哥哥练习打篮球后，篮球也成了他的不二选择。哥俩一起打球、学习，功课从不耽误，体育的毅力和学习能力让他们充满活力。

邵蔚说：**“无论是体育训练还是比赛，都是对孩子抗挫和抗压能力的最好锻炼。”**体育带给孩子阳光，体育锻炼人的勇气、耐力、协作和探索精神，这些都比智商更重要。尤其面对一个个强劲对手时，如何避免内心的恐惧，如何面对胜利，如何对待失败，是对孩子面对未来人生赛场的最好的历练。

金同学家的“美人鱼”

金同学是天目教育五群的朋友，几乎所有的群友都知道她有个漂亮的“美人鱼”女儿。之所以叫“美人鱼”，是因为她的女儿十分热爱游泳。每每看到这个孩子的游泳照，大家都很羡慕。

“美人鱼”燕妮5岁多被金同学送到游泳俱乐部开始训练，孩子起初是不愿意的，因为很苦，教练会逼孩子到水里。但金同学不想让女儿放弃，告诉她再坚持一周试试，就这样坚持了下来。在刚学习的日子里，如果孩子没有达到期待的成绩，她就会一直夸奖孩子。

美国人积极夸奖孩子的做法，让金同学印象深刻。她给我们讲了燕妮参加游泳接力赛的感人故事。接力赛中有四个孩子，其中一个孩子游得比较慢，所以燕妮这个队总分一直落后。对于金同学这样的中国家长而言，会认为这个孩子把整个队都拖累了。但是，出人意料的是，比赛结束后，家长们都会对那个孩子说一句“good job”，意思是“你已经尽力了，就是最好的”，没有一丝埋怨。大家都相互鼓励，没有抱怨和不满，让她深深感受到了团队的精神。

女儿说，每一次团队接力赛，即便是同一个赛程，她在接力赛中的成绩一定高于她的单项成绩。因为团队比赛时，她的内心一定有一个信念，不是为自己，而是为团队，于是一定要尽最大的努力。

被称为“美人鱼”的燕妮在比赛中

这种团队精神，让他们更有闯劲，也学会了包容。有一次，一个队友因为犯规，团队成绩被取消，大家都去安慰那个孩子。

小学的时候，燕妮回中国待了两年，没有继续游泳。回美国后，立即回到俱乐部继续训练。这时候已经换了一组同伴，孩子心里开始有点担心。可当她训练了几次后，就打破了队里的纪录。她的自信重新回来了，又能开朗地和同伴相处了。至今，已经十一年级的她，最好的朋友都在游泳队里，一游就是十几年。

游泳水平需要通过长期训练才能逐渐提高，燕妮读高中时就更辛苦了，3 个多月的游泳季因为要同时参加高中和俱乐部的训练，每天游泳几乎要达到 4 小时。高二时，燕妮由于有两门 AP 课学习很紧张，就不想再坚持游泳了，而金同学坚持让孩子继续游泳。母女俩为此大吵一架。孩子生气地说："这是我的生活，我自己负责。"金同学也非常生气。后来，不知道是迫于妈妈的压力还是自己需要，燕妮还是参加了校游泳队。恰是这一年的坚持，让燕妮取得了最好的成绩，获得了州 100 米蛙泳的个人冠军，破了个人最好成绩的纪录，后来她所在的俱乐部还获得了接力赛的全美冠军，燕妮成了当地的游泳之星，还上了华盛顿州的报纸。

通过这一年的游泳训练，燕妮认识到，坚持做一件事的重要性和成就感，所以没有再挣扎是不是要参加校游泳队，而是高高兴兴地接受挑战，同时也表示保证 GPA 4.0。修 11 门 AP 和艰苦的游泳训练，不但没有影响孩子的学习成绩，反而锻炼了孩子的意志，培养了孩子有效管理时间的能力。2017 年年底，燕妮被哥伦比亚大学提前录取，获得了双赢。

或许这是每个家庭都会发生的教育故事，没有孰对孰错。但是，体育精神的实质就是让人学会坚持。通过这次分歧，燕妮明白了其实没有什么困难是克服不了的，坚持就是最大的努力。调整自己的心态，就能做得更好。体育，让孩子提高了抗压能力，虽然身体疲惫，但心理充实。

临近高中毕业时，燕妮开始教那些想游泳的孩子，如妈妈当年对自己说的那样，她经常让那些不愿学的学员，再去试试。假期里燕妮每天 8 点去给孩子上课，也不想起床，可她最终还是坚持下来了，扛过去了。

其间，我和燕妮进行了沟通，这位在国外出生的女孩，说着一口流利的北京话。她告诉我说，游泳充实了她的生活，平时有事做了。因为同伴都是来自不同学校的学生，可以聊学校发生的故事。游泳给她带来了朋友，带来了健康；训练虽然累，但出成绩的时候特别骄傲。

体育也带给金同学许多收获。从一开始出于功利心送孩子去游泳，到渐渐地更关心孩子的成长，当大家都在关注体育对上名校有没有帮助的时候，她分享的是对孩子的成长有没有帮助。她说，不能仅仅考虑孩子某一次的发展，而是孩子长久的发展。

泳池边的燕妮时刻准备着

体育，让教育处在了更高的起点上。或许，这就是偏爱体育的美国教育带给我们的真正启示。

08

毕业典礼，全家人的狂欢节

在美国，父母非常重视孩子的毕业典礼，从幼儿园到大学，毕业典礼都非常隆重。

美国人认为，毕业典礼是人生重要的日子，标志着孩子的成长，毕业生的父母、亲友都会来参加盛典。

在信息发达的今天，很多视频在网络流传，尤其是名校邀请的知名人士的演讲，更是轰动全美，甚至全球。比如，曾在哈佛大学演讲的 Facebook 创始人马克·扎克伯格，他的演讲充满激情，他告诉毕业生们："我们这代人面临的挑战，是创造一个人人都有使命感的世界。"卡内基·梅隆大学邀请的演讲人惠普公司总裁兼首席执行官 Meg Whitman 认为，国家趋势是对真理、言论自由和文明的侵犯，并敦促学生们成为宽容、真正地探究和真正开放思想的一代。

在麻省理工学院 2017 年的毕业典礼上，苹果公司首席执行官蒂姆·库克重点讲述了科技如何更好地为人类服务，以及如何让学生更好地改变世界。蒂姆·库克问毕业生们："你将如何为人类服务？"以此敦促毕业生们用自己的心和双手，去建造更强大的东西。

中国的很多家长到学校参加最多的可能是家长会，但是在美国，从幼儿园开始，只要孩子有活动，哪怕是演出时的一个小角色，父母都会乐此不疲，很多人会邀上亲友去观看。

我曾经问过一位美国朋友，为什么会常常参加孩子的活动。她郑重地告诉我："我不能错过孩子的成长！"

在中国的家庭中，对于如何参与孩子的成长，一些父母认为给吃给喝给活动经费就是最大的参与了。幼儿园、小学时还偶尔参加，孩子大了，父母很少参与到学校活动中。当然，中国学校人数多，一些大型活动无法邀请家长参与，也是父母没有到场的一个原因，但中国父母心理上的重视程度可能还真不够。

小学毕业典礼上激动的妈妈

Judy 来美已经 17 年了，她有一儿一女。女儿如今即将中学毕业，说到孩子小学毕业时的情景，她显得十分激动。

那是一个非常隆重的仪式。孩子们穿着事先准备的礼服，在礼堂外列队入场。所有家长起立，像欢迎走红毯的明星一样，孩子们通常是一个男生搭配一个女生出场，当然也有两个男生或者两个女生的组合。所有的家长都极其兴奋，还有的感动得哭了。大家都在用各种道具，热烈地祝福着孩子们。

Judy 记得女儿毕业那年，旧金山巨人队刚刚赢得了棒球世界冠军。毕业仪式上的所有装饰都做成了代表巨人队的橙黄色，令她最感动的是，在毕业典礼的礼堂里，孩子们在门口排队走进来。看着孩子穿着裙子亭亭玉立，与同伴一起向他们走来的一瞬间，作为母亲的她浮想联翩，想起孩子三岁时为训练她自己睡，同一个房间俩人各睡一张床，孩子找了一根绳来，与她各执一端的情景。现在小鸟开始飞了，妈妈的心情自然激动。

毕业典礼，是一份岁月的成长，更是一份生命的记忆，本身就是最深刻的生命教育和亲情教育。

因为有姐姐，儿子一直是妈妈眼中的小宝贝。儿子小学毕业典礼时，当Judy看到孩子从校长手里接过毕业证书，才意识到无论在妈妈心里多么小，孩子终将慢慢长大，也迟早要远走高飞。

Judy认为陪伴并参与孩子的成长是一件非常快乐的事。美国中小学的毕业典礼，是美国校园文化中最重要的内容，也是美国教育最人性的部分。

小雄女儿Tammy的高中毕业典礼

美国家庭对高中毕业典礼更加重视，因为孩子高中毕业之后就要读大学了，这意味着孩子从此可能要离开家，或到更远的地方读书，或搬出父母的屋子自己独立生活了，所以，美国高中毕业典礼普遍比其他阶段的毕业典礼都重要。为了表示郑重，毕业典礼后父母都会为孩子在家或外面举行一个Party，邀请朋友一起庆祝。

在美国的毕业典礼上，每个学生都会被叫到名字，走上台在聚光灯下领毕业证，同时，音乐、美术、戏剧、表演、体育、游戏甚至涂鸦，任何领域的荣誉都会被表彰。

毕业典礼后，小雄夫妇和女儿Tammy在校园留影

典礼上，会有毕业生代表讲话。孩子一般会讲述长大的美好，对生活全新的理解，以及对父母与自己关系变化的微妙感悟。

每一对父母都会全心全意地融入毕业典礼的氛围里，为孩子的收获喝彩，向其他学生的成绩致意。家长们不是前来走过场，也不是听学校领导训话，每个人都能看到自己孩子的成长和收获。这样的毕业典礼别有深意。

十来岁就到纽约的小雄有三个孩子，他对孩子的教育非常重视。他和夫人是三个孩子的学校的永久义工。对于孩子的大小活动和毕业典礼，从幼儿园开始，他们夫妇都全程参加。尤其女儿高中毕业的情景，让他记忆犹新。

女儿Tammy在纽约的亨特中学就读了6年。这所学校被《华尔街日报》评为全美国最出色的公立中学之一，非常难进。6年中，女儿的成绩十分优异。

女儿即将毕业，学校也有声势浩大的隆重典礼，他们全家一早就正装准备，哥哥、弟弟、爸爸、妈妈都要去亲历Tammy的毕业大典。他们捧着为孩子准备的鲜花，一起快乐地向会场出发。

毕业典礼那天的亨特中学到处都洋溢着喜庆的气氛，有的家长们早早就开始启动相机各处“咔嚓”，为孩子留下这最后的高中留念。

典礼开始了，当校长为女儿颁发毕业证书时，小雄眼里噙满了泪水。这标志着女儿六年的中学生涯，画了一个圆满的句号。

当时，他写下了如下的感悟：

纽约亨特中学隆重的毕业典礼现场

“女儿六年在学校，受到了山外有山的震撼，学习到谦卑和感恩，挑战了自我，得到老师和朋友的激励，锻炼了各种能力，收益无穷，为她以后的成长奠定了扎实的地基。相信，每个亨特中学的家长和学生，都有同感。坐在观众席上，看到这么一群出色的孩子，听着校长、老师、学生们感人肺腑的演讲，我好几次泪花闪烁。孩子们，祝贺你们，每天三到四小时奔波上学的旅程，每天三到四小时睡眠的苦读历练，告一段落了。祝福你们，往后有个无悔的人生。新的历程开始了，展翅翱翔吧，孩子们！”

隆重热烈的美国高中毕业典礼，充分体现了对每一位学生的尊重，让孩子们在仪式感中，感受神圣，并对未来学业产生无限美好的憧憬。

09

毕业舞会，释放的荷尔蒙

毕业舞会的来历和程序

美国的高中有一项活动，几乎所有高中生都渴望参加，官方说它是成人礼，孩子们说它是第一次隆重着装的正式社交，父母们说它是高中舞会，心理学家说它是青春期的荷尔蒙释放。

它的正式英文名叫 Prom（毕业舞会）。有考证认为，Prom 从 19 世纪已经产生。1894 年，有一个叫 Amherst College 的男生，详细记录了自己被邀请参加邻校 Smith College 女生毕业舞会的全过程。20 世纪 50 年代，随着美国经济水平的提高，高中毕业舞会逐渐演变成今天的样子——正式、浪漫而隆重。孩子们更喜欢把毕业舞会称作 Ball。

毕业舞会前，高中生们会认真梳妆打扮，穿上最美的礼服，开着车去接自己心仪的舞伴共赴美丽之约，参加每个高中生在四年学习生活中最重要的大事件。

当然，孩子们的舞会并不是都在毕业季举办。Prom 的全名为 Promenada Dance，是十一年级和十二年级的正式舞会；九年级和十年级，一般每年有 Homecoming、Winter Ball、Homecoming，即返校节或返校日，也有些地方叫欢迎日舞会。一般在运动比赛结束的当日或次日，会举行 Homecoming 舞会。舞会一般会卖门票，孩子们跳舞的同时还可以品尝美食。十二年级的 Prom 比十一年级的 Junior Prom 更华丽，也是高中四年最后一个正式的“毕业舞会”。

高中舞会上，男孩子一定要穿白衬衣和黑礼服，配鲜亮颜色的领带或领结；女孩子则会穿传统的晚礼服裙，佩戴耳环、项链等首饰，盛装出席，男孩子的衬衫、领带领结的颜色最好能与女伴的晚礼服裙的颜色相配。男伴会给女伴送上腕花，而女伴会给男伴送上相配的胸花，并帮他别在胸前。

孩子们的礼服，一般是专门去礼服专业店租来的。由此，美国高中生的毕业舞会也成为商家最重要的季节性生意机会之一。每年新年假期一结束，相关的商业机构就开始对美国的高中生展开密集的广告攻势。最赚钱的行业当然是礼服公司，或者为毕业舞会提供一条龙服务的公司。男生需要燕尾服，领带、皮鞋等全套行头；女生需要晚礼服，加上首饰，还要做头发，进行专业化妆、美容。

毕业舞会，家长是不被邀请的。除了帮助孩子选择礼服外，很多家长最喜欢做的事就是给孩子拍照。有时是家长自己拍，有时家长也会请专业摄影师拍。拍照时间一般定于舞会之前，几对舞伴会一起到某个同学的家里或某个地方拍照留念。

硅谷亚裔孩子结伴参加高中舞会出发前的合影

毕业舞会上一般都会有乐队伴奏，舞会结束后还会有晚宴。各学校都会指定校长和毕业班老师进行计划指导，学生则选出自己的代表负责筹划操办舞会。从租场地，到场地布置，包括乐队、灯光、音响，再到餐点、道具、舞会面具、饮料等，他们几乎都会自己操办布置妥当。

舞会之前，女孩会相邀结伴去做头发、化妆。然后，男女舞伴们到选定好的外景场地拍照，大家租加长轿车或者自己开车（美国孩子满16岁就可以自己开车），来到毕业舞会的地点。大部分学生此时都成双结对，光艳夺目地步入会场。

在舞会上，先由校长、学生代表讲话，然后大家跳舞、狂欢。很多学校会评选舞会当晚的皇帝和皇后，在司仪宣布皇帝、皇后之后，舞会皇帝会邀请皇后共舞一曲，全场掌声雷动。

受舞会场地租约限制，各个学校的毕业舞会时间会有所不同。有的舞会下午结束，有的晚上结束。大部分家长会来接孩子回家，但也有不少学生把舞会变成狂欢之夜，离开舞会现场后，到某位同学家继续举办派对。

美国孩子的毕业舞会已经成为他们高中生活中最让人难忘的一部分，虽然形式各有不同，但孩子们在其中感受到的乐趣无法替代。

毕业舞会是孩子成长的一个重要里程碑，它意味着孩子长大成人，走向了独立与自由，不再需要父母的监管，开始去担当和体会自己的人生。

邀请舞伴的那些事

邀请舞伴，是高中毕业舞会最重要的一个环节，专有名词是 Promposal（Prom+Proposal）。Proposal 是申请、提议、求婚的意思，邀请舞伴用这样的词，说明这个环节十分正式和重要。

很多时候，Promposal 就像求婚一样，需要男生精心准备、秘密筹划。Promposal 的方式千奇百怪，舞伴一般在舞会前几周就要定下来，因为男孩礼服要配女孩礼服的颜色，等女孩买了礼服后，才去选配西装和领带的颜色。

找舞伴，是孩子们比较喜欢做的事，人气高的女生会早早接到好多份邀请。毕业舞会上的舞伴，虽然不一定都是恋爱对象，但一定是那些极为要好的异性伙伴。至于女生是否接受邀请，也要看男生的诚意和邀请方式。

毕业舞会对孩子们而言，有很多第一次：第一次最正式的社交活动；第一次像成年人一样隆重着装，而且要成双成对。很多男生要自备汽车，以便接送女伴；还有些男生会“集资”租一辆加长豪车；也有的学校考虑到没有找到舞伴的学生的心情，会统一租用大型轿车接送学生参加舞会；也有不少男生是单身前往的，有的是请不到舞伴，有的是自己的选择。

Minny 是一位家住硅谷的妈妈，她的儿子为了高中舞会，放弃了参加美国物理奥林匹克集训队的机会。这个孩子是学霸，曾经获得美国奥林匹克数学金牌，现在就读于麻省理工学院。他心仪的舞伴也是学霸美女，毕业时只有 16 岁，后来在耶鲁读医科。为了赢得舞伴开心，在类似“求婚”中产生独特效果，这个男生早在高中舞会前 6 个月就开始计划，花了一个月时间造简易直升机，用纸板、儿童玩具电路、马达和胶水制作了原型。在经过多次高强度测试、失败和重新设计之后，这架用来 Promposal 的飞机才控制自如。“求婚”当天正值课间，他利用这几分钟时间，向心仪的女生发出了舞会的邀请。当飞机飞到女孩身边落下，女孩打开纸条，看到“舞会”两个大字时，被深深打动了，自然也就欣然应邀。

在直升机“求婚”后，Minny 的儿子和女伴留影

有位朋友介绍说，自己的儿子高中舞会的时候，还走了“岳母”路线。这把儿子女友的妈妈弄得很紧张，亲自上门进行考察。好在孩子准备充足，顺利过关，并得到了“岳母”的充分配合，他在女孩家里布置好一个

场景，不仅给了舞伴一个惊喜，也打动了这位“岳母”。

Ivy 讲了一个发生在她儿子身边的真实故事。她儿子十年级时，有个同学想请一个女生去舞会，但怕爸妈知道，于是，让她的儿子帮忙去买花。邀请舞伴的当天，那位同学还寻求老师帮助。上课中途，老师讲到某个幻灯片时，突然停了下来。幻灯片上出现了歌曲的名字，那个男生从教室门外走进来，手捧鲜花，唱着歌邀请自己心仪的舞伴。这是个浪漫的场面，虽然他被女孩拒绝了，但全班同学给他鼓掌，他的勇气受到赞扬和鼓励。在家长面谈会上，老师向大家说了这件事，并且表扬了这位同学。老师说，这个过程需要十足的勇气，从计划到公开唱歌，每一个环节都要过心理关卡，能跨过去就是一种很好的锻炼。

当然这件事情给那个女生带来一些小麻烦，没有男孩再愿意去邀请她了，觉得她太小气了。据说，在年轻人中有一个不成文的规则，就是如果男孩公开邀请舞伴，女孩一般应该答应，不然，会被觉得很不顾及对方感受，毕竟这只是一个游戏。

高中阶段是孩子学业特别紧张的时期，高中毕业舞会超越了单纯学业上的知识性教育，不仅顺应和尊重了孩子青春期成长的规律，使他们的荷尔蒙得以正常释放，更是孩子长大成熟的必要预演。高中舞会让我们看到了美国教育自然、人文和人性的一面，相对很多父母在孩子青春期时候的谈“恋”色变，他们的办法值得我们认真研究与借鉴。

高中舞会前，Minny 儿子的女伴为他戴胸花

10

申请文书，接到美国大学录取通知书的通关符

黄博士和他的文书点评

美国的教育体制不同于中国，上美国大学一个重要的程序是申请。

在中国，高考成绩决定了孩子的录取学校。在美国，高校申请资料里，会呈现孩子的 SAT 成绩、ACT 成绩、申请文书、简历、推荐信、高中 GPA，以及孩子的领导力、参加义工活动、体育、音乐等方面的情况。

对于能力考核的成绩，通过什么来体现呢？那就是大学申请文书，英文为 Essay，中国孩子称之为“文书”。考官将通过 Essay，对学生表现出的综合能力做出判断。

那怎么写 Essay 才能体现自己与众不同的能力呢？黄少华博士是美国印第安纳大学的终身教授，也是我好朋友的先生。课余时间，他常指导学生写作 Essay，并给予点评。

下面，让我们看看黄教授的两个学生是如何写作 Essay 的。黄教授的点评，不仅介绍了这几个学生的 Essay，也给我们点出了美国大学对学生的要求，譬如积极向上、努力进取、善良有爱心等品质。

Essay 描述 1：

黄博士、夫人 shaoling、大女儿、儿子在小女儿哈佛毕业典礼上合影

社区服务不一定要叫上一群孩子一起做，如果一个人做，也可以展现领袖才华。2013年，一个纽约市的女生 K，在她的申请文章里写到，她到一个老人院里做义工，为老人弹奏了一首钢琴曲。弹完后，老人礼节性地鼓掌，并提到自己过世的先生曾经也很会弹钢琴 。老人说："年轻的时候在一个俱乐部，当一个男人弹奏'Hello，Dolly'的时候，我爱上了那个男人，后来嫁给了他。"K 听了，马上回家上网搜索那支曲子，果然找到了。第二个星期，K 给老太太带来了惊喜，并且好多老人一起跟着唱。之后的几个星期，老人们一直盼望 K 的到来。K 又学会了许多 20 世纪 50 年代的曲子，她还跟学校的老师商量，成功地把老人们邀请到学校的才华秀去演唱，她做伴奏。老人们合唱的"Hello，Dolly"，成为才华秀里最受欢迎的节目。K 在文章里写到，"Although all the residents were sitting in wheelchairs，their spirits were dancing."（虽然所有的老人都坐在轮椅里，但他们的精神在跳舞。）

黄博士点评：这个故事告诉大学的招生官，K 是真正关心老人的，因为她用心去关爱他们。在这个案例里，她的领袖才华表现在她会反复地主动地帮助老人，给他们带来欢乐。美国的老人超爱打扮，大家能想象老人们去唱歌前打扮时的那种兴奋劲儿吗？K 做得好，写得也好。她被哥伦比亚大学、UPenn 等多所名校录取，最后她选择了哥伦比亚大学。

Essay 描述 2：

一位来自加州的女同学爱喝星巴克卖的一种叫 frappucino 的冷饮，但一瓶 5 美元，经常喝很费钱。她想有没有可能自己做，于是她买来原材料，自己实验了上百次，最后把自产的frappucino做得和星巴克的品牌一样好，达到了几乎可以乱真的地步，而且每一杯原材料费用只有0.6美元。她的同学们品尝之后都喜欢她制作的饮料。由于掌握了核心技术，她又自创了其他几种口味，同样受到追捧。但对她来讲，好戏才刚开始。她成立了自己的公司，建立了网站让人来预订饮料，生意十分红火。同时，她每天继续上课，学习成绩也很优秀。她是学校生命延续俱乐部（Relay For Life）的成员。通过俱乐部，她把自己挣的2000美元捐给了美国癌症协会，之后，又将剩下的6000美元利润全都捐献给了联合国儿童基金会。

黄博士点评：这篇文书通过一件事展现了作者多方面的优秀素质：Curious——好奇（否则她不会去尝试）；Scientifically minded——有科学头脑（用所学知识，通过反复实验，获得成功）；Creative——有创意（自创各种受欢迎的口味的饮料）；Entrepreneurial——有生意头脑（不要忘了还会新技术哦）；Caring——有爱心（这点最重要，且她捐款的关键在于不是用父母的钱）。

Essay 描述3：

Hospice是美国的一个全国性机构，为临死的病人提供临终关怀，病人中大部分是老年人。美国各州对于18岁以下的孩子能否参与义工活动有不同的规定。2014年，我辅导的一个来自俄亥俄州的女孩H，参与了这个义工活动。在Hospice，H的工作是和病人交谈，更主要是听病人说话。文书里提到的一个老太太，就喜欢给H上课。从“不要嫁给一个太爱妈妈的男人”到“再小清新的猫都会长成暴躁的老猫”，每次课有不同的主题，老人每天盼着H来听她的课。H着实学到不少做人的道理，但更重要的是，老人觉得能给年轻人讲课让她感到有盼头。于是，无意中，老人多活了两个月，并从Hospice搬到一家康复中心，而医生说她原本只能活一个月。文书中提到，老人积极乐观的生活态度，对她在学校里受到的来自同学的压力，起到了释放的作用。

黄博士点评：同样是花时间，在医院前台做招待，几乎不可能与病人进行深度交谈。但在Hospice，对一个高中生来讲，深度交谈就是唯一的任务。在这个故事里，这种交谈给双方带来了良好的影响。文书独树一帜地展现了孩子对他人的关怀，这个女孩后来就读于圣路易斯的华盛顿大学。

文书有不同的写法，上述的例子都是以成绩为主导的，但不是所有的文书都需要这样写，也可以另辟蹊径，但最终也都殊途同归。

孟雨晴申请哈佛大学的最佳文书

每年都有大量优秀文书广为流传，在这里，给大家展示一篇完整的英文Essay，它是我采访的哈佛M爸的儿子孟雨晴的申请文书，被收录在哈佛大学当年50篇最佳申请文书集里。其中，没有自我能力的夸耀，没有豪言壮语，有的是细节，比如对音乐的迷茫、执着和爱。这可能就是评审官最看重的东西，通过这篇文书或许能让大家对美国大学希望录取怎样的学生有一个概念，对我们培养孩子有所启发。我把它进行了翻译。

Yuqing Meng——"Music in the Basement"

地下室里的音乐

孟雨晴

The heavy wooden doors slowly inched aside to reveal a dark room. My arms had goose bumps from the cool air; music scores weighed down my backpack. Feeling ready，I took a step into the room just as my teacher snapped on the lights. I was there the basement of Steinway Hall，the epicenter of twentieth-century classical music. As I passed the nine-foot Steinway pianos，I noticed the portraits of the great masters: Vladimir Horowitz rested his hands on the keys and stared at the black and white organism before him; Rachmaninoff stared at his score with his signature expression of melancholy. Their unfocused gazes suggested deep meditation. What were they thinking about？

我慢慢推开那扇厚重的木门，里面是一个黑暗的房间。阴冷的空气立刻使我的胳臂起了一层鸡皮疙瘩，肩上背包里的曲谱沉甸甸的。我调整了一下情绪，走进房间，老师此时也恰好打开了电灯开关。此刻，我站在斯坦威音乐厅——20世纪古典音乐殿堂的地下室里。走过那台九英尺长的斯坦威钢琴旁时，我注意到两位大师的肖像，弗拉迪米尔·霍洛维茨双手放在琴键上凝视着面前的黑白钢琴；拉赫玛尼诺夫以他那标志性的忧郁表情凝视着乐谱。他们面部复杂的凝视表情蕴含了深深的思考。他们在想什么？

I unexpectedly started to perspire. I had not practiced much during the week. For months，I had felt bored sitting in front of the piano for four hours every day. As a four-year-old，I had loved how I could make combinations of sounds just by tinkering with the keys. But by the time I turned fourteen，I no longer saw the point of memorizing so many seemingly random notes and playing music that none of my friends understood. I felt trapped by this imposing machine and could not escape the eternal cycles of practice.

我忽然紧张得出汗了。这周我基本上没有练习。数月来，我对每天坐在钢琴前弹奏四小时感到厌倦。当我还是四岁孩子的时候，我曾痴迷于摆弄琴键可以发出奇妙的声音组合。但是到我十四岁的时候，我对于要记忆如此多的看上去毫无关联的乐谱，并且演奏我的朋友们根本无法理解的音乐失去了兴趣。我感到自己被这部庞大的钢琴机器俘虏，并且无法摆脱这种没完没了的演奏练习。

Wiping the perspiration off my forehead，I clenched my jaw and began playing Beethoven's Opus 110 Sonata. Gradually，I sensed that my teacher was living the music. Her hands subtly imitated the motion of the melody，rising and falling like a gentle wave. She must have been imagining the pain that Beethoven had felt at the realization that he was losing the last remnants of his hearing.

擦去额头的汗水，我咬了咬下嘴唇，开始演奏贝多芬第110号奏鸣曲。渐渐地，我发现我的老师开始享受我正在演奏的音乐。她的手指下意识地跟着旋律摆动，像微波上下起伏。她此刻肯定想象着，贝多芬意识到了逐渐失去最后一点听力的痛苦。

She neither flinched nor coughed until the last vestiges of the sonata had disappeared into the dry basement air. As my hands gently came back down onto my lap，she flashed a radiant smile and said，“This piece is perfect for you!” For the next fifth minutes，she focused on the minutest details. She demonstrated that with a slight variation in the motion of the arm，I could make the melody sing more. And just by touching the keys in another place，I could control the left hand harmonies and vary the warmth of the tone. In other parts of the piece，she played the section multiple times with slight differences in the length of the rests. That extra fraction gave me the chance to breathe along with the music.

老师一直享受着音乐，连一声咳嗽也没有，一直到贝多芬奏鸣曲的余音消失在地下室。我演奏完，双手放到膝盖上，她脸上露出灿烂的微笑，“这个曲目非常适合你！”对于乐曲第五分钟的演奏，她专注于细节的表达，她通过演示臂部动作的微小变化，告诉我如何才能使旋律表达得更丰富。我也学到，通过接触琴键的不同部位，可以让左手控制得更协调，并且使得音调柔度有变化。另一个乐章，她在某一节演奏了数次，每次触键停顿时间不同，使我学会了演奏时如何调整自己的呼吸，以便与音乐更为合拍。

As I listened in awe to the numerous nuances in only thirty-one pages of notes，I realized that this was why I started playing the piano so long ago. As a child，I loved exploring the mellifluous sounds，imagining that they were voices and animal calls. I enjoyed creating interpretations of the notes on the page and discovering that subtle relationship between the motes and rests.

当我惊讶地听到老师在仅仅31页的曲谱中讲述了如此多的微妙之处

时，我意识到这就是为什么我很早就喜爱演奏钢琴的原因。我还是一个孩子的时候，就痴迷于如此美妙的声音，想象中音乐就是人的声音和动物的鸣叫。我热爱创造性地表达乐谱上的音符之美，热爱诠释乐谱与世界的微妙关系。

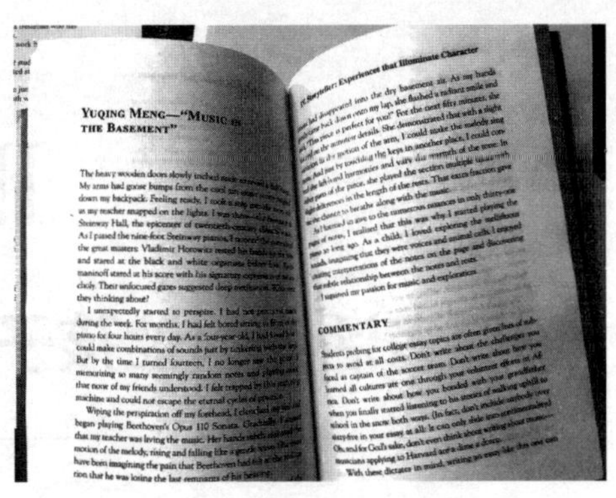

雨晴的申请文书收录在哈佛大学的这本书里

I regained my passion for music and exploration.

由此，我重获演奏音乐与探索世界的激情。

11

志愿者活动，让孩子在社会实践中成长

志愿者的由来

Volunteer，是义工的意思，在中国我们称之为志愿者。志愿者文化是美国社会生活中极其重要的一部分，在美国的公共场所、非营利机构等经常可见。下至学生上至老者，几乎每个人都十分热衷于志愿服务。

在美国，志愿服务文化由来已久，早期的美国移民众多且分布广泛，那时政府无暇顾及一些社会问题和公共事务，互相帮助并且共同组织社区活动的志愿服务就开始出现了。在美国，志愿服务的精神可以说是既简单又强大。据美国政府统计，每年美国有五分之一的人参加志愿服务，他们为地方和全国性组织付出超过 80 亿小时的服务，保守估计价值达 1 730 亿美元。

很多美国人告诉我，他们热爱志愿服务工作，这可以实现自我价值，在不同的活动中彰显自己的才能，扩大社会交际圈、认识更多有意思的人。对年轻人来说，还可以为找工作积累社会经验，提升专业技能和领导能力，甚至可能会给他们带来一些潜在的工作机会。同时，从事志愿活动可以为申请大学加分，然而事实上这一条只适用于海外留学生。对于美国学生来说，当志愿者是很平常的事，这并不会成为他们加分的筹码。所以，大部分美国学生做志愿者都是自发的，很少有学生为了加分而去做这些工作。

美国志愿者组织内部有严格的规章制度，参加志愿服务的人要承担一定的责任和义务，还要接受必要的培训。同时，志愿者还要制订准确的工作计划，并且按计划行事，不能有“想做时才做”或者“抽出时间再做”这种不确定的行为。要是生病了或者有其他事的话，也要提前通知活动组织者或者找到替代的人。可以说，美国的志愿者组织系统还是十分完善和严格的。

把我的微笑捐给你

这是一篇我在美国报纸上发表的英文文章，也是我刚去美国求学的真实经历，这个故事讲述的是我亲历美国义工活动的故事，它发生在那个充满温情的夏天。

初夏的午后，刚放学的我到公交车站乘车回家。车站的人不多，同时等车的还有一位慈眉善目的残疾人。他坐在轮椅上，微笑着和我打招呼。稍等片刻，公交车来了。司机打开车门的残障通道，这位残疾人沿着通道平稳地上了车，司机慢慢地帮他固定好座位，其他乘客都在静静等候。

车内很安静，乘客们有的在看书，有的戴着耳机听音乐，有的和朋友轻声交谈。很喜欢美国公交车上的这份安静，它让我能静静地享受窗外的风景。而这天更是特别，总预感有一个美丽的故事要发生。

车到了下一站，上来两个学生模样的年轻人，其中一个手里抱着一个大大的捐款箱。他们刚坐下，就有人问：“你们募集到足够的钱了吗？”“暂时没有”，其中一个解释说，“我们是在为流浪者募捐。”全车乘客向他们投去赞许的目光。

这时，那位残疾人突然抬起头，面对两位募捐者，含着微笑说：“我没有钱，但我能捐出我的微笑！”

他一语惊人，瞬间地沉默后，车厢内所有人都露出赞美的笑容，纷纷鼓起掌来。霎时，温馨的暖流在整个车厢荡漾。

这个普通残疾人的形象，在我心中高大起来。虽然他身体残疾，但他却有健全的心灵。是的，每个人都能拿出自己的礼物，无论贫富，还是残全，只要你心存感恩，就能送出自己特有的爱。这位残疾人用他特别的捐赠，给整个车厢带来了温馨和快乐，更让我感悟到了人世的温情和友爱。微笑是世界上最美的语言！

附英文原文：

No money，just a smile

This is a true story. It happened this summer.

A man in wheelchair was at the bus stop. He said hello to me. The bus came a few minutes later. The driver lowered the steps of the bus for the wheelchair to get on. The passengers waited.

American buses are usually quiet. Passengers read，listen to music，or talk with friends very quietly. It lets you enjoy the scenery outside. This bus was a bit different because something beautiful happened.

When the bus stopped at Drake University，Two young people got on the bus. They held a big donation box. After they sat down，someone asked，“Did you raise enough money ？” One of them said，“Not yet.” They told us they were volunteers，and they were collecting money to help the homeless. Many passengers smiled and told them they were doing a good thing.

The men in the wheelchair turned his head and said，“I don’t have money, but I can give you my smile for a donation.”

All the people became quiet. Then they clapped their hands and smiled. Happiness and warmness spread throughout the bus.

This man is my role model. He cannot walk，but his a spirit is healthy and strong. Everyone has a gift. Everyone has something to give. His smile made a wonderful donation. He filled the bus with joy.

I couldn't fully understand what they talked about afterwards on the bus. I just knew that his smile was better than any language in the world.

社区公益奖，孩子们社会价值的体现

2016 年，我有幸参加了北美天目教育基金会的"社区义工奖"评选，作为评委之一，在大量的文章中看到了孩子们金子般的心，以及他们为公益而努力付出的社会责任感。

在这里展示几篇出生在美国的华裔孩子的参选作品原文和翻译稿，他们中有人还是社区公益美国总统奖的获得者。他们的热心、热情，在平凡小事上的付出，可以让读者了解美国的孩子们都做些什么公益，不一定轰轰烈烈，却在平平凡凡中体现着公益精神。

以下这篇文章的作者为来自北加州 Palo Alto High School 的 Haoming（Jerry）Huang，获美国国会特别奖，获天目教育基金 2016 年北美华裔青少年社区服务一等奖。

英文原文：

Jerry Huang: The Simple Joy and Satisfaction

Through my community service involvement in high school，I have learned the importance and true value of giving and contributing to one's own community.

In November last year, I became a volunteer soccer coach at AYSO for special needs children aged 5–7. Many of the children had learning disabilities and some had never played outdoor sports before. I worked closely with each player and helped struggling players improve. I taught the children to make goals, pass, and most importantly, use teamwork to achieve a victory. Over time, I developed a special connection with the players. The little league players often asked me to stay longer after practice to spend time and play pass with them. I realized returning home from practice one day that I had become more than their volunteer coach. I was apart of their story now, someone they looked forward to playing soccer with. Sure, it's cliché, but providing the children with the opportunity to truly enjoy sports gave me a sense of joy and satisfaction.

Shortly after, I became a board member and application developer for Get Involved Foundation, a non–profit organization that was started at my school by our executive director, Ms. Owen. Together, with 6 other students, we provide a platform for high school students to easily find community service and internship opportunities. We have partnered up with over 180 organizations specializing from animals and environments to sports to science and technology. This wide variety of service opportunities allows students to discover the causes and topics they are passionate about and meet others who share similar interests. During this period, I also developed 1Trackr, aniOS app that streamlines the community service–hour tracking process at my school. The idea for1Trackr materialized after I noticed the burdensome, manual community service–hour tracking process at my school. The student interns had to amass piles of time logs and bring them wherever they performed community service. Digitizing the tracking system would simplify the whole process for both students as well as administrators. Combining my interest in computer science with this challenge, I started developing1Trackr.After three months of day and night diligent work, 1Trackrwas finally approved by Apple! It is currently being used by student interns from my high school and has received a

Special Congressional Award from U.S. Congress.

In the past school year, 400 students contributed 27000 hours of community service through the Get Involved Foundation and 1Trackrhas accumulated 400 users at my school. It is truly rewarding to hear the positive comments towards both Get Involved and 1Trackr from student interns. They affirmed that our efforts had made an impact in our school, our community, and our team hopes to further promote Get Involved and spread its outreach.

获得美国国会社区服务特别奖的 Jerry Huang

These experiences have shaped me into a more compassionate and charitable individual and as I continue through life, I hope to inspire others to identify issues they are passionate about and make a difference through community engagement.

中文译文：

简单的快乐与满足

通过在高中阶段参与社区服务的经历，我懂得了奉献社区的重要性和价值。

去年 11 月，我成为 AYSO 5~7 岁特殊儿童的义务足球教练，这些儿童有学习障碍并且从未玩过室外足球。作为教练，我和每一位小队员密切合作，并帮助那些学习困难的孩子。我教小队员们射门、过人，更重要的是教会他们通过团队合作取得胜利。渐渐地，我和小队员们建立了特别亲密的关系，他们常常要求我练球后多和他们练一会儿过人动作。有一天，我训练完回家后忽然意识到我已经不仅仅是他们的义务教练，我已经是他们的一分子，是他们希望一起踢足球的队员。这虽然听上去有些平常，但是教会孩子们享受体育的乐趣使我感到快乐和满足。

不久，我成为盖特英沃德基金会的董事会成员和应用开发者，这是一家由我们学校发起的、由主任欧文女士领导的非营利性组织。我与另外 6 个同学一起开发了一个平台，帮助高中生很便利地找到参与社区服务和实习的机会。我们这个平台联系了 180 家机构，涉及动物、环境、体育、科学和技术等领域。这个平台为同学们提供了广泛的社区服务机会，使他们可以找到自己感兴趣的内容和题目，并且可以与有相同兴趣的同学相识。在此期间，我开发了应用软件 1Trackr，这个软件可以记录我们学校社区服务的小时数，这个想法来源于我发现，人工记录服务小时数的过程非常烦琐（参加社区服务的学生以前不得不把记录本带到社区服务地点登记），采用网络数据跟踪的方式可以简化这个过程，对学生和管理者都很方便。我用自己感兴趣的计算机技术解决了这个难题，并开始研发 1Trackr。经过 3 个月夜以继日的辛勤工作，1Trackr 最终得到了苹果公司的批准。现在这个软件正在我们学校被学生使用，并获得了美国国会特别奖。

去年，盖特英沃德基金会向 400 名学生提供了 27000 小时的社区服务机会，1Trackr 软件已经累计获得我校 400 人使用。了解到人们对盖特英沃德基金会资助的学生和使用 1Trackr 的学生的好评，我感觉所有付出非常值得，这也肯定了我们对学校和社区的贡献。我们团队将继续促进盖特英沃德基金会项目获得更大推广。

这些经历将我塑造成一个具有同情心和慷慨心的人，我将通过今后一生的努力，启发其他人寻找自己的兴趣，通过参与社区服务对社会做出贡献。

以下这篇文章的作者是来自新泽西州 West Field High School 的 Cindy

Qiang，她设立了中国学生教育资助基金，获天目教育基金 2016 年北美华裔青少年社区服务二等奖。

英文原文：

Strive For Success: A Promise to Change the Future

The summer of 2014，I found myself in Hangzhou，China talking to Liu Chang，a student who，like me，was getting ready for high school. He had recently scored a perfect score on his final exam，and we enjoyed a conversation about some of our favorite subjects in school we shared.

Yet his academic story was completely disparate from mine.

With both his grandmother and mother in the hospital and only his father's small carpentry business to support the household，Liu Chang was faced with an impossible morass between his family and his education. A bright future or a stable home？ It was a question no child should be forced to answer.

Liu Chang's story touched a part of my heart. Here was an individual capable of doing such great things，yet financial burden was holding him back from reaching his full potential. I made a promise that day to find a way to help peers like Liu Chang achieve their dreams for the future and become the next generation's leaders.

On the plane ride back to America，I hatched a plan to form the Strive Scholarship Club at my local high school. It was a difficult journey at the beginning. The small group of people I had accrued to join the club had many other priorities. Not just once did I find myself alone when we had agreed on meeting in town to go looking for sponsors. But I had made a promise to Liu Chang，so through the rain，I trudged on，hanging up flyers around town and selling calendars door-to-door in solitude.

As time passed, from my inkling of good will sprouted an entire fountain of support.More of my fellow classmates showed their eagerness to help kids who they had never met before to continue their education. As a team, we held monthly meetings where we discussed our ambitious plans. Everyone brought home made cookies to sell, contacted administrators to schedule events, and developed an acute sense of their power to change lives.

Then came our biggest fundraiser of the year: a countywide charity concert. Being that our club is completely student-run, it was arduous to persuade administrators to help us in our efforts to spread education around the world. The head of the TV crew was always busy. The drama teacher "misplaced" the key to the backstage door. The principal was always in a meeting. However, the school staff eventually realized the amazing potential that the charity concert could have. We assembled a film crew, opened the lock to the backstage, and sent out new flyers across town in no time. By proving our integrity as a club to the staff, we were able to host our first successful concert that raised over $1600.

Now, every year, I am able to fulfill my original promise to Liu Chang through a shared bank account that sends around $2000 to several scholarship students in China. It was inspiring to see my peers become so passionate about a shared cause. I will never regret weaving my own story into that of Liu Chang and the hundreds of future students like him.

中文译文：

为成功奋斗：改变未来的承诺

2014年夏天，我在中国杭州遇到一名叫 Liu Chang 的学生，他和我一样，即将升入高中。他的期末考试成绩非常好，我们聊得很开心，分享了在各自学校生活中最喜欢的事情。

然而，他的学习经历和我截然不同。

他的奶奶和妈妈都病重住院，全家只靠着爸爸做木匠维持生活。Liu Chang 不得不面对家庭和学习的两难困境，是光明的未来还是稳定的家庭？这本不是一个孩子可以回答的问题。

Liu Chang 的故事深深地触动我的内心。一个人本来有能力实现自己的梦想，可是财务负担却阻止他释放自己的潜能。那一天我暗下决心，一定要设法帮助像 Liu Chang 这样的学生实现自己的梦想，成为下一代的杰出人物。

在返回美国的飞机上，我想出了一个计划，在我的高中成立一个“奋斗奖学金俱乐部”。这件事起初很困难，我们这个俱乐部的成员不多，各自有不同的兴趣。我常常发现自己在寻找赞助者方面孤立无援，虽然伙伴们在会议上表示赞成，但是行动时只有我一个人。但是我心怀对 Liu Chang 的承诺，所以我常常冒着雨徒步行走，在小城里到处贴广告，推销挂历等。

获得北美华裔天目青少年社区服务二等奖的 Cindy Qiang

随着时间的积累，我的良好意愿得到了更多的支持。越来越多的同学愿意帮助素不相识的学生继续得到良好的教育。作为一个团队，我们每月举行会议，讨论雄心勃勃的计划。每个人都把家里制作的点心拿出去售卖，联系机构管理者举行活动，促使人们用他们的影响力改变生活。

后来我们举办了全县年度最大的筹款活动——慈善音乐会。这个音乐会完全由我们俱乐部的学生筹办，我们说服机构管理者支持我们，并说明促进全世界的教育是一项艰苦的任务。虽然，电视台的摄制组负责人总是很忙，戏剧表演老师把后台的钥匙放错了地方，校长总是开会。但是，学校老师们最终认可了慈善音乐会的举办。我们邀请了摄制组，打开了后台的门锁，及时发出了新的宣传单。通过我们俱乐部全体成员的努力，我们首次成功地举办了音乐会，筹款超过 1600 美元。

现在，每年我都会按照我对 Liu Chang 承诺过的，通过共管账户向中国学生提供 2000 美元的奖学金。与伙伴们一起分享这个美妙时刻令我们非常激动，我从不后悔自己为 Liu Chang 以及像他这样的学生付出的努力。

第三篇　跨越中美的教育投递

全球教育面对的共性问题

导 语

地球是平的，教育也是平的。

教育作为人类生产生活的基本现象，作为人类社会生存发展的基本形态之一，作为人类在全球文化交流互动中的基础内容之一，在世界范围内越来越变得趋同和一致。

当我们观察不同文化差异带来的教育观念和方式碰撞的时候，当我们讨论不同国家和地区教育的先进和落后的时候，当我们面对一个越来越紧密联系着的世界的时候，我们会发现，教育和教育的问题变得越来越聚焦，越来越回归原点。那就是回到“教育是人的教育”这个根本命题。

我一直认为，从古至今，教育的核心要素和功能始终围绕着两个方面展开，即人文性目标和工具性要求。孔子说：“大学之道，在明明德，在亲民，在止于至善。”这就是强调教育的人文目标。《尸子》记载：“燧人之世，天下多水，故教民以渔；宓羲之世，天下多兽，故教以猎。”教育是和谋生技术的传播与应用紧密结合在一起的。教育最基础的工具作用，即知识技能的传播、传授和创新。

现代科学技术的迅猛发展，社会竞争的日趋激烈，同基本的谋生技术相结合的教育的工具性功能的不断强化，不仅左右着现代教育的发展，也成为当代教育问题的缘起。

无论中美，教育都面临着许多共同难题。研究美国教育，不能一味地称好，也不能一味地抄袭，而要在跨越中实现创造性转化，在批判中获得创新性成长。

这一篇的文章，大多来源于这份思考，特别是看到留美学生绑架犯罪问题、哈佛优秀学生自杀问题、孩子抗挫能力差问题以及中国发生的校园霸凌事件后，我更希望在跨越中美教育、互动借鉴中寻找问题的答案，为大家提供富有价值的思考。

教育原本没有国界！

01

个性教育，让孩子成为他自己

生活中，任何东西都不可能是标准化的模件，正如世上没有完全相同的两片树叶一样。家庭教育的目标只有一个，寻找适合自己孩子的教育方法。

加州的四季桂和可口可乐的“广告墙”

如今，刷微信成了很多人闲暇时的一大消遣事，我也不例外。有一天，我打开微信在好友群里看到 Lily 发的一张图片。茂密的绿叶丛中缀满了密密的桂花，绿白相间非常诱人，让人仿佛闻到了图片里飘出的香味。

只见她对疏影说，我家有五六棵这种树，这是桂花吗？她为什么这么问呢？因为前几天疏影在群里晒了她做的桂花糖蜜。这时网友徽州月亮接话说，国内是八月桂花香，你这是加州品种四季桂。

Lily 说，桂花树长得高大，加州是个只要是植物就开花的地方，很难让人留意。徽州月亮打趣地说，恭喜一早因为闻到香味发现了平时忽略的宝物。就像我们养孩子一样，常常在只有别人提醒的时候，才发现自己家的孩子原来也很好。

看着他们聊天，我不禁感叹这些妈妈们的交流。发现孩子的优点，多么美妙的教育联想！看到这里，我一下子就想起了可口可乐的一句广告词：**在这个世界上，发现就是成功之门。**

其实这句话出自一个真实的故事。一个年轻人乘火车行驶在一片荒无人烟的山野之中，人们一个个百无聊赖地望着窗外。前面有一个拐弯处，火车减速，一座简陋的平房缓缓地进入他的视野。也就在这时，几乎所有乘客都睁大眼睛“欣赏”起寂寞旅途中这道特别的风景。有的乘客开始窃窃议论起这座房子来，有的人为之心动。返回时，他中途下了车，找到了那座房子，主人告诉他，每天火车都要从门前驶过，噪声实在让他们受不了，很想以低价卖掉房屋，但一直无人问津。

不久，年轻人用 3 万元买下了那座平房。因为他觉得这座房子正好处在火车拐弯处，疲惫的乘客一看到房子就会精神一振，用来做广告是再好不过了。很快，他开始和一些大公司联系，推荐房屋正面这堵极好的“广告墙”，可口可乐公司看中了这个广告媒体，租用了 3 年，支付给年轻人 18 万元租金，并写下了这句广告词。

中国有句古话：三百六十行，行行出状元。不同的视角，就会有不同的发现，产生不同的结果。难道培养孩子不也是这样吗？有些孩子天资过人，有些孩子貌似平凡，但**作为父母，只有充分地发现他们的特质，去引导、去培养、去造就，才能让孩子收获一个不一样的自己，对社会创造属于自己的价值。**就如那棵灌木丛中闻香才能看到的桂花树，荒芜山野上一座不值钱的矮小民房，因为路人们的慧眼产生了全新的价值一样。

个性和个性教育的专家解读

朱智贤先生在他主编的《心理学大字典》中，从心理学的视角，对“个性”作了这样的界定：“个性（personality）也可称人格。指一个人的整体精神面貌，是具有一定倾向性的心理特征的总和。”艾森克和梅利对个性下了这样的定义：“个性是人所具有的、相对来说较为稳定的气质。它可由外因激发或促成，是生理冲动、社会环境及自然环境之间相互作用的产物。个性通常指的是情感—意动的特定品质、情操、态度、心理状况、无意识的机制、兴趣和理想，它们能确定人的特性或特有的行为和思想。”

从专家的定义分析，个性的内涵集中起来看有三个方面的特征：第一，个性是稳定的，也就是说我们不可能一日之间变得判若两人。第二，个性是有机的，即个性的表征是相互联系的。第三，个性是独特的，是人的生理机制和周围环境相互作用的结果，与个人的经历和特质紧密相关。也就是说，个性可以是先天基因带来的，也可以是后天外在促成的。

从以上心理学家的研究来看，讲求外在的独特性和内在的主体性成为个性研究最为基础的内涵。这一内涵支撑起了一个人有别于其他人最基础的特质，稳定性和独特性则成为它的基本特征。

美国大学发榜季，华裔各群都在祝福那些进入哈佛、耶鲁、MIT 等名校的孩子。有一个连续刷屏的祝福语是：热烈恭喜“别人家的孩子”走入名校。对于他人而言，每个孩子都是“别人家的孩子”。对于家庭教育而言，我们则始终要面对自己的孩子。

就是因为这些，我们看到别人家优秀的孩子时，一定要相信自己的孩子也有属于自己的道路。**因为每个人特质不同，我们需要在尊重孩子、正确认识孩子特质的基础上，对孩子进行个性化教育，也许这才是家庭教育的本质。**

那么什么又是个性教育呢？我的理解就是围绕每个孩子的个体特点，提供适合他 / 她的教育。个性教育，即个性化教育，就是针对每一个不同的个体，在尊重个体差异的基础上，围绕孩子的个性特征，发展孩子的优势潜能，鼓励孩子的多样性和创造性，因材施教，让每一个孩子成为他自己。

孔子评价他的弟子闵子骞正直，颜回恭敬，子路刚强，冉有温和，子贡开朗等。当子路和冉有向孔子请教同一个问题：听到一个很好的主张，是不是应该马上去做呢？孔子却对不同的人，做出了不同的回答：“求也退，故进之；由也兼人，故退之。”意思是说，冉有遇事畏缩，所以要鼓励他；子路遇事轻率，所以加以抑制。

这“一进一退”的因材施教，深刻地揭示了教育的基本规律，而因材施教已经成为大家公认的基本教育原则。

教育的本质是培养人，所以要遵循人的个性特点和身心发展规律。每个人生来就是独一无二的，正如我们每一个人的指纹一样。人们性格的不同，使得人们能力所显示的也不同。

对于一个家庭而言，孩子并没有形成自己完善的个性，尚未成长为一个社会人。伴随着他们的成长，孩子的内部世界在丰富、发展、完善，最后成长为一个从事社会实践活动的独立个体，成长为完全的、现实的、具体的社会成员。这需要我们的社会、学校，特别是家庭，能够在和孩子不断的个性化互动中，影响和引领他们的成长，最终形成完善的人格、健全的个性。而个性化教育将是贯穿始终的基本问题。

我们常常讲学校教育、家庭教育、社会教育构成了教育的主要内容，但从另一个侧面看，无论是哪种形式的教育，都应直面每个人的成长和成才，直面每个人的特点和特征。

每个父母都应该是个性教育专家

如果说学校教育、社会教育具备更多的共性，那么家庭教育一定是以个性教育为主体的教育。因此，家庭教育本身就是个性教育。

在教育这个问题上，作为孩子的父母，你面对的孩子是特定的。你的孩子；你遇到的问题是特定的。你的孩子的问题；孩子问题的成因，也是特定的环境造成的，你最清楚。因此，对于自己孩子的教育，作为父母你是最了解的，也是最明白的，你应该是教育自己孩子的专家。

忽视教育的个体性特点，在我们的家庭教育实践中，最显著的表现就是家长的“爱比较”。许多家长什么事都爱拿别人的孩子跟自己的孩子比较，从个子的高矮、做事的快慢，到才艺水平的高低、成绩的好坏。“你看人家……”是许多家长的口头禅，生怕自己的孩子落在别人孩子的后面，似乎不比出个输赢来，就不能说明教育的成功。

每一个人都是独特的生命个体，都具有与众不同的生理特征和心理特征，都具有与众不同的社会背景和家庭条件，都具有与众不同的成长特点和发展需求。因此，每个人都必然具有个性化的成长途径和方式。而家庭教育则是孩子实现个性成长的最基础的环境。放弃对孩子个性的发现，不会基于个性成长进行教育引导，其实就是放弃家庭教育，或者使家庭教育南辕北辙。

从某种意义上讲，基于个性的家庭教育，既是教育的重要组成部分，又是对社会教育、学校教育的再平衡。

个性教育不排斥共性，但不能纵容任性

世上没有两片相同的树叶，反之，世上也没有两片完全不同的树叶。所有树叶都有气孔，都会进行呼吸，这些都是叶子的共性。但叶子的形状、颜色、大小又各不相同，这些不同成就了叶子的个性，让它们有了不同的用途。我们喜欢用红叶或者黄叶做书签，用带有芳香的叶子制作不同食品，如包粽子、做芭蕉饭等，不胜枚举。

同样，世上没有两个完全相同的人，也没有两个完全不同的人。教育就是共性和个性的叠合体，共性教育和个性教育共同融于教育的目标和实践中，共同融入我们每个人的生活中。在人类的生活实践中，我们形成了许多基本的行为规范、知识传承、基础文化，不能因为个性教育而去轻视、排斥、违反和抛弃它们，而应该将其作为我们实施个性教育的基础。

前几天，中国一所学校的班主任为我介绍了班里一个孩子的家庭教育情况。

这位班主任说，这个学生的母亲很“新潮”，特别注重孩子的个性发展。孩子在学校的表现也很特别，上课的时候，他按自己的喜好听课，感兴趣了就认真一些，不感兴趣了就放在一边。本来聪明伶俐的孩子，成绩却忽高忽低。无论是在课堂上，还是在课后，和同学们相处，他的行为都比较自我，不太顾及其他同学的感受。

这位老师在家访时和孩子的母亲进行了交流。孩子的母亲说，他们家很注重孩子的个性培养，特别民主，也特别尊重孩子的情绪和要求。譬如，孩子早晨起来洗脸刷牙，突然不想做了，我们从来不去强迫他，而是等他想做了，再去做这样的事情。即使马上要迟到了，我们也不去催促他。她说，自己所做的一切，就是要保护孩子的个性和兴趣，让他有一个快乐的童年，不要成为教育的机器。

无独有偶，前不久华裔妈妈小王和我私下交流，说起该不该给自己同学关于她对孩子教育的一些建议。这个孩子半夜 12 点还在打游戏，妈妈不停地给孩子送吃送喝。第二天早晨，妈妈叫孩子半天，孩子才懒洋洋地起床，也不刷牙洗脸，随手抓起外婆做好的蛋糕，就去赶校车了。孩子的外婆说，孩子的房间很少自己收拾。按照小王的同学的话说，现在孩子放养，想怎么养就怎么养，可这孩子一会儿想学吉他，一会儿想学航模，但是什么都学不会。

小王认为，这样的时间安排对孩子身心发育似乎不妥，她把自己的想法和同学进行了交流。同学说，不碍事，又不影响他人，尊重孩子的喜好和个性最重要。孩子比较自由，成绩也蛮好，只要他开心就好。

上面的两个案例确实让人感慨。**一些家长把个性理解为独特，理解为与众不同，理解为让孩子凭秉性行事，甚至把任性当成了个性，完全纵容孩子**。还有一些家长对个性认识不清，认为“倔强”“要强”“坦率”“固执”

的人很有个性，而“文雅”“平和”“斯文”“柔弱”的人没有个性，导致我们在强调个性教育的时候，又走到了教育的反面。

案例里的妈妈，对孩子个性教育的理解和培养，不仅失之偏颇，而且大错特错。把任性误解为个性，认为孩子不守纪律、不讲道理是有个性。大量的案例说明，孩子分不清是非，在学校和家中，全由着性子来，有了缺点，父母讲不得，老师说不得，稍受一点委屈，就接受不了，这样对孩子的健康成长与今后做人都会产生严重的误导。

单纯地认为教育要个性化，孩子想怎样就怎样，不仅对孩子毫无益处，还会使家长颠覆和丢弃许多原本正确的教育方式，对孩子的发展造成伤害。对于这类孩子，这种所谓独特的个性习惯，将让他们很难融入社会生活，家长这么做无异于给孩子的未来设置了障碍。这样“个性”的教育，绝不是真正的个性教育，不仅大大增加了成长成本，更背离了个性教育的本质。

发现孩子的特质，疏影翻曲谱和六二的试用期

没有谁比父母更了解孩子了，也没有谁比父母更有资格去发现孩子。个性教育，首先要发现孩子，看到孩子的潜力。父母的用心发现，一定会让我们的孩子回馈你一个不一样的世界，一个升值版的自己。

疏影是我认识的一位美丽的华裔钢琴老师，她给我们讲了一个她自己的故事。疏影的家族是钢琴世家，妈妈是钢琴家，爸爸是作曲家，哥哥是国家一级钢琴演奏家。这种家族基因，使他们家中一直乐声飞扬。

在疏影 3 岁多的时候，有一次，她坐在妈妈的钢琴凳边，看妈妈弹钢琴。当一页乐谱就要弹奏完的时候，她竟然知道去翻谱子。那时候她还不认识五线谱，做到这点并不容易。她能记住弹奏过的音乐，既需要记住翻谱子的位置，也需要有对音乐的感觉，这一切，并没有谁教她，而是在耳

濡目染、感化熏陶下自然形成的。

后来，疏影在妈妈的指导下开始学钢琴，走上了钢琴之路。琴声悠扬，音符飞舞，她从童年弹到中年，从中国弹到美国。毕业以后，她留在美国做了钢琴老师，培养出一个又一个优秀的学生，包括她在斯坦福大学读书的女儿。

也许有人说，疏影出生于钢琴世家，有遗传基因，并不是每个孩子都如他们家这样有音乐遗传天赋的。其实，发现孩子需要过程，作为家长，既要发现孩子基因里与生俱来的潜质，更要发现天资禀性里未必明显的存在，通过后天培养明确孩子的个性才能。

爱尝试不同爱好的六二家兄妹俩

发现的过程，就是挖掘的过程，培育的过程。其实**大多数人的潜质都是通过后天挖掘，在不断尝试和发现中找到的。**

幽默风趣的哈佛才女六二，不仅自己优秀，而且是一个乐于把好的家教想法和大家分享的人。她说，在孩子小的时候，她是这样教育孩子的，让一对儿女对各种可能与不可能的爱好都进行尝试，以挖掘孩子的“成长点”，同时对孩子提出要求：“没试过，不能说不！试用期 3 到 6 个月！试了不喜欢，说清楚理由！”

六二是这样认为的，对于刚上小学的孩子有什么兴趣，有什么潜能，家长并不能完全了解。但作为母亲，必须想方设法去挖掘孩子的兴趣爱好，然后再去发展它。孩子未来能否上名校不是目的，找到孩子的最佳优势去培养，才是父母最应该做的。

还有另一个朋友的故事。这位朋友的儿子平日里特别喜欢看书，尤其迷恋《三国演义》。朋友认为，孩子需要具备一定的艺术修养。然后，他们夫妇试图让孩子去学二胡，但没有成功，又让孩子学习声乐，孩子也没有喜欢上。刚好，他了解到有个画家朋友的工作室开班了，他就送孩子去学画画。刚开始，孩子十分不愿意。但这个画家朋友很会教，渐渐地，孩子喜欢上了画画，每个周末，都让爸爸准时送他去学。后来，孩子竟然把他喜欢的《三国演义》中的人物，按照自己心目中的理解和想象全都画了出来。

发现孩子的个性，挖掘孩子的潜力，培养孩子的兴趣，就会让孩子的成长事半功倍。**明智的父母会给孩子提供各种机会，留心观察孩子，善于发现孩子显露出来的最佳才能，并有针对性地进行培养。**

成就孩子的天赋，Gillian 的颠覆性成长

泰戈尔说过："教育的目的是应向人类传送生命的气息。"而家庭教育，则是用一个生命照亮另一个生命。

分享一位英国教育演讲家讲述的一个真实故事。故事的主人公是 Gillian，她指导过非常知名的歌舞剧《猫》和《歌剧魅影》。

Gillian 是怎么走上跳舞这条路的呢？当年，她在学校的表现几乎已经快令人绝望了。学校老师写信给她的父母说："我们认为 Gillian 有学习多动症。"因为那时候的她在学校无法集中注意力，总是坐立难安，学校老师猜测她患有注意力缺损多动障碍。

Gillian 的妈妈得知这一情况后，带着她去看专科医生。医生和妈妈谈论了 Gillian 上学时出现的问题：这个 8 岁的小女孩在学校总是不停地骚扰同学，从来没有准时交过作业；等等。最后，医生过来坐在 Gillian 身边对她说："Gillian，你的妈妈和我讲了你的所有事情，现在我要和她单独谈

谈。你在这儿等着，我们很快就回来。”

就在他们离开房间的时候，医生拧开了桌上的收音机。走出房间后，医生对 Gillian 的妈妈说：“就在这儿吧，看着她。”他们刚离开房间，女孩就从椅子上站了起来，和着音乐移动着步伐。在外面观察了几分钟后，医生转向 Gillian 的妈妈说道：“Gillian 并没有生病，她是个舞蹈家，送她去舞蹈学校吧。”

妈妈听了医生的话，送 Gillian 去了舞蹈学校。Gillian 看见里面满是和她一样的人，并在妈妈的鼓励和支持下，和大家在一起跳芭蕾、打拍子、玩爵士、跳现代舞、当代舞。

后来，她考上了皇家芭蕾舞学校，并在皇家芭蕾舞团取得了出众的成绩。她曾经担任过好几部非常成功的音乐剧的导演、舞蹈指导，为无数观众带来了美的享受。

Gillian 说，她非常感谢妈妈和那位医生。是的，正是妈妈的坚持，才成就了不一样的 Gillian。**没有谁比父母更需要了解孩子，也没有谁比父母更有责任通过各种途径去发现孩子。**

一般来说，孩子的最佳才能都体现在个人的兴趣爱好上。孩子平时专注或喜欢接触的领域，父母一旦发现就应该给予更多的鼓励，并且为他们提供良好的学习条件。唤起孩子学习的热情，挖掘孩子的潜质；按照孩子的最佳兴趣点培养孩子，或许才是个性教育的本质。

超越个性缺陷，特尔曼教授的实验和 Sam 的努力

个性有先天的部分，也有后天的部分。个性并不全是好的，也有不好的一面。个性教育里，对于好的个性，父母要发现并正确引领；对于坏的个性，则需要加以纠正，让孩子在蹒跚学步中不会跌倒。

20 世纪初，美国心理学家特尔曼在 25 万名儿童中选拔了 1528 名最

聪明的孩子。他测定了他们的智商，调查了他们的个性品质，并记录在案，然后进行长期观察和跟踪研究，看看是不是聪明的孩子长大后都有所成就。

最后的跟踪结果显示，孩子们的成就大不相同。在这些跟踪对象中，多数人在事业上取得了不同程度的成功，有成为专家、学者、企业家等成功人士，但也有罪犯、流浪汉、穷困潦倒者。

据特尔曼教授分析，排除机遇等社会因素外，失败者几乎都存在着某些不良的性格品质，有的意志薄弱，有的骄傲自满，有的悲观消极，有的孤僻而不善于处理人际关系。总之，这些失败者主要是因为个性欠缺而落伍，有的甚至走向成功的反面。由此可见，良好的个性对孩子的成长和发展作用巨大。

作为父母，我们都希望自己的孩子个性优良，然而大多数孩子往往遇到困难就退缩，失败过一次就怀疑自己，对别人的错误总是吹毛求疵；等等。面对孩子的这些个性缺点，父母应当怎么做呢？

我的朋友 Sam 曾给我讲了他的孩子的故事。他的女儿 Jenifer 性格比较内向，对不喜欢的人或者陌生人来家做客，一般都不会搭理，比较自我，她认为父母的朋友和自己没有关系。

美国家庭喜欢开派对，一次聚会，朋友带着孩子一起来，希望 Jenifer 能和自己的孩子一起玩耍。可 Jenifer 不喜欢这样，自顾自地享用喜欢的食物，自己的东西也不让其他孩子碰。

Sam 告诉女儿："这样绝对不可以，要懂得分享，要礼貌对待客人。" Jenifer 却辩解道："他们太小，我不想和他们一起玩。" Sam 反问她："你小的时候，爸爸是大人，不一样陪着你玩吗？" Jenifer 说："你陪我玩，因为我们是一家人。" Sam 在肯定孩子的说法后，告诉 Jenifer，所有人尤其是朋友家的孩子都要当成一家人。

他请Jenifer换位思考："如果到其他朋友家，他们家的孩子也这样对你，你会有什么感受？不尊重他人，未来也不会被他人尊重。如果下次你继续这样，我和你的妈妈都会很生气。"这种换位思考的引导让孩子若有所思，从那以后，Jenifer的行为慢慢有所改变。现在，在各种不同的场合，Jenifer都会表现得非常尊重别人，特别注重礼貌，Sam也常常夸奖孩子的改变。

面对孩子的个性缺陷，父母最易焦躁，有时候甚至会想放弃，但是，我们必须明白：每个孩子都有缺点和错误。个性教育不只是关注孩子优点将其无限放大，更要面对孩子的问题，并加以纠偏和扶正。作为父母，放弃对孩子的问题的关注，就是放弃家庭教育的职责。

其实，父母才是孩子个性教育的真正的专家，这一认识既是个性教育的起点，也是个性教育的终点。

02

生命教育，生活的苟且和诗意的远方

在中国有一首歌特别流行，很多人都在唱，就是许巍演唱的《生活不止眼前的苟且》。其中有一句歌词是这样的："在临别的门前，妈妈望着我说，生活不止眼前的苟且，还有诗和远方的田野。"这句歌词，道出了生活的本质，教育的根本。

15 岁少年的遗书

2016 年 10 月 8 日，江西赣州一名 15 岁的少年，留下遗书离家出走，在水库边选择自杀。我们看到他在相片里笑起来是那么阳光，可他的内心却承担了这个年纪不该承受的压力，他没有走出那段最漆黑的道路，选择离开父母和这个世界。10 月 9 日，当救援队找到他时，他已经永远闭上了眼睛，他写给爸爸妈妈的遗书中，道出了自杀的原因，字字是血，惊醒无数家长，让人唏嘘不已。

以下是孩子的遗书全文：

老爸老妈，我自杀是因为我知道自己的成绩太差了，不可能考上高中，我也不想再给你们增加负担了。你们抚养我们三个孩子一定很难，哥哥和弟弟成绩都好，哥哥快毕业了，弟弟也上高中了，我也曾经努力学习过，可是，无论如何我都无法集中精力学习，最后放弃了。如果我还听得进课的话，我会努力学习，考上大学的，可是我不行。我不愿意做啃老的人，也不愿做一个社会上的败类，所以我选择死。

其实，我从留级的那一年就开始想死了。可是，我舍不得你们，所以我拖了这么久，今天，我想明白了。再以这种情况拖下去，还不如死了，起码可以自由地睡一觉。我知道，你们会说我没用，没错，我是很没用，但是所有的苦，我都放在心里，不愿意在你们面前表露出来，我只以一个乐观的样子面对你们。但实际上，我在内心里一直这样对自己说："你是个没用的人，这么胆小，永远成不了大器。"其实，我自己什么都敢做的，只不过我有理智，今天，我要让它滚开，不要再约束我了。

如果要找我的尸首，就去水库吧。我想了很多方式，就这个最好，把我的尸体火化吧。骨灰要么随风而散，要么埋在山顶，让我可以天天看风景。

他的遗书写在作业本上，字体还很稚嫩，却字字沉重。网络上有很多网友对这封遗书写下留言，说得最多的就是，希望父母不要一味追求更富裕的物质生活，高大的别墅、满满的钱夹子，都不如一个健康健全的孩子！我们的教育也该反思一下，这样一个懂事、善良的孩子为什么会选择自杀？社会、学校、家长除了给他压力外，给他关爱了吗？愿他在天堂可以像小鸟一样自由飞翔！

去年，在美国，一个自杀的哈佛在校生的父母给天下所有的父母写了一封警示信。信里说出了孩子的压力、孩子的烦恼，以及做父母的反思。我曾一遍一遍地阅读那封信，很感谢这对父母写出自己的感受，这里面蕴含着怎样的善良和责任！

美国很多教育群里都流传过一篇文章《永生之子》，那是一篇滴血的印度父亲书，这位父亲的儿子毕业于宾夕法尼亚大学沃顿商学院，生前是著名投行高盛公司旧金山支行的一名分析师，但最终却跳楼自杀了。通过这篇文章，我们看到了这个令人羡慕的年轻人成长、挣扎和走向死亡的过程，而文章表达最多的，则是父亲对孩子太多苛求的反思。

看到这些消息，对于我们这些做父母的，该是怎样的一份揪心的疼痛呢？这深深地引发了我的思考，为什么这样的事情频频发生在孩子身上？是父母对孩子关心不够和粗心所致？是孩子太过注重竞争，太想优秀所致？这里面有没有需要我们深入思考的共性问题？应该说，这是一个特别难解的课题。**因为它不仅关乎对孩子教育的成功与否，更关系着每个人的基本幸福和生存质量。**

准确地说，这应该是属于生命教育范畴的话题。生命教育最早由美国学者杰·唐纳·化特博士于 1968 年提出，最初是预防未成年人自杀的权宜之计，之后逐步在世界各国普及，现在已经进入了很多国家的校园课程体系。大约 20 年前，我在上海挂职做校长的时候，也曾涉足关于生命教育的课题。生命教育是一个系统工程，涉及的范畴非常广，涵盖了人从出生到死亡的整个过程。

教育本身的矛盾和冲突，竞争异化为生活的目标

伴随着人类社会的发展，伴随着全球化时代的到来，教育作为人类生产生活的基本现象，作为人类社会生存发展的基本形态，作为人类在全球文化交流互动中的基础内容，在世界范围内越来越变得趋同和一致。这个一致指的是教育在社会分层中的作用越来越大，竞争越来越残酷和激烈。

对个人而言，教育有一个非常强大的功能，那就是，教育能够改变命运！而且，伴着知识技术在社会生产中的作用越来越巨大，这种作用愈加明显和深刻。

曾经引起大家广泛关注的一篇文章《精致的利己主义者和常青藤的绵羊》，很好地诠释了这个世界共同面临的教育问题。在这篇文章里，美国

科罗拉多大学物理系研究员万维钢先生通过虚构两个学生的求学和就业经历，最后得出了一个结论，不论是美国藤校培养的学生，还是中国清华北大培养的学生，最终都是异曲同工。

文章里有两个人物，中国清华大学的小明和美国耶鲁大学的Joe。小明来自中国某个边远山区，身体谈不上健壮，社会经验相当有限，也不怎么善于言谈，除了成绩好外，一无所长。

美国的学生Joe，他的父亲是某大公司的CEO。跟小明相比，Joe可谓多才多艺。他高中时就跟同学成立过乐队，能写能弹能唱，从小就精通游泳、网球和冰球，而且入选校队参加比赛。Joe的组织能力还很强，是高中学生会副主席，而且很有爱心，经常去社区医院帮助残疾人做康复运动。

要论解决高深的数学题，Joe肯定不如小明，但是Joe的学习成绩并不差。Joe从高二开始就选修了几门大学AP课程，还没上大学已经具备微积分和宏观经济学的知识，这些都是小明高考范围以外的内容。

小明深知自己的一切荣誉都来自分数，只有过硬的分数才能让他拿到奖学金、出国留学、找份好工作。为此，小明在清华的功课都是优等。Joe的大学生活就比小明丰富多了，他每逢假期就去做志愿者或者去大公司实习，拥有相当专业的体育运动技能，而且经常跟老师和同学们交流读书心得。

看到这里，如果你据此认为，相对于小明接受的艰苦的应试教育，Joe正在经历的素质教育很快乐，你会认为Joe是比小明更优秀的人才。万维刚的文章则认为，Joe和小明是非常相似的一类人。

Joe为什么要参加那么多课外活动？因为这些活动是美国学生评价体系的重要组成部分，像考试分数一样重要。跟小明在清华大学刷GPA成绩点一样，Joe刷课外活动的经验值也只不过是完成各种考核指标而已。

实际上，Joe和小明的内心都非常脆弱。一路过关斩将进入名校，他们从小就是取悦老师和家长的高手。别人对他们有什么期待，他们就做什么，而且一定能做好。层层过关的选拔制度，确保这些学生都是习惯性的成功者。他们遇到的挫折少，特别害怕失败。

故事讲到这里，我们抛开万维刚先生对这个问题的分析，因为其中也许有很多值得商榷的地方。但这让我们看到了一个现实，那就是一个殊途同归的人类当代教育的基本命运。我们看到，**教育在一些孩子的心中，已经被异化成了比较、考试、考核、名校和光鲜的分数。更可怕的是，在一次一次的比较中，这也成了部分孩子存在感和价值观的主要来源。**

一位心理咨询师讲过一个案例。有一个成绩非常优秀的学生，进入大学第一个月就有尝试自伤的行为。这位咨询师发现，这个学生自杀的原因和以往所有的咨询者的心理问题都不一样，他没有非常典型、非常明显的家庭问题，也没有非常明显的创伤经历，而只是对学习有一种非常矛盾、非常痛苦的心态。这个心态就是一定要让自己考第一名，一定要让自己什么都做到最好，但同时，对学习尤其是考试又极其地厌恶。这种厌恶甚至强到不惜用尝试自杀来回避或者处理。

其中，我们看到这个孩子对“第一”这个目标近乎疯狂地要求。如果将竞争当成人生的目标本身，而且从小到大不断强化，那么出现这样的问题也就不足为奇了，那些成绩优秀的孩子尤为如此。当这样的心态成为习惯，一点小小的失败就会对孩子造成极大的挫伤，甚至带来巨大的灾难。在对此进行讨论的时候，一个妈妈也讲了一个真实的故事。她的儿子在学校一直是品学兼优的孩子，就因为一次考试成绩不太理想，也差一点走上了绝路。

为什么会这样？有人把它称作**价值观的空心化。当孩子开始把每一次考试成绩作为人生的目标，将追求每一次极致当成了存在的价值，一旦受挫，存在感立刻被动摇。**如果我们的孩子把人生的价值和存在意义完全维系在所谓的成绩、名校上，那么一旦成绩出现问题，就会发生十分可怕的事情。

现代教育的发展，让教育竞争几乎发展到了一个极端。它就像一棵一直向上猛蹿的大树一样，一旦风吹草动，就极其容易被折断，最终结果就是伤及孩子。这样的社会现状和发展趋势或许很难扭转，但是家庭教育作为最根本、最基础的教育形态，必须有所作为，至少也不应该火上浇油。

文化本身的矛盾和冲突，追求极致“优秀”的风险

教育问题从本质上讲是一个文化问题，教育的冲突本质上讲就是文化的冲突，每个孩子的成长都会受到文化环境的深刻影响。

在中华传统文化中，“自强不息”和“厚德载物”构成了文化的两极，也成为我们安身立命的根本。一方面，我们鼓励他人追求上进，“少壮不努力，老大徒伤悲”；另一方面“人比人气死人”等宽慰话却成为大家的口头禅。这种辩证的文化心理，成为我们中华民族生生不息的文化基础。

但是，由于近代以来我们中华民族的积弱和落后，使得我们的“自强不息”意识占据了民族心理的主流，也深深地扎根在每个人的心中。教育对社会分层也确实起到了决定性的作用，使得无论是国内的孩子，还是海外华裔孩子，都特别重视孩子的教育，有时甚至把教育的目标异化成了追求高分数和上名校。

几千年来，面对自然环境的恶劣，社会的动荡不安，我们中国人不但勤劳奋斗，努力成为强者，但同时内心对未来怀有不安定感，并且世代相传。马斯洛的理论认为，人类的第一大需求是生理满足，第二大需求是安全感。改革开放前长期的贫困，给中国人所带来的生存威胁和安全感的缺失，从祖辈传到父母，一辈辈传下来。因此，大家都认为，优秀的孩子才

能拥有更好的生存条件。

父母经历的压力和焦虑，很有可能无形中传递给了孩子。在我们的观念里，都希望孩子将来能够获得更好的生存条件。一些父母告诉我，由于当年有点儿穷怕了，为了生存得更好，对自己和下一代的要求就显得十分严格。

有些父母从农村、三线城市一路求学而改变了自己的命运。当年几乎一无所有，面临巨大的生存压力，他们只有通过更加刻苦地学习和工作，才能增加自己的安全感。他们现在即便富裕了，但一想起当年的经历，还是会百感交集。就如上辈对我们传递的压力一样，这也会无形中传递给孩子。

家长总是希望自己的孩子能上好学校，只有学习好、上名校，有份好工作，未来整个家庭甚至家族才有可能衣食无忧。因此，从心理上笃信自己或者身边那些优秀的人奋斗的道路特别正确，在言行上不由自主地引导孩子走自己的路，这基本成为许多中国国内家庭和华裔家庭教育的文化基础。

民族心理和路径依赖的双重叠加，让我们对孩子“优秀”的要求达到了极致。但是在成绩背后，我们有没有为孩子奠定更多的文化自信和价值自信？有没有带给孩子更多的从容？有没有为孩子准备更深的文化积淀？有没有教给孩子更多的价值追求？有没有真正支撑起孩子成长，让他们具备安身立命的能力？

父母在和孩子一起追逐分数，追求极致的“优秀”的同时，很多人把以上这些都抛在了脑后。

同时，随着科学知识的普及，科学作为认识世界的另一极，不仅大大加深了我们对世界的认识，同时也造成了对传统文化的认知混乱甚至矛盾。孩子越追求优秀，刨根问底的能力越强，安身立命的要求越高，文化和价值观的碰撞就越痛苦。

那位哈佛父亲在警示信里写了以下内容：

“儿子从小就被我灌输各种科学和社会知识，锻炼出很强的逻辑思维能力。他在小学四五年级的时候就开始思考宇宙的真理和人生的意义，觉得由原子、分子不断排列组合的宇宙和人类是毫无意义的，思想开始消沉。他试着跟同学朋友交流，可惜没有人理解他，所以他感到在这个世界上非常孤独。

到了高中、大学，儿子接触到不同的宗教派系，渐渐开始怀疑自己信仰的基督教是不是‘宇宙中的唯一真理’。他开始迷茫，在痛苦中挣扎。前一分钟认为自己是无神论者，后一分钟却祷告上帝，祈求真理。最后走上这条不归路：从痛苦中解脱，希望能够在天堂里找到真理，看看哪个教派是唯一正确的。”

或许这是一个永远无法回答的问题，但这又是孩子在思想成熟、知识扩张过程中常常会遇到的基本问题，这是一种优秀的孤独。对于那些喜欢追问的孩子，这往往成为他们认识世界的一种纠结。当这种纠结无限放大时，不仅会让他们痛苦不已，甚至会出现对自身存在价值的怀疑和否定。当怀疑和否定持续发力，就会对孩子的身心造成伤害，甚至产生灾难性的后果。

这种文化的冲突和碰撞所产生的压力，在深刻影响我们的孩子时，也成为我们在家庭教育中必须和孩子共同面对的基本问题。

生命急速成长的矛盾和冲突，青春无法承受之重

青春期是一个特殊的人生阶段。在翻阅相关报道和资料时，我们发现，极端事件大多发生在14至24岁这个年龄段的孩子身上，也就是大约处在高中至大学阶段的孩子。林书豪就讲过，他上高一的时候，一个坐在他边上的同学自杀了，一年后，他的另一个朋友又自杀了。

为什么大部分的自杀事件发生在这个年龄阶段？仅仅是青春期的问题吗？事实上，这个阶段正是一个生命从觉醒到成熟的关键时期，是一个生命从立足父母安排到开始独立的转型时期，是一个生命从原生家庭向新家庭的过渡时期。在一个人的成长过程里，再没有任何一个阶段比这个阶段更复杂和丰富，一个人的成长环境也再没有比这个阶段更紧张和多变。

对于孩子而言，这是一个充满挑战和诱惑的时期，又是一个急需稳定和成熟的时期。2010 年的大学生心理健康调查中显示，只有 49% 的学生从未想过自杀或者自残。在麻省理工学院，一个大二学生在个人网站上发布了一篇题为《崩溃》的文章。在这篇文章里，他透露出自己常常出现的“压倒式的孤独感”。

为什么会这样？事实上，这是一个人正常成长必然要经历的困惑等生命体验。如果我们把一个人的成长比喻为一条河流，从原来的涓涓细流，到汇集形成大江，到最后平稳地流入大海，可能激流险滩是一个必须经历的阶段。在这个阶段，如果没有驾驶好生命这条小船，孩子很有可能会受伤，甚至遭遇灭顶之灾。

在这个阶段，孩子开始力图发现自己的生命价值，开始学着完全自主地驾驭生命之舟。但他们的经验远远不足，这条船的承重水平、坚固度也远远不够。这时候，他们开始怀疑考试成绩和竞争是不是自己的全部，内心也常常怀疑自己的行为，不知道自己努力的真正价值在哪里，是成绩全 A 吗？当考取名校的阶段性目标达成的时候，当继续获得全 A 的时候，他们就会反思，这是我要的生活吗？在极端的肯定和否定中徘徊，他们的心和价值感无所依存，从而就出现了这样那样的问题。

一个朋友曾经和我聊过他刚上大学时的一段心路历程。大约 20 多年前，从小学到高中，他一路勤奋，学习很好。当时的主要目标就是考上大学，离开农村。他的志向是中国一流大学，因为填报志愿的失误，他只考取了一所省内的大学。他说，这对他的打击特别大。大学的第一个学期，他基本处于一种忧郁状态，甚至有过自杀的念头。他说，他在大学的前两年几乎没有任何追求，一直处于无所事事的状态，不知道该怎么办。

在这个阶段，孩子也面临一生情感和价值依存的重大变化。他们从原来习以为常的家庭生活中走出来，不仅在生活上，更在精神上开始隔断和原始家庭的联系。但是，面对新的生活，他们并没有做好准备。要适应全新的生活，他们需要平稳地走过这个原生家庭的断奶期。对新生活的陌生恐惧，对新环境的不适应，对竞争加剧的无助，让他们极易产生孤独和无助感。

在这个阶段，我们的家长大都会认为，孩子已经长大，开始独立，能管理好自己的生活、学习，自己可以不再干涉孩子的成长。尤其是在大学阶段，家长们认为自己教育的任务已经基本完成，孩子也有了自己的朋友圈、生活圈，和孩子实质性的精神交流基本停滞。事实上，孩子们这种突如其来的自由，需要具备强大的自理、自立和自控能力，需要拥有强大的精神和心理的积淀与成长。我们看到孩子成绩突出，满脸的阳光，却没有看到孩子内心的矛盾和不安。

这个阶段，也是家庭教育最难介入、最难实施的阶段。当我们看到那位哈佛爸爸自责太粗心的时候，我们到底该怎么做呢？这或许是一个真正的难题。

作为父母，虽然我们不能马上改变已存在的问题，但是应该对孩子的精神成长负起责任。因为这不仅关系孩子可见的未来，更关系他们内心价值等看不见的未来。

强化亲子关系，营造平和多元的家庭文化氛围

一个人，一个家庭，一个民族的成长，奋斗是常态，“歇歇脚”也是常态。我们应该从“自强不息”的奋斗文化中，去关照和反思自己，反思

我们的民族心理，反思我们的焦虑，反思我们内心对自强不息、对竞争获胜、对追求“卓越”的热烈渴望。

我们需要从基本的生存文化中解脱出来。**只有父母改变了，才能改造孩子**。我们做父母的应该先给自己释压，再给孩子释压，让我们的心更有容度，孩子的生命更有韧度。有些父母说：“我不要求孩子上名校，只希望他快乐、健康。”事实上，这也是另一种形式的急功近利。真正的内心从容，是对孩子的未来充满自信，是营造一个开放、平和、多元的家庭文化氛围。

在社会中打拼的父母都十分不容易，但是，不要把我们的奋斗故事完全当成孩子的成功路径。我们的经历只是对孩子的一种启迪借鉴，而不应该是传递给孩子的压力。孩子这一代人的生活方式、成长环境、待人方式，和我们原来已有很大的不同。所以，家长应尊重孩子的选择和兴趣，让孩子生活得更加安静与平和。

作为父母应强化亲子关系，和孩子一起闯过人生的激流险滩。尤其是对于 14~24 岁这个年龄段的孩子，我们更应该积极寻找与孩子**深度交流**的方法。

在“充满着父爱的苦心孤诣、呕心沥血的教子篇”的《傅雷家书》中，傅雷用自己的人生经验教导儿子，读来荡气回肠，让人感动，这是和孩子深度交流的典范。我的孩子在这个年龄段的时候，我一直坚持在生日时给他写一封信。在信中，和他谈生活、谈困惑、谈情感、谈思想，作为送给他的礼物，希望能与他互相理解，共同成长。

在深度交流中，强化亲子关系，就有可能防患于未然。我采访的许多优秀父母，他们都认为，**在处理孩子遇到的学习问题时，亲子关系非常重要，是升学的保障，绝不能因为升学的原因影响了亲子关系**。他们和孩子之间都保持着双向深度的交流。

正确面对社会竞争，引导孩子接受不完美

教育不是比较，但教育中永远无法消除竞争。为了孩子的前途，为了让孩子在竞争中获得一个更好的站位，我们不可能完全放弃对成绩和名校的要求。然而，我们不仅应该重视成绩作为阶段性目标的意义，更要引导孩子超越成绩，保持积极向上的精神状态。

人往高处走，水往低处流。无论是做事，还是做学问，定一个向上的目标都是应该的，但如果期望值太高实现不了，就容易失望。我们需要给孩子设定一个可以跳一跳就摘到的桃子，这样他才有奋斗的欲望，而不是满心的失望。

家长也不要总拿自己的孩子和别人家的孩子比，这会给孩子造成很大的压力。有一个朋友告诉我，她孩子 Kuang 一生最恨的就是住在隔壁的女孩。因为她总是说那个女孩什么都好，这让 Kuang 一直感到自卑，直至快上大学时，Kuang 心中对这个女孩的痛恨才慢慢平复了。

谁也不可能一生没有任何缺憾，谁也不会一生永远是第一。面对那个轻生的哈佛孩子的问题，解释和解答它不应该是对探底寻根的学习研究精神的进一步弘扬，而要从基本的对待生命和生活的态度的影响和传承去着眼。我们需要的不是对问题的清晰解答，而是非常有必要的认识上的妥协。回到中国最古老的哲学，就是“难得糊涂”。正如那位哈佛父亲的信里告诉大家的那样，应该引导孩子们：“不要强求完美，世界上没有完美的人。对那些自小就很优秀的孩子来说，尤其重要，因为他们很多人已经形成要求完美的习惯。”

不可否认，追求完美对于每个人的成长都有重要的意义。而这一切，又和生活本身的不完美构成了矛盾。事实上，人类的认知和现实世界往往是不完美的。追求完美并没有错，关键是如何引导孩子在思想境界和生活实践中接受不完美，同时正确认识和超越完美。

坚韧的生命成长需要面对和处理复杂的情况，太过纯洁和较真，可能并不利于孩子的成长。真正实现生命成长需要学会妥协，因为必要的退让，也是保持生命平衡的基本方法。科学需要较真，成绩有时候也需要较真，但生活不需要处处较真。家长和老师都不能把孩子在学习中的较真精神无限放大，而应让他们认识生活本身的弹性和妥协，回归生活的基本状态。

让孩子将追求名校转化成追求精神成长

我们分析了孩子们在追求名校过程中出现的问题，难道是名校录取孩子的标准出问题了吗？我认为不是。哥伦比亚大学毕业的念念在一次讲座中说："在那么好的学校，和那么多聪明和价值观向上的人一起学习讨论，这对我的成长十分有益。"

追求理想并没有错，但我们把上名校、考高分这个目标完全异化为价值追求就大错特错了。作为家长，要引导孩子关注名校背后的精神底蕴和价值内涵，让学习过程成为孩子精神成长的过程，成为稳固孩子价值根基的过程。

网上流传的一篇文章《像藤校需要的孩子那样培养孩子》，是一位自己的三个孩子都考上了名校的母亲写的。她在文中说，"这些年来总是有相熟或不相熟的人来向她取经，想知道她的孩子们是如何考上藤校的，自己需要为这样的目标做些什么。很多人觉得我可以开个方子，他们照单抓药、如法炮制即可。但一句憋在我心里很久的话却是，不管上不上藤校，都应该把孩子培养成藤校想要的人。在美国藤校录取标准里，基本的 SAT 分数所占权重不超过 50%，而对孩子的良知和理想，对人友好，与人为善，关心社会，奉献集体的考核却占了非常大的比例。

而这正是我们实施生命教育的重点。我们要辩证地认识上名校和实现孩子的精神成长问题，不要把它们对立起来，应该引导孩子将成绩和名校的资源转化为自身的价值成长，而不仅仅是获取谋生的手段，避免把目标变成内容本身。

如果我们的心更加从容和开放，我们的孩子也一定会更加自信和自由。如果我们对生命更加尊重与珍惜，我们的孩子也一定会热爱生命，成就生命。

“非常 6+1”里“非常”的爱

载歌载舞的娱乐节目，会让人欢乐而愉悦，拥有好心情。而当我们进入娱乐 +X 时代，电视节目就被赋予了不同的全新的含义。央视的“非常 6+1”节目把娱乐和教育进行结合，寓教于乐，让观者在快乐地欣赏节目的同时也获得了感悟、教益和回味……

假期回国，我有幸被邀请参与中央电视台“非常 6+1”之“小不点大能耐”的节目录制，成为帮帮团的成员，陪着孩子一起乐，适当地给些建议，没有长篇大论，却有感同身受。“小不点大能耐”环节把普通家庭搬上了舞台，在凡人小事中让你感受普通家庭中孩子的快乐和烦恼，父母的忧虑和快乐，引发大家的思考，也成为生命教育的鲜活案例。

在录制的几个场次里，有 30 余个家庭的孩子参与了节目，每个孩子都有着不同的本领和表现，反映了每个家庭背后的不同付出和生命教育。

本书作者清瑕老师在中央电视台“非常 6+1”里和父母进行沟通

其中一场里，来自江苏南通的 7 岁孩子陈天乐表演了吉他弹唱《童年》和一段街舞。孩子聪慧、天真，非常惹人爱，表演得非常好。主持人采访时，他和妈妈讲述了一段他们家的故事。天乐有一个哥哥，今年 15 岁了，出生时因为缺氧导致大脑瘫痪。这么多年哥哥一直在积极接受治疗，现在他已经可以做到基本的生活自理，但是智力还是落后同龄孩子很多。0~6 岁是脑瘫儿治愈的黄金时期，但开销很大，平均每个月治疗费 20000 多元。哥哥现在接受的是康复训练，平均每个月 3000 元。

妈妈经常对天乐说，天乐是哥哥的后路，是肩负着照顾哥哥的使命才来到这个世界上的。哥哥生病了，每个月都要花很多钱，所以天乐需要早点赚钱来给哥哥治病。妈妈还说，天乐很理解家里的情况，也可能是平时大人给了他很大的压力。他经常会对妈妈说，以后一定要赚好多钱，这样就可以给哥哥治病。

妈妈又说，虽然我知道对他来说这并不公平，我给了孩子很大的压力，但是我也担心，当我们都离开这个世界的时候哥哥怎么办，那个时候也只有弟弟能够照顾他了。

为了哥哥的未来，一个 7 岁多的孩子就已经懂得背负生活的责任，照顾生病的哥哥，并且希望通过自己的努力改变生活，为父母分担。这需要多么成熟的心灵呀！

本书作者清瑕老师与中央电视台“非常6+1”节目主持人及嘉宾合影

听到这些情况，我其实很揪心，虽然我理解这位妈妈的想法，可这对天乐来说并不公平。

在演播现场我给了天乐妈妈三个建议：

第一，她必须明确天乐不是哥哥的出路，她之所以生天乐，也许主观上有这样的想法。但是一个生命来到世上，他首先属于他自己。如果她总对天乐说，他是哥哥的后路，天乐小小年纪心理负担就会很大。生活已经给他们家带来了不公平，如果家庭再给天乐这样的责任，这是对孩子最大的不公平。让天乐健康快乐成长，是家长的责任。

第二，面对家庭现状，她要保持积极的态度，怨天尤人和过度的叮咛嘱咐是无法解决问题的，还有可能让自己和家人都陷入不良的情绪当中，对大儿子的康复和小儿子的成长都会有所阻碍。

第三，虽然他家有特殊情况，但父母对两个孩子的爱一定要平等。对于天乐的成长，家长要多给予关注，帮助他寻找一条可以使自己变得更加强大的成长之路，这样，孩子未来成就了自己，才有能力帮助家庭。在经济方面，除了一家人需要努力外，也可以寻找社会帮助，不能使经济负担成为天乐成长中的最大的精神障碍。

不知这位妈妈是否有所感悟，让一个生命在成长过程中过早地肩负起责任，或许对孩子太过苛刻。

我对天乐说："和很多孩子比，你和哥哥确实承受了更多，在你无从选择的时候，首先要学会接纳生命的给予，无论怎样都是一种成长。面对命运的安排，不仅要去抗争，还要学会和它共处，知道自己未来往哪方面努力。因为家庭贫困，挣钱生存当然重要，但成就自己同样重要，不要忘了追寻自己的梦想。"

这些凡人小事在每个家庭中都是"大事"，每个人的命运都是不同的，如何尊重每一个生命，需要我们做出不同的选择，尤其是作为引领孩子成长的父母。

生命教育，其实是一份回归生命本身的尊重！

03

规则教育，不能完全放下“戒尺”

古语道：“矩不正，不可为方；规不正，不可为圆。”无论在哪个国度、何种文化，教会孩子遵守规则，都是教育的基本职责。

救小松鼠的美国警察和向同学施暴的中国留学生

第一个故事发生在美国宾夕法尼亚州。一天，一位美国警察正在湖边巡逻，突然，他发现一只小松鼠不慎跌落水中，马上就要被淹死了，他当即停下车，跳进湖里把小松鼠救了起来。当他上岸后，才发现自己将车停在了禁停地段，他无奈地摆了摆手，给自己开了一张罚单。

第二个故事也发生在美国。2015 年 3 月底，一名在加州的中国女留学生在 Facebook 上发布了自己和男朋友的照片，另一名女留学生看到后留言说：“这是我玩剩下的。”这导致了发照片女孩的不满，她召集了 12 名当地中学的小留学生，对留言的女孩及她的一个朋友拳打脚踢，扒光衣服拍照，用烟火烫其身体，并强迫那个女孩趴在地上吃沙子。在他们对受害人进行了长达数小时的折磨后，有人报了警，这 12 名留学生中 6 名已经抓获归案，还有 6 名逃回了国内。2016 年 1 月 5 日，其中 3 名刚满 18 岁的主犯分别被判 8 年监禁、5 年监禁和 3 年监禁，刑满后全部被驱逐出美国国境。

这一事件引起中美两国媒体的广泛关注。美国媒体称，这宗案件性质之恶劣，手段之残忍，涉案人数之多，在美国刑事案件中当属罕见。更为离奇的是，案件发生后，其中一位学生家长认为“有钱就可以任性”，从中国赶到美国，贿赂受害人和证人，以为“花钱可以消灾”，没想到撞到了南墙上，因涉嫌向证人行贿也被捕了。

这两个故事，听起来似乎风马牛不相及，一个是警察救小松鼠献爱心，一个是中国留学生对自己同学实施暴行，但却同时指向了教育的一个基本问题——规则教育。**教育孩子如何看待规则，遵守规则，心有所戒，可能和孩子的学习成绩关系不大，但一定和孩子的健康成长息息相关，和每一个家庭的幸福息息相关。**

第一个故事里的警察为了救小松鼠，给自己开了罚单，遵守了规则。第二个故事中的家长自己都没有法律规则意识，何谈教育孩子。可以想象，正因为有这样的家长，有些孩子才会耳濡目染，才会有恃无恐，让“留学”变成了“流血”。

规则和惩戒不可或缺

美国警察为了救小松鼠，给自己开了罚单，他用我们认为有些傻的行为告诉我们什么叫规则。

规则是指规定出来供大家共同遵守的制度或章程，它就像空气和阳光一样，充斥在我们每天的生活中。在家里，要守“家规”；在学校，要守“校规”；走在马路上，要遵守“交通规则”；在单位，要遵守“规章制度”，同时我们还要受到各种法律、法规的约束。

我们无时无刻不生活在规则中，我们随时随地都受着规则的约束和影响。遵守它，我们就能顺利前行；违反它，我们就会受到惩罚。

在实际生活中，我们往往认为正义就是规则，把事情办好就是规则，我们甚至认为，既然没有人知道美国警察违规停车，他又做了一件保护动物的大好事，他根本没有必要给自己开罚单，也无须用这种方法来惩罚自己。

近年来，我们更多地专注于鼓励式教育。而规则教育、惩戒教育严重缺失，有的老师和家长在对孩子进行了必要的规范和惩戒之后，甚至怀疑自己的方法是不是过时了。

教育的“唯赏识”现象已造成了一定的副作用。惩戒教育的缺失导致一些孩子人格异化：只知道自己的生存权利，不知道自己活着的责任；只要满足自己的一切，便不顾及社会公德；只要求别人无条件地尊重自己，却没有做到尊重他人。这还是完整的教育吗？

中华教育从来就讲究“规矩”、不缺“惩戒”。“程门立雪”的故事源远流长，尊师重教的传统贯穿古今。但是不知道从什么时候起，尤其是独生子女群体产生后，在过度的赏识教育中，捍卫孩子的“权利”成了时尚，“戒尺”成了落后教育理念的代表，甚至连学校的老师都不敢对孩子说一句“重话”，家庭教育也出现很多误区。

在独生子女家庭中，爷爷奶奶、外公外婆、爸爸妈妈六个大人共同养育一个孩子，独生子女被称为“六一儿童”。孩子做错事，老人却以“孩子还小呢，他不懂事”为借口帮孩子推卸责任。蹒跚学步的孩子不小心被旁边的椅子绊倒，大人赶紧跑过去，抱起孩子，去“打”那把椅子，口中念念有词：“打你打你，谁让你把宝宝绊倒！”家长教孩子模糊规则，忘掉“惩戒”，甚至连责任都不去厘清，已经成为司空见惯的现象。

没有规矩不成方圆，在赏识孩子、鼓励孩子的同时，我们不能忽略教育的另一面，那就是教育孩子树立对规则的敬畏意识。而当务之急是家长、学校，以及全社会，重新认识“惩戒”的必要，重新审视“戒尺”的作用，让孩子的成长必须经历风雨，让教育回归教育本身。

鲁迅的戒尺和林肯的钉子

赏识是教育孩子需要做的，惩戒也是教育孩子需要做的。**著名的教育家马卡连科提出，“合理的惩罚制度不仅是合法的，而且也是必要的。没有惩戒的教育是不完整的教育”。**

从古至今，从中到外，不少伟大的人物都尝过戒尺的滋味。鲁迅的启蒙老师寿镜吾老先生博学而严厉，在他的三味书屋里，有戒尺，也有规矩。无独有偶，韩国几年前通过了《教育处罚法》，在新加坡，中小学教室的后墙上悬挂着戒尺，教师可以按照规定使用戒尺惩戒违纪的学生。

下面是一个关于惩戒的故事。美国历史上最伟大的总统之一林肯小时候脾气很坏，几乎每天都发脾气，惹出不少麻烦。一天，父亲给了他一包钉子，告诉他发一次脾气就往家里的围栏上钉一个钉子。第一天，他钉了37根钉子，渐渐地，他发现控制住自己的脾气比钉钉子容易多了。随着时间的推移，他每天往围栏上钉钉子的次数越来越少，直到他不再乱发脾气。后来，父亲告诉他，每控制住一次脾气，就从围栏上拔下一根钉子。又过了一段时间，围栏上的钉子一个也没有了。父亲用“钉子”当“戒尺”，戒除了林肯身上的“毛病”。

人类的历史是创新发展的历史，也是遵循规则的历史。**教育的过程既是一个不断让孩子突破自我、实现成长的过程，也是一个规范自我的过程。**在这个过程中，“戒尺”不可或缺！

我有一篇关于惩戒教育的文章在美国华裔的教育群里引起了一些讨论。这些来美多年的爸爸妈妈自身有着很好的教育素养，兼收中西文化，他们对“戒尺”有着自己独到的见解。

金同学这样表达了自己的观点：“树是要修剪的！所以，要么你自己学着修剪，要么你请人修剪，如果自己院子太乱，邻居有时也会插上一手。所以，教育孩子，是需要定规矩的。”

Google公司第一位华人工程师张耀平先生说："我发现女儿做功课的时候偷偷用手机玩游戏，现在手机已经被美国老师没收，这就是我们所说的惩罚。"

一天，一位妈妈问我："我儿子读十年级了，他总是说谎，不爱说话，除了游戏对什么都不感兴趣，成绩一直是B，他还有救吗？"

对此，美国芯片专家李立武教授分享了他的经验。他认为，撒谎是个严肃的问题。他的孩子四岁时撒谎，因此挨了成长过程中唯一一次严厉惩罚。他说："如果孩子撒谎、打人，我想父母绝不能像平时一样满脸堆笑地和孩子讲道理，父母的表情应该严肃一些，实际上这就是对孩子的惩罚。"

面对孩子的撒谎和拨出的"骚扰电话"

好的惩戒一定是智慧教育，打下去的是"戒尺"，唤起来的是责任。

教育中，要学会运用"戒尺"。时代不同了，"戒尺"也不一样了。下面是我儿子的美国同事教育孩子的故事。一天午夜，这位同事突然接到一个电话，电话是投诉他正在上初中的孩子的。这个顽皮的孩子在网上查找了一些陌生人的电话，在午夜或者闲暇的时候"骚扰"了人家。这位父亲知道后，让我的儿子给他支招。儿子经常和我交流教育问题，这个问题没难倒他。这位爸爸回去后没有没收孩子的手机和电脑，而是让孩子列出他打过的"骚扰电话"，陪着孩子一个一个拨过去向机主道歉。当孩子硬着头皮，满脸惭愧地说"对不起"的时候，他感受到的不仅仅是惩罚，更是一种责任和担当。第二天，这位爸爸告诉我儿子，孩子打完电话后主动对他说"对不起"，并已经完全认识到自己的错误了。惩戒的意义不是惩罚本身，而是让孩子学会对自己的行为负责，举起的"戒尺"不是威慑孩子，而是告诉他这个世界有些规则必须遵守。

学会使用"戒尺"，智慧使用"戒尺"，应该是每个家长的必修课。智慧的惩戒方式很多，我给大家讲一个来自加拿大的故事：

诺贝尔医学奖获得者、加拿大著名解剖学家麦克劳德每每谈及他的成功，总念念不忘小学时校长对他的惩罚。事情是这样的，他是一个好奇很强又好动的男孩，一天，他把校长的宠物狗给杀了，全校师生都在看校长如何惩罚他，哪知校长当众宣布对他的处罚决定，要求他画一张“狗体骨骼图”和一幅“狗的血液循环图”。从此以后，麦克劳德便对解剖产生了极大的兴趣。麦克劳德常常向人们讲述这个故事，他说是小学校长造就了他。

“Time Out”和“Time Limit”

好的惩戒一定是爱的教育，看上去是“戒尺”，打出去的是爱心。

在一本书名为《体罚》的书中，美国人兰妮·麦克穆林回忆道，她的老师弗洛斯特女士的绝招，就是让犯错误的孩子闭上眼睛，然后用“那块著名的松木板子”狠狠地抽打孩子座椅的垫子。孩子们视垫子为亲近的朋友，打在垫子上，就像打在孩子们的心里。孩子都说，“我们实在受不了朋友受罚的痛苦，就都主动请求老师别打了。”这块用于抽打垫子的戒尺，虽没有让孩子们受到肌肤之痛，却让他们对此刻骨铭心。

很多美国家长的教育方式和惩罚方法可以简单地归结为以下两点：“Time Out”和“Time Limit”，也就是“独处”，类似于中国的“关禁闭”和“限时”。

这是一个普通的美国家庭中发生的小故事。Sharon 有三个孩子，她的女儿 Amy 两岁时常常会大发脾气、乱扔东西，或者在争抢玩具时咬人。有一次，Amy 把一起玩的妹妹推倒了，还狠狠地在妹妹手臂上咬了一口。妹妹痛得哇哇大哭，Sharon 闻声从厨房出来，直接把 Amy 抱起来放到楼梯上，严肃地告诉 Amy，“You need to time out！”（意思是你得独处了）Amy

在楼梯上大哭起来，而Sharon继续在厨房里忙碌，没有理会大哭的Amy。哭了约10分钟，Amy终于不哭了。这时候Sharon才问Amy：“知不知道自己什么事做错了？”Amy点点头说不应该咬妹妹。Sharon把她从楼梯上抱下来，亲吻了一下，Amy又去玩了。

在美国的小区儿童游乐场，我们常常会看到这样的情景，孩子们玩得太高兴，该回家的时候不愿意回家。美国妈妈们一般不会不断唠叨催促，而是直接告诉孩子：“再玩5分钟回家！”这时候，孩子们会赶快找自己喜欢的项目玩，5分钟过后，妈妈一声令下，孩子便乖乖地跟着家长回家了。

为什么这些孩子能如此乖地跟着妈妈走呢？我咨询了一位美国母亲，她的回答非常简单，那就是：“对孩子一定要说一不二。”一次，她的儿子和小朋友一起玩水，玩到高兴他们直接跳进了不允许跳水的区域。妈妈看见了，提醒了儿子一句，结果没几分钟这孩子又犯了同样的错误。妈妈把脸一黑，让孩子马上上岸，指着旁边的一棵树，要求他在树下坐10分钟，不允许再到水里去。孩子虽有不快，但也乖乖地坐在树下，等10分钟过去后，妈妈才允许他重新到水里去玩，而孩子再也没有犯同样的错误。

玩耍是孩子最喜欢的事，家长将剥夺玩耍的权利作为惩罚手段，的确能起到很好的效果，孩子也容易从中吸取教训。但做到这点并不容易，因为孩子总是会跟大人对抗，还会察言观色。如果孩子一直哭闹，家长就会心软下来，或者嫌烦而满足孩子的要求，又或者因为孩子不理会自己的斥责，破坏了订立的规则，那么，孩子下次遇到同样的情形，就一定会用同样的手段对付家长。家长要有效做到“Time Out”和“Time Limit”，必须要从孩子小时候管起，且要求必须严守规则。

重新停车的老师Richard和帮别人削铅笔的同学David

惩戒的结果应该是孩子内心的规则意识的确立和自觉。

这是发生在美国的另一个故事，它的主角是我的老师 Richard。一天，幽默敬业的 Richard 老师突然在临近下课时着急要提前离开教室，他一脸歉意地告诉大家："非常对不起，同学们，请大家先做作业，你们必须给我 5 分钟的时间，我需要去挪一下我的车。"

同学们好奇地看着可爱的老师，眼神里探究着老师急着挪车的原因，"是这样的，同学们，刚才我开车来的时候，停车场没有车位，我停在了接待访客的临时停车位上。按照规定，我只能停 30 分钟。时间马上就要到了，我必须赶紧去挪车。""老师，离正式下课就剩下几分钟了，您就在乎多停的那几分钟吗？"

国际班的学生觉得老师有点小题大做，平时一脸幽默的 Richard 老师这时候却认真起来："是的，我必须去挪开车，因为这是规则。"大家一脸惊讶，随后陷入了深思。Richard 老师用自己的行动告诉我们，要将遵守规则当成思维习惯。

接下来讲一个我的同学 Daivd 的故事。一天课间休息，中国留学生波急需填写一张表格。这时，他发现铅笔头很粗，随手就将铅笔递给了正在排队等待使用电动削铅笔设备的 David。David 排在队伍的第二个，只见他将自己的铅笔削好后赶紧送给等待填写表格的波，然后自己又排到削铅笔的队伍的最后一个，直到他将波的铅笔削好才回到座位上将自己的铅笔换回来。波不解地问 David："为什么要这样，不能两支一起削吗？"Daivd 一脸认真地说："这样做对后面的同学不公平，我必须重新排队，这是规则！"

那一刻，我突然意识到，规则在这位美国同学心里是如此根深蒂固，而在我们的实际生活中，我们可以一个人帮几个人占座位，对于顺便削一支铅笔之类的小事，根本不会认为这是违反规则，而认为这是对规则的"灵活"遵守。

其实，规则是不能被"变通"的，变通后就不再是规则了。这是一个公平问题，也是规则制定和执行的核心问题。

再举一个美国中学生的故事。美国的一所中学，一天迎来了一个中国教师访问团，访问团正要上楼时，恰巧遇上有一队孩子排着队下楼，中国教师们和同学们打招呼，学生们都微笑着点头而过，其中有一个学生一边下楼一边和来访的人热情地打着招呼，不停地问候，中国的教师对这个外国孩子的热情特别感动，大家频频夸他有礼貌。

让他们没想到的是，突然，他们看到整个队伍停了下来，在全队同学的注视下，那个打招呼的孩子在地上连做了10个俯卧撑，整个考察团的老师都被这个孩子的行为弄懵了。后来他们才知道，这所美国学校对学生排队走路有专门的校园规定，不准在排队行进中大声喧哗，谁要违反了规定就主动去做10个俯卧撑作为惩罚。这个孩子意识到自己违反了规定，主动对自己进行了惩罚。

为什么一个孩子能够主动这样做呢？他一点也没感觉难为情，认为所做的都理所当然，其实这正是源于深深扎根于他心中的规则意识。

当“戒尺”内化于心，教育才真正成功。

上厕所的小孩和哈佛图书馆的火灾

中国WTO首席谈判代表龙永图曾介绍过他的一次经历。有一次在瑞士上厕所时，他听到隔壁卫生间里“砰砰”地响，有点纳闷。出来后，附近一个女士很着急地问他有没有看到她的孩子，她说孩子进厕所十多分钟了，还没有出来，她又不能进去找。于是，龙永图想起了隔壁卫生间的响声。出于友善，他便折回洗手间，打开那个厕所的门。他看到一个七八岁的小孩正在修抽水马桶，但怎么弄都冲不出水来，这孩子急得满头大汗。他问孩子为什么一直在修，孩子说：“上厕所不冲水是不可以的。”这个小孩强烈的自律意识，让我们感触良多。

还有一个故事，1764年的一天深夜，一场大火烧毁了哈佛图书馆，很多珍贵的古书被烧了，包括一个牧师捐赠的250本珍贵书籍。第二天，这场重大事故学校上下周知，而其中的一个学生面色尤其凝重。原来，他违反图书馆规则，头一天悄悄把哈佛受牧师捐赠的一本书带出馆外，准备读完后再归还，而现在这本书成了250本书中唯一幸存的珍本。怎么办？是神不知鬼不觉地据为己有，还是光明坦荡地承认错误？经过一番激烈的思想斗争后，这个学生终于敲开了校长办公室的门，说明原因后，郑重地将书还给学校。校长收下书后对学生表示感谢，对学生的勇气和诚实进行了表扬，但却把这个孩子开除了。校长告诉大家，哈佛的理念是，让校规看守哈佛，比用其他东西看守哈佛更安全有效。

这就是规则的运用，同时我们也应该为这个哈佛学生能够在反思后做到自律而感叹。

我还看过这样一则新闻报道：2014年7月24日，时任新西兰国防部长兼交通部长的格里·布朗利因故急于赶上将要起飞前往首都惠灵顿的一班客机，因为来不及通过正常登机口的安检通道验票登机，布朗利便和两名助理穿过一侧只许出、不准进的单向通道，绕过安检直接登机了。这班飞机尚未抵达新西兰首都时，布朗利“走后门”登机的丑闻已经传开，并引发了公众热议。当天下午，与交通部有直接业务联系的新西兰民航当局宣布：布朗利部长违规，必须严查！经过调查，裁决出台：布朗利需要支付2000新西兰元（约合人民币1万元）的罚款。随后，布朗利意识到后果严重，他当即向总理递交了辞呈。他在个人认错声明中说：“迟到绝不是绕过安检的借口。”

自律就是要将戒尺深深地扎根于心底，人无论高低贵贱，都需要心中戒尺的约束。

父母是孩子规则教育的第一任老师

父母是孩子的第一任老师，父母的行为也是孩子的第一把戒尺。许多父母一边在教育孩子不要大声喧哗，要按时睡觉，自己却经常和酒友高声喧哗，推杯换盏，夜半才归；一边在告诉孩子买东西要排队，自己看到队伍前面有熟人却跑去插队；一边在让孩子安静写作业，自己却和一群朋友进行麻将大战；一边教育孩子遵守交通规则不闯红灯，自己怕耽误了给孩子做饭，怕上班迟到，怕没时间孝敬父母等为理由闯红灯赶路，把规则抛在了脑后。

其实，规则就在父母的一言一行、一举一动中。当父母意识到规则的重要性，孩子才会意识到规则的重要性；当父母牢牢地树立起规则意识，孩子才会把规则意识融入生命里。

下面是一个我们耳熟能详的故事。在英国一个小城的大街上，一位英国老太太正在等红绿灯。这时已至深夜了，街上没有一辆车，甚至连一个行人都没有。老太太就那样等着，直到绿灯亮起她才通过。后来，有人问她："你为什么这样做？你闯红灯通过不会影响任何一个人呀。"老太太指了指路边楼房公寓亮着的灯光，告诉路人："或许那里有一双孩子的眼睛，他正在看着我呢，如果我闯红灯了，他以后会认为这样做理所当然！"

作为父母，我们始终都在面对孩子的眼睛。我们的行为将深深地映入他们的脑海，成为他们遵循的基本标准。培养孩子的规则意识，我们都要学习这位英国老太太。其实，人类诞生以来，必须进行规则教育的理念就一直存在于人类社会的发展中。时代变了，但必要的惩戒教育不能放弃。"戒尺"作为一种教育理念，今天不会过时，明天不会过时，未来也不会过时！

有一个来自天津的妈妈说，她的孩子五岁时出现了不遵守时间的情况。她设计了一个每日评比表格，当天表现好就贴个"优"或者画对号，表现不好就不给"优"或者用一个符号代替。如果一个星期的表现大多是"优"，孩子就会得到奖励。坚持了一段时间后，孩子不遵守时间的习惯明显改善，现在基本不用家长督促了。她认为，给五岁的孩子讲过多道理他也许理解不了，作为家长该严厉就要严厉，奖惩分明，爱与规矩是不可分割的。

使用“戒尺”，是因为爱，是为了让孩子学会有序规则地生活，为他们一生的幸福保驾护航；是为了让孩子的创新创造建立在规则之上，让思维的成长更富理性，不再盲目。

在中国教育历史上，有许多著名的家训。这些家训其实就是一把代代遵守的“戒尺”，保障着家族兴旺不衰，使得代代人才辈出。欧阳修在写给儿子的《诲学说》中说道：“玉不琢，不成器，人不学，不知道。”无论在哪个时代，这些古老的教育思想始终值得我们学习和继承。

认识规则，知晓尺度，怀敬畏心，有底线，是每个孩子的人生必修课。运用智慧，注重引导，做好榜样，学会使用教育的戒尺，也是每个父母的人生必修课。

在学习这两门必修课时，任何人都不应懈怠。

04

挫折教育，让孩子具备逆风飞翔的能力

2016年6月26日，在湖南省的一所小学，一个六年级的男孩在上课时间突然冲出教室，从教学楼四楼跳下，经抢救无效身亡。教室里的监控还原了当时的情况。早上8：20，学校开始上课，教室里的座位摆成了“回”字形。因为当天下午要举行毕业典礼，所以前一天，这个孩子和几名同学主动将座位摆成了这样。但是，因为上午还有课要上，老师就要求同学们将课桌摆放的位置进行了复原。

这个男孩是下午毕业典礼的小主持人，当两位女同学帮他搬桌子的时候，这个孩子拒绝搬动椅子，并抽泣起来，旁边两位女同学对他进行了安抚。可谁都没有想到，8：55的时候，这个孩子突然一拍桌子，站起来冲出了教室。就这样，全班同学和老师眼睁睁地看着他翻过4楼栏杆跳了下去。

看到这条新闻，我感到深深地震惊，这个孩子到底怎么了，我们的教育到底怎么了？

事实上，即使是在美国，孩子们的校园也不平静。美国天目教育群的妈妈讲了这样一个真实的故事。她儿子的学校有一个品学兼优的孩子，一路走来顺顺利利，从小就是父母的骄傲，一直被好评包围着。可是，就因为一次考试，差一点走上了绝路，这对爱他的家人、老师和同学都是一个沉重的打击。

家长面对孩子受挫的态度和做法直接影响着孩子的行为和选择，这里难道没有挫折教育缺失的问题吗？

家长不能剥夺孩子经历挫折的权利

挫折本来是生活中一个再平常不过的事情，每个人都要经历挫折，世界上不存在没有经历过挫折的人生，挫折就是伴随人生成长的副产品。

因此，有人认为，真正的挫折教育，只能发生于每个人的生活历练中。抛开生活历练，单纯的挫折教育本身就是伪命题。

但是，面对 12 岁孩子因为排桌子这样的事就选择轻生的恶性事件，我们不禁思考，是谁剥夺了孩子经历挫折的机会？

有这样一个故事。一位动物学家发现，非洲大草原奥兰治河东岸羚羊比西岸的繁殖力强。但是，两岸羚羊的品种相同、所处环境一样，都是以一种叫莺萝的牧草为食。这让专家百思不得其解。于是他在东西两岸各捉了 10 只羚羊，然后让它们“交换场地”。历经一年，运到西岸的羚羊繁殖到 14 只，运到东岸的羚羊仅剩 3 只，其余的全被狼吃了。

专家恍然大悟，原来因为附近有一个狼群，东岸羚羊每分钟比西岸羚羊多跑 13 米，它们明显更加强健。西岸的羚羊被吃掉，是因为它们缺少这样一群天敌。

挫折是生活的天敌，挫折感的不断集聚和消散，就和孩子日夜循环的生活一样，不可或缺，这样孩子的抗压力才能不断增强。不能否认，每个人的成长都伴随着其抗压能力的增强。

十二岁的孩子，该有能力承受这样的压力。当他因为座位的排放做出这样极端举动的时候，说明孩子几乎没有经过挫折历练，才会导致这样的悲剧。

因此，从这个意义上讲，我们谈论挫折教育，谈论逆商的培养，还不如回归到生活本身，让孩子自然而然地成长，或许是在家庭中进行挫折教育最基本的方法。

不要因为孩子被凳子绊倒了，就去替孩子责怪凳子；不要因为孩子和小朋友发生了一点矛盾，就非要和人家的父母去理论。即使孩子吃点亏，也不要去干涉他的成长。因为即使干涉了，父母也不能保证他永远不吃亏，父母不能保护他一辈子。

尊重孩子的自然成长，就是让孩子经受挫折历练的最好机会。当前挫折教育的问题，特别是一些恶性事件的发生，不是因为孩子没有经历挫折的机会，而是家长为了应试教育的需要，将孩子应该经历的挫折屏蔽了。

下面是一条旧闻。“神童”魏永康，2 岁认识千字，4 岁基本学完初中阶段课程，8 岁进入县属重点中学读书，13 岁以高分考入湘潭大学物理系，17 岁又考入中科院高能物理研究所，硕博连读。2003 年 7 月，魏永康连硕士学位都没拿到，就被学校劝退了。

一直陪读的母亲曾学梅欲哭无泪，当所谓的“智商”教育一路凯歌之时，曾学梅却在孩子学习成长的黄金时段，遭遇了教育的滑铁卢，也让孩子经历了人生道路的一次大的挫折。

在魏永康的成长过程中除了学习，曾学梅不让魏永康插手任何事，给儿子洗衣服、端饭、洗澡、洗脸，甚至每天早晨连牙膏都要为他挤好。为了让儿子在吃饭的时候不耽误看书，魏永康读高中的时候，曾学梅还在给他喂饭。2000 年 5 月，魏永康考进中国科学院高能物理所，脱离母亲的照顾后，他“失控”了。他完全无法安排自己的学习和生活，热了不知道脱衣服，冷了不知道加衣服，大冬天穿着单衣、趿拉着拖鞋就往外跑，甚至不知道如何独自参加考试和撰写毕业论文。

所谓挫折教育，本源上讲是融入生命成长全过程的一种生命体验。如何在共有的生命体验中引导孩子实现成长，是挫折教育的基本内涵。

在美国天目教育群的朋友，分享了孩子经历的一次大挫折。她的女儿为了连任学生会主席，辛辛苦苦地准备和筹划了好几个月，结果却以几票之差落选了。面对孩子的伤心，父母一起帮她分析，在父母的帮助下孩子坚强起来，很快扭转了自己的心态，后来还竞选上一个更高的职位。

如果有人把门关上了，上帝会为你打开一扇窗户。把经历挫折的机会留给孩子，让孩子自己成长。对此，父母既不能缺位，也不能越位，更不能补位。

家长如何提高孩子的逆商指数

挫折教育是一个古老的话题，逆商却是一个全新的概念。

逆商的英文为 Adversity Quotient，缩写为 AQ。20 世纪 90 年代中期，由美国的保罗・史托兹教授提出，并得到了较为广泛的认同。

逆商全称为逆境商数，它是指人们面对逆境时的反应方式，以及面对挫折、摆脱困境和超越困难的能力。保罗・史托兹教授将逆商分四个部分来分析，即控制感（Control）、起因和责任归属（Origin & Ownership）、影响范围（Reach）、持续时间（Endurance）。

控制感：是指人们对周围环境的控制和改造能力。面对逆境或挫折，控制感弱的人往往对前途感到失望，会选择逆来顺受，听天由命，甚至会有极端行为。而控制感强的人则会以积极的态度面对问题，努力改变所处环境。控制感弱的人经常会说：我无能为力，我能力不行。控制感强的人则会说：虽然很难，但这不算什么，一定能有办法。

起因和责任归属：是指人们对陷入逆境的起因的分析。第一类强调内因：将原因归结为自己的疏忽、无能、未尽全力，往往表现为过度自责，意志消沉、自怨自艾、自暴自弃；第二类强调外因，譬如将原因归结为合作伙伴配合不利、时机尚未成熟，或者外界不可抗力等。喜欢内因分析的人会说："都是我的错，我注定要失败。"喜欢外因分析的人会说："都是因为时机不成熟，事前怎么就没想到会发生这样的情况呢？"

高逆商者，往往能够清楚地认识到使自己陷入逆境的起因，并甘愿承担一切责任，同时也能够及时采取有效行动，痛定思痛，在跌倒处再次爬起。

影响范围：高逆商者往往能够将某一范围内陷入逆境所带来的负面影响仅限于此，并能够将其负面影响程度降至最小，不至扩大到其他层面。越能够把握逆境的影响范围，就越可以把挫折视为特定事件，越觉得自己有能力处理。

持续时间：逆境所带来的负面影响既有范围问题，又有时间问题。逆境将持续多久？造成逆境的起因因素将持续多久？逆商低的人往往会认为逆境将长时间持续。

随着教育发展越来越细，逆商 AQ 概念的提出，将挫折教育从经验上升到了科学。心理学家认为，高 AQ 可以帮助人产生一流的成绩、生产力和创造力，可以帮助人保持健康、活力和愉快的心情。如何提高逆商指数也就成为大家极为关注的问题。

既然有指数，那通过一定的训练来提高 AQ 指数，就是可行的。这不仅需要父母把成长受挫的机会还给孩子，而且要求父母能够主动进行情景模拟和训练，让孩子通过锻炼提高心理承受力，从而提高 AQ 指数。

在现代社会中，孩子面临的挫折和前几代人大有不同，抗挫也有了不同的场景。无论是在美国，还是在中国，很多家长开始让孩子去吃苦。有些教育专家对此不以为然，认为那不是让孩子经历真正的挫折。但我认为，让孩子经受一定的磨砺肯定会对现在缺失的挫折教育有所弥补，专门的训练可以让孩子对未来的挫折有所准备。

Shaoling 给我讲过一个案例。Shaoling 的儿子性格内向，文静胆小。她十分注重孩子体育方面的发展，足球、网球、篮球都让孩子练过玩过。高中最后一年暑假，她让孩子专门参加了一个“吃苦”训练夏令营。夏令营期间，孩子被要求把手机上交老师，营地没有电灯，也没有网络。孩子们每天早上 5 点起床，天天砍树，自己烧火煮饭，而且吃饭限量。

夏令营结束的时候，Shaoling 去接儿子回家，看到孩子手上都是血泡，但孩子十分开心。她说，孩子现在最喜欢吃的是橘子，觉得橘子特别宝贵。因为在夏令营时，除了一天三顿饭，每人每天只发一个橘子，留在最饿的时候吃。营地也没有洗衣机，孩子们要用手洗衣服。除了每天按时进行体力劳动外，孩子们每天还要互相交流营地生活的体会，讲自己如何克服困难。这种专门的训练无疑会对孩子的抗挫折能力的提高有所帮助。

现在相当一部分孩子条件好、生活幸福，当饥饿和贫穷的岁月一去不复返，那些生活中的困难已经不会再给他们带来挫折感的时候，必要的“忆苦思甜”可能会成为他们生长必不可少的养分。当然，挨饿受苦对于现在的孩子来说，算不上真正的挫折，还有更多因现代社会发展而出现的挫折问题，需要他们去面对和应对。在教育越来越专业化的今天，专门的挫折教育对孩子们的健康成长绝不是可有可无的。

尤其在今天，在家长们将目光紧盯着孩子的成绩，紧盯着中国的“985”“211”、美国的“常青藤”的时候，逆商指数或许将更深刻地决定着孩子的未来。**挫折教育是一种可以实施的教育方法，更加主动和有意识地开展挫折教育，家长应该有所作为。**

让孩子的生活处于一个更加积极的状态

20 世纪 90 年代，美国的保罗·史托兹教授将提高逆商的目标归纳为培养立体的人。

具备高逆商的人不论环境有利还是不利，人生幸运还是不幸，都不会停止前行。他们在逆境面前保持了一种生命的激情，绝不让年龄、性别、身体缺陷，或者任何其他障碍阻挡自己去实现愿望的脚步。

具备高逆商的人有坚定的信念，每当他们遭遇困难时，这种信念就会释放出一种巨大而神秘的力量。他们坚韧、顽强而有弹性，心中完全没有退缩的概念。对待逆境，他们有自己的解决方法，会不断地调整自己前进的方向，寻找更合适自己的道路。

爱迪生发明灯泡，失败了很多次，助手对他说："你已经失败了1000多次了，成功已经变得渺茫，还是放弃吧！"但爱迪生却说："到现在我的收获还不错，起码我发现了有1000多种材料不能做灯丝。"最后，经过6000多次实验，爱迪生终于成功了。

这或许是西方文化对挫折和成功的最好诠释。在2000多年前，我们的先哲孟子则这样描述挫折和生命成长的意义。

"舜发于畎亩之中，傅说举于版筑之间，胶鬲举于鱼盐之中，管夷吾举于士，孙叔敖举于海，百里奚举于市，故天将降大任于是人也，必先苦其心志，劳其筋骨，饿其体肤，空乏其身，行拂乱其所为，所以动心忍性，曾益其所不能。人恒过，然后能改；困于心，衡于虑，而后作；征于色，发于声，而后喻。入则无法家拂士，出则无敌国外患者，国恒亡。然后知生于忧患而死于安乐也。"

这段话是中国人面对挫折和困难而生发出自强不息精神的生动诠释，深深地影响着我们的民族文化心理结构。之后，司马迁在《报任安书》中，有了这样的铺陈：

"盖西伯（文王）拘而演《周易》；仲尼厄而作《春秋》；屈原放逐，乃赋《离骚》；左丘失明，厥有《国语》；孙子膑脚，《兵法》修列；不韦迁蜀，世传《吕览》；韩非囚秦，《说难》《孤愤》；《诗》三百篇，大抵圣贤发愤之所为作也。”

在我们的文化基因里，从来都不缺挫折教育的内容。比如，在《西游记》中，孙悟空和唐僧为取得真经，经历了九九八十一难。那种执着和信念，特别是越挫越勇的精神，应该成为我们和孩子共同的精神养料。

真正的挫折教育需要深刻的认识和开阔的视野，是教给孩子面对苦难的态度，是一种精神和价值的传承，更是一种积极向上的生命状态。让孩子既要看到生命的美丽，也要认识生活的不完美。在不完美中接受挫折和困惑的必然，积聚战胜困难的勇气，学会乐观地面对生活。

一位姐姐这样分享了自己的经历：“我小时候，爸爸被关牛棚，但家中每个人都乐观地生活。有的人白天在台上批判你，晚上会来安慰你，世间还是有真情的，爱最可贵。”

正是在这种乐观向上的生活氛围营造中，挫折不再是挫折，生命实现了成长。从这种意义上讲，挫折教育其实是一种生命态度和价值的传承。

回到逆商的计算方式，无论是对控制感起因和责任归属的分析，还是对影响范围和持续时间的控制，无不和一个人基本的价值观和生命态度息息相关。因此，无论生活怎么样，让孩子对生命的认知处于更加积极的状态，应该是挫折教育的核心。

采访中，rise 这样描述她的孩子假期在偏远农村锻炼的成果。她说：“女儿回来确实不一样了，懂得了珍惜，更会关心父母。”“很多孩子在一起，他们不是孤军作战，不会觉得特别苦，而是苦中作乐！”

rises 还讲述了女儿的收获，“穷乡僻壤的孩子非常单纯，他们对世界的认知有限，女儿认为他们可怜又很可爱。她回来说，以后她还想去，她了解到幸福的含义，也觉得有责任去帮助那些贫困地区的学生。”

当一个孩子将自己的价值和这个世界进行更为深刻的联系的时候，他的心胸一定会在不断地开阔中，增强抗击挫折的能力。从某种意义上讲，挫折教育是一种认识的不断提升和视野的不断扩张。

让孩子在坚毅中实现超越

近年来，美国的父母都在学习一个新概念：Grit。Grit 可译为“坚毅”，但其含义远比毅力、勤勉、坚强丰富得多。如果一个孩子“能很投入地一直做一件事很久”，“向着长期的目标，葆有激情，即便历经失败，依然能够坚持不懈地努力下去”，这就是 Grit。

与中国家长一样，美国家长也经常处于焦虑状态。在美国各大城市，生活富足的家长们也会争抢心仪幼儿园的入学机会，抢购学区房。过去，家长将注意力主要放在孩子的智力开发上，认为掌握知识的多寡，直接决定孩子能否在未来的社会竞争中取得胜利。近几年，很多领域的专家都对这种认知假设提出了质疑。他们普遍认为，决定孩子成功最重要的因素，并不是我们给幼年的孩子灌输了多少知识，而在于能否帮助孩子培养一系列的重要性格特质，如毅力、自我控制、好奇心、责任心、勇气以及自信心。

具体来说，一个 5 岁的孩子是否知道“3+2=5”根本不重要，重要的是在学习的过程中，他是否愿意在第一遍回答成“3+2=4”之后重新尝试，直到得出正确答案为止。我们应教会孩子的不是跑得多快，而是在摔倒之后站起来继续跑。目前，受 Grit 教育观的影响，美国很多学校都在修改课程内容。他们鼓励父母在和孩子相处的时候，塑造孩子坚毅的性格，这样的孩子会拥有更好地面对未来的能力。

事实上，Grit 也是一种挫折教育。它认为，坚持和努力同样重要，不断的锤炼是实现成功的必然条件，也是挫折教育的应有之义。

1985 年美国芝加哥大学教授 Benjamin Bloom，调查了 120 个来自各行各业的精英人物，最终得到一个令人失望的结论：所谓天才，并不能在其青少年时期就被发现。没有任何一个普遍适用的指标，暗示某个孩子将来会成为行业顶尖人物，智商测试与他们最终在这个行业的成就，并没有那么强的相关性。唯一呈现出强烈正相关性的是，这些被调查者无一不是投入大量时间，刻苦训练，反复钻研自己的业务的。

1993 年，迈阿密大学教授 Anders 来到柏林音乐学院，将学生分成三组：普通学生、优秀学生和卓越学生。调研结果表示，普通学生练琴的时间在 4000 小时左右；优秀学生在 8000 小时左右；而卓越学生中没有一个人低于 10000 小时。

又过去了十几年，一名畅销书作家 Malcolm Gladwell 在其著作《异类：成功人士的故事》中指出："人们眼中的天才，之所以卓越非凡，并非天资超人一等，而是付出了持续不断的努力。10000 个小时的锤炼是任何人从平凡变成世界级大师的必要条件。"这就是著名的"10000 个小时定律"。

Malcolm Gladwell 告诉人们：优越的智商和与生俱来的天赋，并不是决定一个人成为行业精英的关键，那些最终攀登到顶峰的人，不管面对的是何种枯燥、艰难和令人厌倦的练习，他们都会付出远远超过常人的代价，以抵达他们心中的彼岸，并永远觉得不够满足。

面对日常的生活和学习，或许我们更需要的是一份坚忍和坚持。这让我想起了教育心理学中的一个著名概念"高原现象"——在学习或技能的形成过程中，我们都会出现暂时的停顿或者下降的现象。在成长曲线上表现为保持一定水平而不上升，或者有所下降，但在突破"高原现象"之后，又可以看到曲线继续上升。这种"高原现象"的例子，在现实生活中不胜枚举，它告诉我们，**经历挫折是走向新的高度的必要条件。**

挫折教育就是教育本身，我们要做的就是将孩子引导到一个更加积极的生命状态！它是一种意志的磨炼，更是一种性格的养成。

05

问题教育，一个无法绕过的坎儿

成长伴随着烦恼，教育跨不过问题。

无论你的孩子多么优秀，多么乖巧，在家庭教育的实践中，一定会遇到这样那样的问题。孩子的很多问题让父母焦虑，父母该如何去面对？又如何去解决呢？

如果家长做不到面对问题和解决问题，或许就会出现教育的灾难。2016 年 4 月 4 日，四川广元发生了一场悲剧。一位妈妈将 16 岁读中学的儿子从网吧拉到附近的江边，万念俱灰的她对孩子说："你这样我无法管教，我还不如去死。"随即，她纵身跳入嘉陵江。孩子的父亲赶到后，踹了儿子两脚后，令他没想到的是，孩子也一个转身跳进了母亲刚刚投进的江中。转瞬之间，家破人亡。

社会在转型，经济在发展，观念在变化。有人提出，从前的教育标准没有了，原来的教育观念老土了，面对孩子，教育何去何从。

事实上，每个时代都有每个时代的教育问题。和孩子一起直面问题，跨越问题，是家庭教育最重要的内容，也是孩子成长必须经历的阵痛。

正视早恋，宽容孩子

对于早恋，如果涉及自己的孩子，父母立马就会谈“恋”色变。在一次“少年演说家”活动中，我和敬一丹老师、卢勤老师一起交流了这个话题。敬一丹老师说，她非常赞同女儿青春期说过的一句话：“早恋这个词，我一直都不完全认同，恋就是恋，无所谓早晚。”卢勤老师也说：“那是孩子心智成熟的早晚问题，恋本身是一种美好，只是父母担心孩子吃亏，担心孩子做出不合适的事，担心影响学业等问题才顿感担忧，父母在家庭中需要给孩子足够的温暖并合理的引领。”

的确，当我们把心态转过来，在祝福孩子有段美好恋情后，再合理引导，让孩子通过自己的经历懂得该放手时要放手，该坚持的要坚持。

有位爸爸咨询我时就说到过这个问题。一天，他坐公交车下班。车上有一对小学生情侣在座位上拿着一根冰棒，相互喂食，不时还讲两句甜言蜜语，车上人都议论纷纷。他很好奇，挤过去一看，傻眼了，没想到那小女孩竟然是自己才上六年级的女儿。怒火中烧的他当众给了女儿一巴掌，羞愧地拉着她回家了。

爸爸在一番审问后得知，两个孩子是学校的同桌，在共同的学习生活中产生了好感，便背着家长偷偷地谈起了“恋爱”。后来两人小学毕业了，升入了不同的中学，这让“小情侣”十分苦恼，于是就趁家长不在的时候打电话诉衷肠，偷偷一起出去玩。今天是借出去问同学数学题跑出去“约会”的，玩累后坐公交车回家。女儿买了一根冰棒和男孩坐在公交车上互相喂食，当男孩表示不想再吃时，女儿告诉他，只要他吃一口，她就可以亲他一下。男孩备受鼓励，几口就吃完了，于是换来了女儿一个轻轻的吻。

讲完此事后，这位家长不停地叹气，说：“这才多大的孩子呀，那相恋的感觉像真的一样。”针对这位爸爸的描述，我在咖啡屋约见了那个小女孩。孩子对我说，她喜欢那个男孩子，平时没有玩伴，有些话想和爸爸妈妈说，但大人懒得听，说小孩子懂得什么呀？爸爸妈妈都很忙，想让他们陪一下都不行，回家除了唠叨就是要求，总觉得家里冷冰冰的，和同桌说话觉得很温暖。听了孩子的述说，我知道了原因，告诉她什么年龄段该做什么，还简单地渗透了一些性知识，孩子若有所悟。后来我和孩子父母交流，让他们反思一下对孩子平日的关心是否充足，让他们要适时地陪伴孩子。

父母明白自己也有错，回去向孩子道歉并深度地谈心。后来，他们夫妻陪孩子的时间也多了起来。一段时间后，孩子与同桌只是偶有电话沟通学习和生活，一切都正常了起来。

现在，由于父母忙，居住环境封闭，孩子从小的玩伴就是那些冰冷的玩具。孩子孤独，感情饥渴，他们自然会以各种方法抒发情感。站在孩子的立场思考，才能进入孩子的内心世界，体会孩子的喜怒哀乐。

以下这位爸爸对孩子所谓的“早恋”是这么做的。

John 的女儿上九年级，长得非常漂亮，成绩也好，刚刚在全美多项比赛中获奖。参加赛前培训时，和几个优秀的男孩时有接触。一天，女儿回来和爸爸妈妈说，她周末要请一个男同学回家一起聊天，并且饭后还要和这个男孩去看电影。她希望爸爸妈妈配合做些好吃的，同时请爸爸帮忙接送一下。

这个消息很突然，让妈妈有些生气，立刻对孩子说：“不允许这样。”而爸爸相对理智，对孩子说：“给爸妈一些时间考虑。”然后就给我打来电话商量如何处理。对他的孩子，我是比较了解的，恬静聪慧，个性独立，如果不能用道理说服，她一般会用沉默来据理力争。

我们在对孩子的性格和人际关系进行了一番分析后，觉得不能轻易给孩子下定论，而是要引导孩子将这种恋情转换为互助。随后，他也和妻子进行了沟通。妈妈对女儿说：“妈妈可能误解了你，请原谅我今天发火。妈妈也年轻过，祝贺你愿意和异性朋友单独相处。周末你可以让男孩来家里，妈妈会做好后勤，但是妈妈需要提醒你的是，该做什么不该做什么。

在中学阶段有个好朋友，在学业上可以互相帮助，在生活上可以互相提高，很难得，所以要珍惜，要做好，要有节制。”

孩子十分接受妈妈的观点，并请妈妈放心，她懂得如何去做。

周末过后，John 打来电话告诉我，男孩来家里后表现得彬彬有礼。他们一起打游戏，在外面可以听到他们开心的笑声。傍晚，爸爸送两个孩子去看了电影，结束后又去接两个孩子并把男孩送回家。路上，他和孩子们聊电影，聊学业，沟通得很好。以后的日子，John 几次送孩子去参赛，都听到女儿在和男孩讨论如何互助拿下金牌。

一次，爸爸接女儿回家，问了女儿一句话：“你认为和那个男同学是谈恋爱中的男女朋友关系吗？”女儿说：“不，我们是非常好的好朋友，我和他在一起很开心，我们会互相帮助。请你放心，我们自己会处理，现在我们很好。”

John 的心轻松了，他告诉我说，因为对女儿的了解，他只是表面假装放心，其实一直在暗暗关注，只是不动声色而已。通过沟通，家长让孩子感到了信任，所以孩子们也就能理性地处理成人眼里的“早恋”了。

青春期本能都是逆反的，如果在这个时期父母对孩子更多的是压制和训斥，会让孩子没有温暖和爱的感觉，更易投入恋人怀抱而有可能酿成大家不希望看到的结果。

对于孩子出现的各种问题，家长不要过多埋怨，尽量换位思考，宽容接纳，不要一提到早恋，就有一种紧张感，就会“谈虎色变”。其实，理解与尊重，疏通和帮助，是最好的方法。

除去网瘾，引导孩子

许多孩子都喜欢玩网络游戏，我们不能一概而论游戏一定就不好，但过度玩游戏肯定会带来许多坏处。

Shaoling是三个孩子的妈妈，大女儿博士毕业后成为空军律师，小女儿毕业于哈佛大学，儿子在斯坦福读书。即便三个孩子如此优秀，她在育儿过程中同样遇到了这样那样的问题。她的儿子Kevin九年级时十分喜欢玩游戏，后来在高中生游戏比赛中荣获第一名。孩子很聪明，但不用功，成绩不算太差，但绝不超群。

Shaoling很着急，她想怎样才能让儿子的注意力从游戏转移出去呢？她采取了和儿子一起玩游戏的方法，以了解为什么儿子会如此迷恋这款游戏。后来，她和儿子一起分析游戏，并和孩子约定适当的时候一起玩。

因为这样的开放教育，也就没有了那些所谓的偷偷玩耍的好奇感。慢慢地，Kevin的玩心收了起来，对学习开始专心认真起来，学习成绩也大大提高。从西门子科学奖到英特尔奖，孩子在大大小小的竞赛中获得了成就感。

这期间，Shaoling在思考如何转移孩子的兴趣。她知道Kevin特别喜欢化学，就鼓励和支持他成立化学俱乐部，并担任主席。

俱乐部的活动之一是到他读过的小学里教孩子们做冰淇淋。那些小孩子学到了什么叫化学反应，培养起对科学的兴趣，并尝到了自己做的冰淇淋。参与活动的小学老师、Kevin的高中老师、小学生，以及Kevin和俱乐部的伙伴们都十分开心。

在Shaoling夫妇的帮助下，Kevin用他的知识专长去服务社区，并动脑筋策划如何把活动做得生动有趣。这个过程当中，他逐渐具备了组织能力和社交能力。他的化学老师生病不能上课，Kevin还会代替老师讲课。

作为家长，面对孩子出现的问题，不仅要对症下药，更要学会引领。成为孩子精神生活的引领人，用高雅的爱好、多元的社会活动，让孩子从网瘾中走出来，这需要父母的智慧、爱心和坚持。

再说说我儿子当年游戏上瘾一事，我们是怎么做的。

那是孩子读初中的一个夜里，大约是三点多钟，孩子爸将我叫醒，神情紧张地说：儿子不见了。我一听，懵了，这深更半夜的孩子能去哪儿呢？我们上街找了一圈，也没有找到，心里特别着急。孩子最近的表现的确不一样，每天很晚放学回家，都说老师补课，我们也没在意。事后连续几天孩子依旧回家很晚。后来，我们在家门口不远的游戏厅看见了他，知道孩子是染上网瘾了。

发现他夜间去网吧，我并没有揭穿他。只是第二天早晨孩子上课时，悄悄看了一下他在不在学校。然后和他的班主任进行联络，我知道孩子最讨厌的就是父母向老师告密，所以并没有告诉老师孩子上网的事，只是了解他近来的学习状况。老师告知，近来孩子上课没有精神，常打瞌睡，成绩下降比较明显。

一天晚饭后，我装作不经意的样子和孩子聊起了上网，孩子看我很轻松地和他说这个问题，以为我并不知道什么，对我侃侃而谈，说多了，自然就说到了网络游戏，什么分值啦，买需要的装备啦，说得很起劲，还说到韩国是网络游戏的开发地，要是能像他们那样开发游戏软件多好呀。

看他那么来劲的样子，我就说："你认为网络游戏的开发会很简单吗？那也是需要很多知识的，如果你现在迷恋网游影响成绩，将来想做网游软件开发也没资本呀。"他很自信地说："上网不会影响我的学习。"我说："那等你学期结束，我们开展一场辩论赛怎么样？"他很畅快地答应了。那一周周记孩子写的是《网络游戏对于学习利大于弊》，第二天我看到后，感觉他还真的有很多新颖的观点呢。

我说："写在纸上的观点是需要在实践中求证的，我允许你继续按照你现在的方式学习，咱们看期终考试的最终结果。"孩子还是蛮得意，依旧游戏学习，学习游戏。

shaoling、黄博士与法学博士大女儿、哈佛毕业的小女儿及斯坦福毕业的儿子合影

其实因为长期上网，他的精力真的不够了，但是，他还是撑着。期终考试的结果出来了。他那学期从以前的名列前茅降到了几十名。那天回家，他没说什么，只是在饭桌上留了个字条：相信我，我知道我需要做什么。看到孩子这样，我们知道已经不需要说什么了，去书房抱了抱他。

一次出差，我买回了《三国志曹操传》游戏光盘，每周五他还是继续玩他的游戏，但是已经不像以前那样了，逐步转轨到一些知识性游戏上。这样，孩子没有继续陷于对游戏的迷恋，自己主动走出来了。

每个引导的过程都特别漫长，但是面对问题，父母必须和孩子一起走过。

忽略短板，赏识孩子

教育家陶行知先生说过："尽其所长，恕其所短。"对孩子的长处要小题大做地激励，对短处要适度宽容，要相信孩子。如果家长老盯着缺点不休地指责，就会使孩子自卑得抬不起头来。我们要把孩子的问题像火山灰一样轻轻拂开，唤醒孩子的人格意识，一旦他觉醒过来，潜力就会像火山一样喷薄而出。

1968 年的一天，美国心理学家罗森塔尔和助手来到一所小学，说要进行 7 项实验。他们从一至六年级各选了 3 个班，对这 18 个班的学生进行了"未来发展趋势测验"。之后，罗森塔尔以赞许的口吻将一份"最有发展前途者"的名单交给了校长和相关老师，并叮嘱他们务必要保密，以免影响实验的真实性。其实，罗森塔尔撒了一个“权威性谎言”，因为名单上的学生是随便挑选出来的。8 个月后，罗森塔尔和助手对那 18 个班级的学生进行复试，结果奇迹出现了：凡是上了名单的学生，个个成绩都有了较大的进步，且性格活泼开朗，自信心强，求知欲旺盛，更乐于和别人打交道。

显然，罗森塔尔的“权威性谎言”发挥了作用。这个谎言对老师产生了暗示，左右了老师对名单上学生的能力评价，而老师又将自己的这一心理活动通过自己的情感、语言和行为传递给学生，使学生变得更加自尊、自爱、自信、自强，从而使各方面得到了异乎寻常的进步。后来，人们把像这种由他人，特别是像老师和家长这样的“权威他人”的期望和热爱，而使人们的行为发生与期望趋于一致的情况，称之为“罗森塔尔效应”。

赏识孩子，孩子就会回报你一个春天。

很多年以前，在中国台湾地区曾发生过一件这样的事：有一位令警方头痛不已、作案百余次从未失手的小偷在一次行窃的过程中终于被警方抓获。当时还是记者的中国台湾作家林清玄前往采访并报道了这一案件。

在中国台湾，每天报道这种小偷事件的新闻多如牛毛，但是这一次，却因为林清玄在报道中写的一句话，让当事人从此扭转了人生的航向。这句话是这样写的：“像心思如此细密、手法如此灵巧、风格如此独特的小偷，做任何一行都会有所成就吧！”

正如林清玄所说的那样，后来，这个小偷改邪归正，干起了自己的事业。几年之后，他成了中国台湾大型羊肉店的老板。

一次，这位老板与林清玄偶遇，他不无感激地说：“是你写的那篇报道点亮了我生活的盲点，它使我想到除了做小偷，我还可以做正当的事！”

其实，每个人不论干什么事，都从心底渴望能够得到别人的认可和赏识。孩子对于父母，学生对于老师，下属对于领导皆如此。在生活中，一个人也许就因为你的一句赏识之辞、一道赞许的目光而彻底改变。试想，如果没有林清玄的那句“赏识之辞”，时至今日这位老板说不定还徘徊在人生的十字路口。

对于父母而言，在你真诚的赏识背后，一个你认为不可能改变的孩子，所呈现出的结局可能会是一个令人惊喜的逆转。

超越自己，关爱孩子

爱是什么？爱是一种了解，更是一份父母的责任。

面对孩子成长中出现的问题，父母必须做到反思自己，通过自己的不断进步，引导孩子超越自我。在孩子的心目中，怎样的父母才算十分关爱他们呢？德国学校的一份“父母成绩单”可以让我们有所借鉴。

德国小学五年级的学生每逢月末都会根据这个月的实际生活情况，对父母的行为进行“父母成绩单”评分，并签署意见，再交给老师。“父母成绩单”上共有10道题，优秀为A+，合格为A，不合格为B。每一项都做出选择后，可以评判出父母本月在孩子心中是否合格。

（1）父母和睦相处、互敬互爱，从不在我面前使用不文明语言或无休止的争吵。

（2）父母能为我创造良好的学习环境，不会放大电视、电脑的声音或大声说话来影响我的学习。

（3）父母能积极学习、不断进取，能做我的“智多星”，提高对我的教育能力。

（4）父母能认真听取我的学习情况汇报，为我推荐一些有益的学习资料和课外阅读书刊。

（5）父母能经常与我沟通，耐心地倾听我的诉说，从不态度恶劣地打断我。

（6）父母能关心我的身心健康、膳食平衡、视力保护和生理健康，带领我积极锻炼身体。

（7）父母每月都给我零花钱，但会指导我合理使用，让我学会勤俭节约。

（8）父母从不溺爱我，每天都耐心指导我做力所能及的家务活，培养我的独立能力。

（9）父母能正确对待我的不良生活习惯，不是强行制止，而是和我讲道理，帮助我改正。

（10）父母能主动与老师保持联系，一起帮助我在成长的道路上越走越好。

德国孩子对他的爸爸的评分有 A，有 B，也有 A+。孩子爸爸说，得到 A+ 的时候，他非常欣慰能够得到孩子的认可；得到 B 的时候，他也非常在意孩子的感受，会更加努力地改进，和孩子一起成长。

这份特殊的“成绩单”，是否会深深地触动我们呢？想想很多父母，总是要求孩子考第一，而作为父母的你，对孩子的关爱是否合格呢？我想这不仅是德国孩子对父母的要求，也是全球的孩子们对父母的一份渴望。

在孩子不同的成长时期，父母要用不同的方法来指导，让孩子不错过任何一个成长的机会。在美国，有三句关于爱孩子的教育金句广为流传：

（1）“Stand behind，don't push.”（站在后面，不要推）

（2）Give him/her the key，don't open the door.（交给他们开门的钥匙比带他们进入房间更合适。）

（3）Try it yourself.（去试试。）

美国教育界有一种基本共识，那就是父母、教师不应给孩子灌输某种既定的规范。每个人都可以根据各自的价值观去选择，父母要让孩子拥有选择的自由，不代替孩子选择。教育的重要职能在于引导孩子怎样进行选择，鼓励他们付诸行动去做、去尝试，坚信实践能缩短认知与行为的距离。父母永远安静地站在孩子身后，用信心，用理解，用爱。

父母的爱是孩子自信心增强的重要来源，父母超越自己，才能造就孩子的卓越。

记得一位功成名就的山西女企业家问已经年迈的母亲："妈妈，那些年我连连失败，自己都觉得前途渺茫，可你为何对我那么有信心呢？"母亲的回答朴素而简单："一块地，不适合种麦子，可以试试种豆子；豆子种不好的话，可以种瓜果；瓜果也种不好的话，撒上些荞麦种子也许能开花。因为一块地，总会有一粒种子适合它，也总会有属于它的一片收成。"听完母亲的话，女儿落泪了。

实际上，父母鼓励、支持孩子的爱心，就是一粒最坚韧的种子，让孩子执着生长。

教育是个慢慢疏导引领的过程，培养孩子绝不是一朝一夕就能完成的。面对孩子成长中的问题，需要父母极大的耐心、智慧和坚韧，让孩子在成长的过程中慢慢改正缺点，完善人格，走向理想的彼岸。

直面问题的教育，不可或缺！

06

亲子沟通，传递教育的温度

“通则不痛，痛则不通”是一句中医用语，意思是说如果气血畅通就不会疼痛。人与人之间也一样，如果有了很好的沟通就不易产生矛盾，有爱的情感传递，才能形成良好的家庭沟通。

枫叶手绢和儿子的中考

家庭教育不仅是理念和价值的传承，更是爱的传递。对于夫妻关系和生活，曾经有人这样说：“家不完全是个讲理的地方。”**而对于家庭教育，良好的沟通，感受爱的温度，享受生命的支撑，则是其基础和本源。**现在关于沟通的文章很多，方法也很多，有很多值得借鉴，这里我来说说我自己的一些做法。

这是多年前发生在国内的一件事。我的儿子第二天就要中考了，他却一直在房间里走来走去，头上冒着汗。我知道他很紧张，就安慰他说：“早点睡。”他走到我身边对我说：“想要一条手绢，而且是带有枫叶的手绢。”

听了他的话，我明白了。我一直喜欢绣花，可生儿子让我少有机会施展自己在孩子服饰上的刺绣手艺。所以，孩子小时候，在给他编织的毛衣上，我大都会绣上一片枫叶，这也成了这个小男子汉的标志。随着孩子长大，我也不再给他的衣服上绣枫叶了。或许，孩子这时候想起要一片童年衣服上的枫叶，是希望妈妈的爱能陪着他一起走进考场，帮他消除紧张感。当夜，商场已经关门，我于是拆掉了三个口罩，拿起多年没有再用的钩针和绣花针，一针针一线线地为孩子做了一条漂亮的枫叶手绢。

第二天，我和孩子爸把孩子送到考点。在门口，我拿出装有枫叶手绢的透明袋，悄悄地塞进孩子的手里。在这个袋子里，我还放了一张纸条："细心、好运！"孩子看了看，对我们做了个V型手势，并露出了灿烂的笑容。那一刻，我和孩子一样，心里充满了甜蜜和自信。

考完试后，孩子对我说："妈妈，其实那天我很紧张，想起小时候穿着妈妈的枫叶衣服，就会有安全感，于是提出了那个要求。考前，我把妈妈纸条上的'细心'好好地看了几遍，我告诉自己一定要仔细。"那一次，孩子顺利地考上了重点高中。

当孩子高考的时候，没等他提出要求，我已早早将绣了字母luck和大红枫叶的手绢准备好了，考试当天送给了孩子。同样的好运，伴孩子取得了好成绩。

有效而积极的心理暗示，会让孩子走出心理的阴霾，理性面对考试。温馨而富有效果的支持，不仅能让孩子感受到父母的关爱和真诚的理解，心里更有一种共担风雨、共历难关的安全感。要做到这一点不仅需要语言，更需要行动。

很多父母在孩子考前说得最多的就是"不紧张""别担心""没什么大不了的""加油"。看到孩子依旧忧心忡忡，父母更是重复着这样的话语。岂不知，父母越是这样说，孩子越紧张。

重复对孩子说不紧张，其实孩子的潜意识感受到的是，你在暗示他紧张。大家都看过赵本山的小品《卖拐》，里面的重复暗示让本是正常的范伟瞬间变得不正常了。这个小品给大家留下了深刻的印象，也说明心理暗示的力量是巨大的，尤其在一些重大事情面前。

作为一个终身学习者，我40多岁还在美国的校园里读书。考试前，我的美国老师Sam给了我一张纸条，把我的名字“QING XIA”的每个字母都嵌入到一个正能量的词语里，大家能想象作为成人学生的我当时得到的心理暗示和感受。

现在孩子的压力很大，他们内心惧怕失败，尤其是面临中考、高考之时。这个时期的孩子心理脆弱，最易受到外界的心理暗示，稍有点语言或行为的不当，父母的一句话一个眼神都有可能引起孩子的敏感和不安。所以，很多父母为避免孩子有不良反应，就会只说好话、祝福的话，就如中国春节人人都必须说吉利话一样，但这好话怎么说非常关键。

其实，作为父母，我们不妨换一种表达方式。考试前，我们对孩子微笑着这样说：“Good luck! 好运！”换一种更温馨、更认真的表达方式，写一封信跟孩子交流一下思想和感情，写一个小纸条鼓励一下孩子，讲讲孩子儿时的故事和趣事，或许都会让孩子在轻松中得到一份信任和鼓励。正面的心理暗示，会对孩子的心理、行为和情绪都产生积极的作用。

坚决摒弃威胁式的沟通方式

良好的沟通，是爱的交流。但现实生活中，一些父母却走到了反面，犯了无法挽回的错误。

读高一的男孩朱某因成绩下降被父亲责骂了一句“等你晚上回来再收拾你”，结果当晚朱某没有回家，此后一直失联直到失踪20多天，朱某的尸体在一处水坝附近被发现。

本书作者清瑕老师和中学时期的儿子在未名湖边

这位爸爸绝对没有想到自己的一句话会引起如此让人悲恸欲绝的事情，也绝对没有想到自己的爱会是这样一个结果。

即使知道打骂孩子是不好的，但“打是亲骂是爱”仍旧被许多人认可，有些人把对孩子的严厉管教当成教育孩子的有效手段，甚至把打当成了一个表达爱的渠道。很多时候，父母不是真的去打，而是把威胁的大棒高高举起，恐吓孩子，认为这样会更有效，会让孩子在等待受罚的利剑之下“改邪归正”，期望用这样的办法管教好孩子。

殊不知，**威胁、恐吓对于孩子而言，是一种最恶性的软暴力，也是一种最可能产生恶果的教育和沟通方式。**

一位朋友曾讲过自己小时候的故事，她的妈妈对她要求很严格，如早晨犯了错，妈妈会很不高兴地教育她：“等着回来收拾你。”于是，她一天都生活在恐惧、沮丧中，时时揣测着自己晚上的命运。她甚至告诉我，她也曾经在上学路过的池塘边徘徊过，也有过轻生的念头。后来，她当了老师，她说她从来没有吓唬过自己的学生，因为她十分理解那种感受，可是儿时造成的伤害也让她现在变得特别敏感，遇事恐惧阴影常会出现。

考试前，本书作者清瑕老师的美国老师 Sam 给她的纸条

威胁孩子绝不是一种教育和沟通方法。即使威胁产生了一丝效果，孩子获得了一点改变和进步，但孩子的心灵将会受到恐惧的影响，心灵健康受到伤害。如果威胁没有产生效果，孩子会视家长的威胁如儿戏，从此不再把家长的教育当回事，家庭教育的效果将荡然无存，威胁也成了一种摆设。更有甚者，由于不堪忍受威胁，孩子会走上轻生的不归路，给家庭带来灾难性的后果，让所有的人心痛不已。

威胁，是父母教育责任严重缺失的表现。有些父母把威胁和恐吓当成了教育的捷径，以为这样就可以完成自己的教育任务，以为这样就可以改变孩子，更让人担忧的是，有些家长甚至把这当成了自己的教育经验，以为这是对孩子的惩戒教育。是的，惩戒教育不可或缺，但威胁绝不是惩戒教育，它只会伤害孩子的身心。这种简单粗暴的行为，只能说是教育的懒惰和不负责任。

威胁，是对亲子关系的严重伤害。很多优秀的父母都认为，在教育孩子时，亲子关系最为重要，如果因为孩子的学习成绩，影响了亲子关系，真是得不偿失。而威胁会让亲子之间构成一种恐怖关系，孩子感受不到起码的尊重，还能有什么亲情可言？即使有，也只能是恐惧笼罩下的留恋和心痛。当恐怖在某一个时间点战胜亲情，悲剧的发生将不可逆转。

威胁，是对人的基本价值的严重扭曲。孩子将彻底把大人的话不当回事，一家人之间基本的信任丧失殆尽。一些问题孩子将会在大人一次次的威胁中逐渐长大，最后不可收拾，造成另一种恶果。

坚决拒绝威胁式沟通方式，是和孩子沟通的底线，也是亲子关系的起点。

和青春期孩子的交流沟通原则

在教育中，很多家长喜欢比较，小的时候喜欢比较孩子的习惯，孩子稍微大一点了，就开始比较孩子的成绩。特别是孩子上中学后，成绩就成了家长最大的关注点。父母的焦急可以理解，但是面对孩子长大以后出现的问题，特别是处在青春期这个阶段，是对父母耐心和智慧的最大考验。在这里，和大家分享几个原则。

一是客观地评价孩子，看到孩子的阳光面、闪光点。每个孩子都有自己的长处，随着孩子长大，尤其是青春期的时候，孩子的自我价值感开始生成，开始对自己有了更加独立多元的评价和认识。这个时候，家长对孩子的评价和认识，也要进行扩展、更新和改变。如果还仅仅停留在成绩上，停留在孩子听不听家长和老师的话上，对于那些学习不主动的孩子，他们得不到任何正面评价，很有可能被家长堵在交流的大门外。

即使学习成绩落后的孩子，也一定有阳光面、闪光点。事实上，社会发展需要各式各样的人才。很多时候，这些阳光面和闪光点比学习成绩本身更为重要。正确认识自己的孩子，不仅可以给孩子以信心，更能给家长以信心。如果家长处于焦虑之中，满眼是成绩不好怎么办，那我们根本没有办法和孩子一起来认真分析面临的问题和困境，也就很难真正帮助孩子。

二是反求于己，该接受的接受，该引导的引导。我们每一个人都经历过青春期。我们常常对孩子身体发育和成长特别欣喜，但对孩子心理上的变化却难以接受，甚至和孩子发生冲突。其实，换位思考一下，当我们还是孩子的时候，父母总是唠叨我们是一种怎样的感受？

对于孩子青春期出现的一些正常变化，譬如对异性同学的爱慕，不再像小时候一样缠着父母等，家长首先要做到的就是接受，接受孩子的变化，接受孩子的长大。同时也要注重良性的引导。面对问题的时候，父母要多思考原因，找到解决办法，而不是孩子还没有反应，自己就已经沉不住气，甚至屡屡和孩子产生冲突。这不仅伤害了亲子关系，而且让教育的效果归零甚至为负数。

三是实事求是地分析孩子的现状，和孩子一起制定可行的目标。有些孩子学习很被动，没有信心，其实根本原因是目标太高。本来孩子第一年考上大学有困难，家长非要定一个第一年考上大学的目标，更有些父母把目标直接定成清华北大等名校。面对成绩的差距，想一口气追上来谈何容易，孩子当然就会没有信心。这个时候，按照孩子的学习情况制定可行的目标就显得十分重要。告诉孩子，按自己的情况一步一步走，一点一点来。

四是学会和孩子深度交流，让每一次交流都产生正面效应。这个阶段的孩子往往对问题都有自己的认识。有时候，他们是不愿意甚至不屑于和父母深度交流的，而一般的交流又往往达不到很好的效果，甚至适得其反。如何进行深度交流？为避免冲突，我认为在孩子这个年龄段，给孩子写信是个很好的办法，因为这样不仅舒缓了面谈时紧张急躁的局面，下笔时家庭也理性了很多。在信中，可以和孩子谈生活、谈困惑、谈情感、谈思想，他希望完整表达出家长能在理解父母中成长的局面。

孩子过生日时，给他 / 她写封信吧

我一直有给儿子写成长日记的习惯。在记录孩子成长的同时，我也在成长，这是一个“相约成长”的过程。尤其在孩子青春期，和孩子沟通比较难，为避免冲突，我和孩子常会用文字进行沟通，这不仅可以平缓双方的心情，孩子也易于接受，效果较好。下面是孩子十四、十五、十六岁生日时我写给他的信。十几年过去了，当时的观念也未必全文正确，但我未做改动而真实呈现，目的是让读者能够对不断成长中的我们感同身受。

儿子，你是我们永远的秋天——给儿子 14 岁生日的信

晗儿：

你好！又是一个秋日来临了，它满载着成熟，满载着收获。14 年前的这个秋日，你用一声啼哭向世界宣告了你的到来。爸妈虽没有像印第安人那样为你举行出生仪式，但我们同样用爱迎接你，希望你一辈子都沐浴在温暖的阳光下，健康、快乐地成长！

14 年中，在父母的呵护下，你已由一个咿牙学语的幼童长成了阳光灿烂的小伙儿。看着我们的儿子一天天长高，一天天长大，我们心里真是

高兴啊，我们的儿子就要长成大小伙了，这是一件多么令人欣喜的事情啊！想想你的童年，我们总是想笑。爸妈为你祝福！

去年你的生日妈妈不在家，只能用贺卡从遥远的上海寄来祝福。今年你的生日妈妈又不在你的身边，而你就要面临中考，妈妈想在你生日之际和爸爸一起通过文字对你说说心里话。

前一阵，你愁眉不展，我们看在眼里，疼在心上。你的成绩有些起伏，爸妈心里很坦然，爸妈不怪你，你已经十分努力了。孩子，在你求学的路上，父母从来没有要求过你为了成绩去拼死拼活，因为我们知道，对孩子的成绩苛求太多就会损伤他们的创造性，损伤他们的灵性和悟性，影响他们各方面的均衡发展。但是，我们却一直在激励你要有一颗不断进取的心，要明白人生最大的乐趣就是能不断地超越自我。在人生的原野上，你应该尽情享受那里的清风明月、蓝天白云、阳光雨露。但也必须有一种追求自己生命之树上的花之馨香和果之成熟的梦想，并愿意为之而努力。

孩子，别以一次成败论英雄。只要你的心里有梦想，只要你坚持不懈地向梦想跋涉，你的梦想就不会遥远！我的孩子，你要知道，在这个世界上竞争无处不在，而在竞争中获得优势和胜利，靠的是真才实学。成功的路就在你的脚下，这一路既有欢笑也有眼泪！一路上，爸妈始终会凝望着你，祝福着你！

让爸妈欣慰的是，你虽不是班里学习成绩方面的佼佼者，但你却是一个充满理想和勇于追求的孩子，你主动发展自己的爱好和开发自己的能量，你拉的二胡多么动听，你的书法多么潇洒。6 岁的你迈着蹒跚的步子，独自到老师家去上课，悄声尾随后面的爸爸告诉我，你是怎样躲避汽车，爸妈知道那是你在长大；在妈妈的病床前送水递药，每天夜晚嘱咐妈妈早点休息，爸妈知道你在长大；一次次为学业的困惑和父母争执，爸妈知道你在长大。综合素质如此之好，我可爱的孩子，我们怎能不为你高兴和自豪呢？因为你才是我们永远的秋天！

明年的6月，是你人生的一个转折点，我们相信，你的辛勤劳动会有收获，因为“天道酬勤”！

让我们最为欣喜的是你让书成了最好的朋友，“腹有诗书气自华”，书中没有颜如玉、黄金屋，但有知识、智慧和情趣，它能给人以启迪，以力量，以方向，使人更有“灵性”！书是要用“心”去读的，要拥有一部作品，不能只“看热闹”，而要“看门道”。要看作品中的细节，体会作品的意境、内涵，以及它所能给予你的启发，要学会感悟作品，学会欣赏作品。

读书如此，听音乐也是如此，听音乐其实也是另外一种形式的阅读。父母发现你总爱把自己交给音乐，交给贝多芬、舒伯特，交给刘天华、阿炳，还交给刀郎、周杰伦。当音符充满空气，父母希望你在音乐长河的缓缓流淌中慢慢品味，将自己化作一条不会因物质而搁浅、不会被世俗所猎取的“鱼”。

孩子，你的一生，因为有文学和音乐的陪伴，将永远不会变得孤独与脆弱！

我们知道你是个聪明、可爱、善良，并有强烈进取心的孩子，也知道你是一个很会享受生命之美的孩子。然而，尽管在别人看来你已经是个很懂事的孩子了，但你毕竟还只是个孩子，你身上还有这样那样的缺点，未来的人生道路，无疑需要你自己去不断探索，你需要读好人生这一部大书。倘若你知道怎样借助过来人的经验之灯为自己引路，那么，你就会成长为一个内心充满智慧的人，一个有健康的心理、健全的人格，正直善良的文明人！

孩子，做人，要懂得同情别人，懂得理解别人，老师和家长虽不是事事英明，但毕竟多一些阅历，在他们要求你的时候，你要平心静气地想一想，即使有什么想法，也要主动去沟通。做人，要懂得回报他人，不要等到功成名就的那一刻，不要等到衣锦还乡的那一天，而是要随时随地、不拘形式地去兑现，哪怕是一句口头感谢，哪怕是一次考试高分，哪怕是一张节日贺卡，哪怕是一回义务劳动。

儿子，爸妈有很多话要跟你说，但已是深夜了，窗外的星光依旧很亮，还眨着眼睛，有点像我们的儿子。看着睡梦中的你，呼吸那样平静，你的嘴角挂着微笑，大概又是一个好梦，梦里应该有一个秋天，那便是成功的收获。愿这种幸福永远伴随着你。因为看着你的成长，记着你的点滴，那就是为人父、为人母的巨大收获！

原谅妈妈没有用钢笔来写这封信，因为几年的摆弄键盘让我的字已不能和孩子你相比，只学两年书法的你却获得全国书法大奖，让我们真正感受到青出于蓝胜于蓝的欣喜。我知道，以后我们将会收获更多的惊喜。因为你是父母永远的秋天！

生日快乐！

爱你的爸妈

附：爸妈送你两本书，一本是《刘墉作品集》，让你了解社会，学会做人；一本是《朱自清文集》，让你学会清清白白做学问！

平凡而又挑战的一年——给儿子15岁生日的信

晗儿：

时间过得真快，转眼又迎来了一个秋天。我的孩子，你已经15岁啦，生命又增加了一圈年轮。作为母亲，为你的长大而自豪，为你的成长而骄傲。

2005年，对你来说，是不平凡的一年，你既要面临人生经历中的第一次挑战——中考，还要面对初高中学习、生活的衔接。这一切对你而言非常重要，因为人生的决定权从现在开始已经掌握在你自己的手里，你必须面对。让我感到庆幸的是，你不仅正确面对，而且做得很好！

在你中考的日子里，作为母亲，妈妈的心是焦急的。因为，丰厚的阅历让妈妈更知道社会竞争的残酷，更了解中国社会的特有游戏规则，而你要战胜这一切只能凭借自己的实力。过去如此，现在如此，未来同样如此！

你坦然面对一切，默默地完成你的学习任务，用你独有的学习方法，轻松应战，即使在最紧张的日子里，妈妈也能听到你充满磁性的歌声。临考前，年轻的你有一些紧张，你让妈妈替你准备儿时的枫叶手绢。妈妈知道，那不仅仅是为了擦除考场上的汗水，那是你对家庭亲情的依恋，是妈妈的心陪伴你度过每个风雨的见证。妈妈一针一线地绣着、缝着，绣进的是母亲对孩子的深深祝福，缝进的是母亲对孩子的必胜信念。你带着全家的希冀，自信地走进考场，虽然没有发挥最佳水平，但是人生处处都有残缺的美，更何况你所付出的努力已经开出绚丽的花朵。考入实验班不就是对你实力的最好证明！

今年，你经历独自外出游历，年轻的你远离父母在名山秀川里穿越，即使台风袭击，飞机在陌生的机场停靠，耽搁游程，你依旧神情若定，给父母报回平安的消息。旅途中，你用短信不断给家人带回欢笑，带回你快乐的声音。一次远行或许是简单的行程，但它恰恰是你“人生财富”的积累过程，一次次简单与复杂的叠加也便形成了人生。

刚进入高中的你，父母担心你的不适应，时时处处不断叮咛。你却坦然自若，不让父母担心，要依靠自己的实力在高中打拼属于自己的天地，尤其让妈妈骄傲的是你这次参加校级运动会，面对自己的弱项，敢于挑战，用正常的心态面对，正如你们桑老师所说：“只要跑下来就是成功！”要知道，这是一次心灵的胜利，是你未来走进成人生活的心理奠基！

孩子，每次看到高大而帅气、冷静而理性的你，妈妈都特别得意，生理和心理同样健康的你，是父母人生最好的作品。但我们更应该清醒，人生的路对你而言才刚刚开始，父母只是你人生中的一个辅助者，长大的你更要多和书籍交流，让自己保持良好的心态，到书中寻找你未来的人生。

和书交流就是和大师对话，他们会用他们的阅历告诉你人生该走好的每一步，告诉你学习必须掌握的每个知识点，以及生活要注意的问题。书会让你去除烦躁，洋溢生命的活力；通过读书你会把司马迁的坚韧、屈原的高洁、玻尔的友爱、爱因斯坦的正直、居里的勤奋输入到自己的心灵中去。进而不断地提高自己、发展自己、完善自己，成为一个道德高尚和心理健全的人。读书，能让你多一些书卷气，少一些霸气；多一些豁达大气，少一些狭隘小气。

孩子，实验班是个紧张而快乐的地方，也是充满挑战的地方，强强相遇“勇”者胜！知识改变命运，心态决定成功，心有多大，天就有多大。未来的路还要靠你自己去把握，“革命尚未成功，同志仍需努力”！

妈妈为酷爱音乐的你准备的生日礼物是一把吉他。因为你现在还要学习，所以妈妈想在假期把它送给你，那样你又会拥有一个快乐、弥漫着音乐旋律的充实假期。

为你的成长祝福，生日快乐！

永远爱你的爸妈

孩子，我们牵手一起走——给儿子16岁生日的信

亲爱的孩子：

妈妈一直盼呀盼，盼着你成熟，盼着你长大。今天，当黎明前的月色悄悄在你头上洒上最后一线光晕时，孩子，你已在睡梦中悄悄走进了16岁。

16岁，你可以办理身份证了；16岁，你拥有了做公民的权利；16岁，你负起了一份社会责任。妈妈祝贺你！

在你16岁生日时，妈妈还是给你写信。这样的信，妈妈已经写过好

多封了，但今天妈妈依旧在写，因为我的孩子在不断成长，成长的过程中有很多新问题，妈妈和孩子之间需要交流。

已经上高中的你，全部任务似乎就是为了应对高考，这对于正处在吸收接纳一切的青春期的你有点残忍。但面对现状，面对高考只能用分数来认可一个人的未来、衡量一个人的价值这样的中国国情，你又必须服从。你正处在社会发展的转型期，你需要适应它、挑战它、战胜它。

让妈妈欣慰的是，老师一直夸你是一个品德极好的孩子。在这个社会中，我们需要学会做人，但仅仅会做人还是不够的，还要学会成才，德才兼备才为上人。

孩子，高一的学业让你饱尝了艰辛，你所固守的“快乐学习法”，没有给你带来像初中一样优秀的成绩，激烈的竞争，身边同学拼死得“玩命”学习和社会、老师、家人、好友的期待，让你饱尝压力。

孩子，在高手如林的实验班，你感受到前所未有的压力，感受到恐慌。妈妈看到了你那男儿不轻掸的眼泪，那是心中的委屈，但也有对自己的怨恨。

爸爸妈妈对你的分数一直没有过分要求，但面对现状，我们却不断地唠叨。这一切，让你的成绩波动明显。身边好友到外地求学，享受高考优惠的政策让你感到了社会的不公。苦于在爱好和学习间的平衡，你探索着、矛盾着、彷徨着，妈妈真的很理解你。

孩子，条条大路通罗马。世上没有救世主，只有自己才能救自己。每一个人都是自身幸福的创造者，同时也是自身责任的承担者。

孩子，你会继承我们家的优良传统，那就是坚忍的毅力，在遇到任何困难的时候都需要冷静面对，要勇于看清自己，认识自己。爸爸的坚强豁达，排解着工作带来的烦心；妈妈的不断学习，改变着世俗对女性的看法。

亲爱的孩子，面对强大的对手，你要沉住气，不紧张，不气馁，不去攀比，要做就做“最好的自己”！

你所需要的是勇敢跨越的勇气，是良好的心理素质。单从智力因素而言，你和同学没有差距，而情商很高的你，一年来的波折让你还没有完全进入角色。一旦进入，你依旧会在学习的天空里自由快乐地翱翔。

前日，妈妈看你写的那篇作文《无尽》，文中你说，学习之路终无尽头，每一个尽头都是一次新的开始。妈妈很赞同你的说法。

孩子，16 岁的你又有了一个新的起点，要多读书，多做题，多思考。多读书，是因为博览群书才能有很好的文学修养，增强理解能力；多做题，是多做各学科不同类型的题目，才能提高应对不同题型的能力；多思考，是因为你的每一科学习都需要良好的学习方法做支撑。

妈妈知道，酷爱篮球的你，一直梦想有一双品牌篮球鞋，可每每看到那高昂的价格，懂事的你就离开了，你对自己说，未来你需要靠自己去买一双。孩子，从草鞋、布鞋到品牌鞋的不断变迁，也是在证明一个人自身的社会地位及所创造的经济价值的提升。妈妈今天把它买下作为生日礼物送给你，一是对你生日的祝贺；二是一双好鞋，能让你脚下生风，养脚养心。但脚下的路，需要的是从非品牌走向品牌，那就必须用你的脚去走好坚实的路，为自己的人生打造一双满意的鞋。

亲爱的孩子，在爸爸妈妈心中，你永远都是最优秀的。你的为人处世，你的孝顺贤良，你的优异成绩，都是我们的骄傲。父母见证着你的努力，心疼着你的用功。对你某些学科的“跛腿”现象，爸妈有时因为焦急，也会说话偏激，请原谅我们。

亲爱的孩子，高中阶段的确很重要，但它只是你人生所要经历的一个部分，不要因为它，让你年轻的心变得僵硬起来，让青春该有的快乐在你身边溜走。在认清现实的前提下，找准方法，提高效率，合理安排好学业，合理安排好时间，合理安排好自己的心情，放下你满满承载的心思，收起你眼里迷茫的泪水，和爸爸妈妈牵手，用我们自己的方式，一起健康快乐地行走。

亲爱的孩子，放下包袱，我们一起为人生加油！

生日快乐！

永远爱你的爸妈

家长朋友们，理解孩子，并真诚地说出你的想法，正确面对孩子成长中的问题，学会和孩子深度交流，从多元交流角度出发，给成长中的孩子手写书信、留段短信，或写封 Email 吧！

07

校园霸凌，“打回去”和“走出来”

近年来校园欺凌事件屡屡发生，已成为教育焦点问题，也让父母对孩子的校园安全问题有所担忧。

网络热议的“校园霸凌”事件

面对“校园霸凌”，我们应该怎么办？这是广大家长关注的问题，也是社会热点话题。下面是近年来网络上热议的两个“校园霸凌”事件。

第一个是东莞朝晖学校老师扇学生耳光事件。

2016 年 11 月 17 日上午课休时间，有同学向广东东莞东城朝晖学校陈老师报告，自己班学生小彬晚间在学生宿舍两次遭到其他班同学小远的扇耳光殴打，小彬都没有还手。于是，陈老师就带着小彬去小远班级质问，可小远就是不回应。气愤的陈老师就在小远脸上连扇了三个耳光，还让小彬打了小远两个耳光。事后，小远父母找到校长，让陈老师当着全校师生的面，向儿子认错。陈老师给校长发短信承认了错误，提出了辞职，并表示承担责任，但只答应到小远班级认错。小远家长不依不饶，遂网络爆料，形成了网络热议的事件。

第二个是中关村二小的“校园霸凌”事件。

这个事情影响更大，引起了全民讨论。许多国家级的媒体加入，相关部门纷纷表态。事情的简要过程是这样的：2016 年 12 月 8 日晚，一篇题为《每对母子都是生死之交，我要陪他向校园霸凌说 NO！》的文章，在微信朋友圈等网络平台被大家持续刷屏。作者是北京中关村二小四年级一名 10 岁男孩的妈妈。文章说，自己的孩子遭到同班同学的“霸凌”，因被同学用“和着尿液和手纸的厕所垃圾筐扣头”，而出现失眠、厌食、恐惧上学等症状，被医院诊断为“急性应激反应”。家长质疑校方处理不当，在与学校的沟通未达成一致后，写了这篇文章，引发了公众的广泛关注。中关村二小也被推上舆论的风口浪尖。

这两件事均发生在校园，可令人没想到的是，对于东莞的陈老师打学生，网友全都称赞老师：“打得好，干得漂亮，这种孩子就是欠揍。”在多个网络平台的调查问卷中，赞成打得好的比例竟高达 90%。而北京中关村二小学生“霸凌”事件中，网民则大多认为学校处理不当。同样也有网络投票数据显示，大部分网民支持被欺负孩子家长的说法。

到底谁是谁非？“校园霸凌”这个社会性问题的背后，不仅是学校、家长和社会的博弈，更是对我们每个人教育理念、教育文化、教育方式的考验。在这个问题上，我们采取怎样的认识和处置方法，不仅是一种认知，更是一种智慧。

“胜者为王”的丛林法则 VS“文明理性”的教育价值

只要存在群体，霸凌现象就一直存在，也从来难以杜绝。可以这样说，“校园霸凌”是一个世界性的普遍现象。

据统计，在中国，2016 年短短 4 个月内，就有 68 起“校园霸凌”事件被上报；在美国，19.5% 的中小学男生曾遭遇霸凌，女生达到 23.7%；在德国，特别是在 5~8 年级学生中，有 20%~25% 的学生有过被霸凌的经历；在中国台湾地区，45.7% 的受访学生表示曾遭受霸凌。

事实上，从人类诞生开始，“胜者为王”的丛林法则就作为一种最基本的规则，成为影响人类生存发展、思想认识和行为规范的基本力量。这种规则不仅存在于社会生活的方方面面，更存在于校园生活的角角落落。认为校园是一片净土，没有丛林法则，不仅掩盖了问题的存在，更无益于事情的解决。在众多事件中，我们随处可以看到丛林法则的作用。

就老师而言，当孩子将丛林法则作为解决问题的手段，对同学大打出手的时候，那个东莞东城朝晖学校的陈老师为了教育小远，扇了他耳光，这是典型的“以暴制暴”的方法，也许小远暂时不敢打人了，但立足长远，这样做将对孩子的生理、心理产生负面影响。这不仅起不到很好的教育作用，还背离了文明理性的教育初衷。

就家长而言，在中关村二小事件中，当家长在网络舆论中获得一边倒的支持、不达目标誓不罢休时，我们看到的还是“以暴制暴”的思维。

就社会而言，无论是中关村二小“校园霸凌”事件中家长得到了一边倒的支持，还是东莞朝晖学校老师得到一边倒的支持，其实质都是丛林法则在起作用。人云亦云当中，没有人去呼吁教育该基本坚守的是什么。

就学校而言，中关村二小的校长对媒体说：“我们不想去处罚任何一个孩子，教育者要从教育的角度、孩子的角度去解决问题，而不是从社会化、成人化的角度去处理问题。在孩子交往过程中难免会偶发、突发非正常事件，学校教育承担的更应该是一个协调者的角色，而不是惩罚者的角色。”我并不完全赞同校长的看法，其实，无论是协调者，还是惩罚者，这种不教育孩子分辨是非的态度，其本质就是放任丛林法则在起作用。

校园绝不应该成为丛林法则肆意妄为的场所，承载着人类基本文化基因的教育也绝不应该放弃“文明理性”价值的基本坚守。许慎在《说文解字》中这样解释教育：“教，上所施，下所效也；育，养子使作善也。”孔子讲：“大学之道，在明明德，在亲民，在止于至善。”韩愈说：“师者，所以传道受业解惑也。”亚里士多德主张城邦应培养具有德行的公民，培养有文化的君子。

教育从诞生开始，就没有离开对文明的追求，对理性的坚守。文明理性代表着直击事实真相的探究、倾听、质疑和辩护，而不是非要争出个子丑寅卯。我们的教育实践，无论从家庭还是学校，同教育的基本价值都在渐行渐远。

孩子成长中的风吹雨打 VS“校园霸凌”的边界判断

每个孩子的成长都要经历风雨。孩子在校园的群体生活中，都要经历一定的挫折，经受一定的锻炼。

一位在教育部门工作的朋友讲过这样一件事，一次，他去一所中学了解工作，被一个家长粗暴拦住反映问题，这位家长的核心意思是，自己孩子在参加班级劳动时被要求使用冷水。家长认为，时值北方的冬天，要让孩子参加劳动，擦洗东西，必须使用热水。

家长的爱子之心情有可原，但如果认为孩子受到了霸凌，我认为家长已从一个极端走向另一个极端。在劳动中使用冷水，大部分老师、孩子都这样做，而且目前很多学校的条件也只能这样。让孩子自然地成长，让孩子适当地经受风雨，本来就是孩子成长的必经之路。

对于大多数学校和家长而言，如何把握和分辨“校园霸凌”和孩子正常成长经历的界限，是一个必须面对的问题。

大部分孩子都是在校园的群居生活中，在所谓的“打打闹闹”中实现着自己的成长。对于校园孩子间的摩擦，我们看到，既有家长夸大式的叙述，也有老师“大事化小，小事化了”的维稳。北京中关村二小把事件定性为“偶发事件和开了一个过分的玩笑”，而家长则认为孩子遭到霸凌，就成为家长和学校的根本分歧点。

“校园霸凌”与“玩笑”的边界在哪里？这既是一个理论课题，更是一个实践课题，也是一个真正的难题。

“霸凌”由英文“bully”音译而来，根据国际反校园霸凌组织的定义，霸凌是指不被对方接受的攻击性行为。霸凌的类别很多，包括口头霸凌，如嘲讽、羞辱、叫外号、威胁、性别侮辱、在电脑或手机上发送刻薄信息等；社交霸凌，如故意孤立某人、在公共场合羞辱某人等；身体霸凌，如打人、向人吐口水、推人、拿走或故意损坏别人的东西、侮辱性的手势等。在实际认定中，我们更强调霸凌中的恃强凌弱，强调欺凌的重复性和伤害的严重性。

而玩笑一般指善意的戏弄、耍弄，但过头的玩笑，很容易演变成霸凌。正如一些专家所言，孩子的恶作剧、打闹不属于霸凌，但不等于说家长可以对此表示无所谓，可以放任孩子这么做。所有伤害别人的行为都要有人为之承担责任。

让我们再回到中关村二小“校园霸凌”事件。如果那位妈妈陈述的全部是事实，那么这种行为不管最终调查结果是不是属于霸凌，都绝对应该引起我们所有人的警觉，因为它直击人的尊严，也将对孩子的身心健康产生恶劣的影响。

在孩子成长过程中人际关系方面难免会发生偶发、突发的非正常事件，但学校教育承担的责任绝不应该仅仅是协调者角色。当法律的边界无法界定，教育者必须依据基本的价值判断做出应有的裁决。

对于暴力事件，学校应是非曲直做出较为符合事实的公正裁决，才能将其消解在萌芽状态。当无法判断是否为真正的霸凌，学校和老师的应急处理方式将直接影响处置的效果。对于那些“小霸王”，学校和老师采取适当矫治措施也会有惩戒的效果。

孩子分不清玩与闹的界限，从模仿到发挥，直至将事态升级到家校乃至法律的层面，这些都是孩子成长付出的代价。但是无论学校还是家长，作为教育的实施者，都应该告诉孩子，要对自己的行为负责。

“校园霸凌”的定义，或许是个无法彻底厘清的问题。但是，相信谁也无法接受把屎尿盆子扣在自己的孩子头上，或许这样的案例，会对我们区分这种界限有所帮助，让孩子对他人有最基本的尊重，应该是教育的基本目标之一。

对“校园霸凌”大声说“NO”

“校园霸凌”屡禁不止，社会、学校、家庭都有责任。有网络调查显示，赞成以“打回去”应对“校园霸凌”的网友比例高达八成。

“打回去”，我非常赞成，但绝不是很多网民眼里的“以暴制暴”。它是一种用理性、法制、规范、自信铸造出的文明之枪，坚决阻止“校园霸凌”事件的发生。

我们不仅要教育孩子“打回去”，更要逐渐形成“打回去”的系统措施。因为只有“打回去”，才能让校园暴力真正付出代价，形成对待“校园霸凌”的联合力量；因为只有“打回去”，才能让霸凌别人的孩子知道有规矩要遵守，有规则要敬畏；因为只有“打回去”，才能让教育回归文明理性的基本价值，让我们的每个孩子实现健康成长。

面对遭受欺凌的孩子，我们不仅要让他们“打回去”，更要让他们“走出来”。表明抗议，拒绝孤立，建立自信，化敌为友，让孩子从被欺凌的心理状态中走出来，让孩子从原来懦弱的自我中走出来。这是孩子面对“校园霸凌”、实现成长的必须选择，更是家长和学校的教育责任。

第一，用文明理性“打回去”，走出“以暴制暴”的文化怪圈。

面对学生受辱，东莞的陈老师难道不可以采取其他办法教育那个打人的孩子吗？让我们看看教育家陶行知先生是如何做的。

有一个男生用石块砸自己班上的同学，被校长陶行知发现制止后，让那个男生放学时到校长室去。放学后，陶行知来到校长室，男生早已等着挨训了。可陶行知却笑着掏出一颗糖果送给他说："这是奖给你的，因为你按时来到这里，而我却迟到了。"男生惊疑地接过糖果，随后陶行知又掏出第二颗糖果放到他的手里说："这也是奖励你的，因为我不让你打人时，你立即住手了，这说明你很尊重我，我应该奖赏你。"男生更惊异了，这时陶行知又掏出第三颗糖果塞到男生手里说："我调查过了，你用石块砸那个男生，是因为那个男生也有不当行为。还有同学说，有一次你看到有同学欺负女生，勇敢地站出来保护她们，这一点应该奖励你啊！"男生感动极了，他流着眼泪后悔地说道："陶校长，我错了，我砸的不是坏人，而是同学。"陶行知满意地笑了，他随即掏出第四颗糖果递过来说："因为你正确地认识自己的错误，我再奖给你一块糖果，我也没有更多的糖果了，我们的谈话也可以结束了。"

陶行知先生面对学生的错误，既没有批评，更没有打骂，而是换了一个角度，用赏识唤醒学生的良知，让学生主动承认错误，从而在心灵深处产生纠正错误、完善自己的愿望。

这个故事中，陶行知的做法或许对有些在"校园霸凌"中有恃无恐的孩子未必奏效。但对于老师和家长如何用温和的方式和教育智慧去处理孩子间的问题，非常值得借鉴。这就是用文明理性"打回去"的极好方法。

用文明理性"打回去"，就是要用自己的行为，为犯错的孩子在行为和价值判断中塑造起码的标准；就是要在对孩子的日常教育中，告诉孩子，人类的文明已经不完全由"胜者王侯败者寇"来主宰，而是有更高的价值和追求。

用文明理性"打回去"，就是遇到突发事件时，我们不再用拳头暴力、语言暴力和思维暴力处理问题，让我们的思维方式和处置方式真正走出"以暴制暴"的怪圈，让文明理性真正融入孩子们的行为思想中，成为教育的主导和主流。

第二，用法律规则“打回去”，走出无视规则、无所敬畏的认识误区。

2016年11月，中央九部委联合发布了《关于防治中小学生欺凌和暴力的指导意见》。这个文件第一次加强了对家长的问责，消除了未成年人违法犯罪不需要承担责任的错误认识。

浙江温州鹿城法院曾判决过一起未成年人霸凌案件，被告人是7名女孩，其中5名是未成年人，另两人作案时刚满18岁。7人分别因强制侮辱妇女罪、非法拘禁罪，最重的被判处有期徒刑6年半，最轻的也判了9个月。

因此，面对“校园霸凌”，我们的家长朋友，仅仅靠网络一片哗然和指责是打不回去的。“打回去”需要大家联合起来，共同改变在处理“校园霸凌”中的“情大于法”的传统观念，让法制规则成为“打回去”最有力的拳头。

在这一点上，我们要摒弃那种认为呼吁就是说大话、说空话的错误认识。因为只有我们每个人坚持用法制思维不断努力，不断呼吁，提高人们的法律意识，才能真正推动社会持续进步。社会发展，人人有责。

再则，从教育的视角来看，要做到对“校园霸凌”的及早预防，规则教育在学校和家庭中非常重要。**人类社会是一个规则社会，只有规则意识深入人心，才是减少“校园霸凌”的治本之策。**

用法律规则“打回去”，就是在教育孩子、赏识孩子、鼓励孩子的同时，绝不能忽略教育的另一面——道德感的缺失会磨灭敬畏感，让孩子建立起规则敬畏意识，才能让孩子知道责任，学会担当，明确对错。绝不能一句“他还是个孩子”，就原谅甚至忽略他们的错误。

第三，用理智责任“打回去”，走出过度保护和无所作为的两难困境。

孩子被霸凌时，家长如何正确保护孩子是他们最关心的问题。当中关村二小的那位家长知道孩子在学校被同学拿厕所垃圾筐扣头的时候，明显感受到孩子遭受了侮辱。但在学校一味认定那就是孩子间的一个过分的玩笑时，她多次争取无力解决，才将事情原委发到网上，让大众进行评判。类似于这一类的事，如何让学校认识到事情的严重性并妥善公正处理，父母既需要快速应对，更需要理智与智慧。

在这里，和大家分享一个案例，看看这位妈妈在孩子被学校误认为霸凌同学时，她是怎么维护孩子权益的。

在美国医院工作的一位华裔妈妈，接到孩子学校的电话，老师严厉地对她说："你的孩子打别人了。"这位妈妈匆匆赶到学校，在校长室看到女儿、校长、老师、辅导员，还有一个鼻子里塞着棉球、衬衫上有血迹的男生和他的父母。

校长严肃地对她讲述了事情发生的经过："坐在你女儿身后的男孩，只是伸手在衣服外面扯她的胸罩带，你女儿就打了他两拳，而且打在了脸上。"从校长讲述的语气中，这位妈妈明显听出与男同学的行为相比，校长对女儿的行为更加生气。校长说完后，这位妈妈和校长的认知完全不同，她并不认为是女儿霸凌了同学，而是女儿遭到了同学不当的性骚扰，于是她马上对大家说："现在你们是不是想知道我对这件事性质的看法，我不认为是我的孩子霸凌了这位同学，恰恰相反，是这位男同学对我的女儿进行了不当的性骚扰，而我的女儿仅仅是正当防卫。"

一听这位妈妈使用"性骚扰"一词，大家都惊呆了。这位妈妈又让女儿复述了事情的详细经过，女儿说这个男同学第一次拉她的胸罩带时，她告诉了老师，可老师只是说"你别理他"，并没有对那个男同学提出任何批评警告。接着男同学又拉扯她的胸罩带，这时，她愤怒了，照着男生的脸狠狠地打了两拳。

听完女儿的话，这位妈妈对男老师说："你为什么不制止他？你认为这个男同学这样做没有错？好吧，你现在去拉一下这位女辅导员的胸罩带、这个男生妈妈的胸罩带，或是我的，你敢吗？"男老师大惊失色地说："你说什么？不可以！""难道你认为他们是学生，就可以这样做吗？"

这时，校长试图转移焦点，对这位妈妈说："女士，恕我直言，不管怎样毕竟是你的女儿暴力攻击了这个男生。"这位妈妈回应道："不对！她是针对不当性骚扰行为进行的自我防卫。你们看看，他比我女儿高出一英尺，他的体重差不多是我女儿的两倍。如果在教室里老师及时制止这个男生的行为并提出警告，后面的事情还会发生吗？"

这时，这个男生、男生的爸妈、男老师和校长都不再那么理直气壮了。这位妈妈对校长说："我现在就把女儿带回家，我们刚才的谈话已经让这个男同学得到了应有的教训。我希望不仅是在我女儿身上，而且是在学校里所有的女孩身上，这样的事情永远不要再发生！我会把这件事报告给学区总监的！"

回到家，这位妈妈马上给学区总监和其他几位负责人发了电子邮件，向他们汇报了这件事并表达了不满。他们很快回复表示很震惊，并向这位妈妈保证会处理这件事。事后，男老师和男同学向女儿承认了错误并道了歉。

听完这个故事，在佩服这位妈妈的同时，我们是不是也有了更多的借鉴和思考呢？

在处理类似事件时，家长的理智和责任就显得特别重要，既不能息事宁人，也不要夸张事实。在处理这件事时，这位妈妈做到了以下几点：首先，她注意倾听孩子，搞清了事情的来龙去脉，而不是一味地愤愤不平。直击事情真相，向校方分析是非曲直，做到了"有理"。其次，在整个过程中，通过向学区总监发邮件，寻求正确的处理渠道，做到了"有节"。她表现出了相当的理智，又很好地履行了自己的监护责任。

第四，用自信坚强"打回去"，走出被欺凌的弱势格局和心态。

瑞典心理学家奥维斯跟踪了一组 12~15 岁受到霸凌的孩子。在他们 23 岁的时候，和同龄人相比，普遍显示了低自尊和抑郁症状。父母不可能陪伴保护孩子一生一世，孩子若没有在跌倒的地方爬起来，被霸凌的阴影会伴随终生，甚至在长大后还会重复遭受不公平的对待。而一个自信的孩子，不仅能更好地应对霸凌，而且更不容易被人霸凌。

人的自信表现为内心的强大，而建立自信需要时间、耐心和正确的方法。帮助孩子提高自信的方法很多，爱孩子，尊重孩子，这样他就会感到自己的价值。家长不要在别人面前过多讲孩子的缺点，因为这样容易使孩子产生自卑心理、当孩子遇到困难和苦恼时，家长应帮助孩子分析他的优势。当孩子的自信心提高时，言行举止都会不同，新的自我角色一经建立，欺负孩子的人就会有感觉，从而不再来欺负他。

在帮助孩子建立自信的同时，也要支持孩子表达抗议。面对霸凌，要教会孩子学会求助，求助老师、父母、同伴等，让大人帮助解决这些事，在无法求助的时候，也要教会孩子自护。

建立自信也是帮助孩子增强抗挫能力的方法。挫折本来就是生活中一个再平常不过的事情，从某种意义上讲，挫折就是伴随人生成长的副产品。所以，应该让孩子知道，生活不会一帆风顺，有很多需要面对的问题；要增强孩子的抗挫能力，提高孩子逆商（AQ）指数。当然，如果孩子之间只是闹一点小矛盾，家长也不要小题大做，最好是让孩子自己去解决。家长给孩子的最好的保护，就是让孩子学会保护自己；最好的爱，就是教孩子面对和承受风雨。

建立自信也有助于孩子扩大朋友圈。我们常常说，朋友多了路好走。朋友多的孩子，肯定不会是受气包。鼓励孩子结交发展自己的新朋友，建立自己的朋友圈。同时，我们也要认识到，即便是喜欢欺负人的孩子，也未必是坏孩子，所以，在孩子的朋友圈里如果遇到一些喜欢欺负人的孩子，告诉孩子，制止对方，只是守；有时温暖对方，却是攻。化敌为友，会让孩子从被欺凌的弱势中实现逆袭，从弱势心理走出来，这也是非常好的方法。

在“校园霸凌”中，帮助孩子“打回去”，让孩子学会应对霸凌，真正从弱势格局中走出来，不仅仅应对了校园暴力，更将为孩子的一生奠定基础。

正如一位网友所言，“不进一寸，也不失一毫。”这个世界从来是有经纬度的，不会因为你的忍让而缩水，也不会因为你的强悍而膨胀，要让孩子成为一个“内心柔软而有原则、身披铠甲而有温度”的人。

08

平视美国教育，我们的思考与选择

对美国教育认识的误区

美国教育给了我们哪些错觉，又给我们带来哪些借鉴，我们到底应该坚持什么、学习什么、改进什么？中国的父母、老师对美国教育出现的误区，可以概括为以下三个方面。

误区一：美国高考比中国轻松

对高考的批评，已经成为社会舆论的主流。其实，类似的批评在美国也同样存在。在美国读名校并不比中国简单，一定程度上，在美国被哈佛等藤校录取，比中国学生上清华北大更难。

而在美国，考上名校的前提，是学生优越的家庭环境和各方面都出色的综合素质。在美国，学生虽然可以多次参加考试，但学生的分数必须达标，并且这个分数只作为参考标准之一。

事实上，对“美国孩子不用高考”的正确理解，应该是“美国没有像中国的高考那种形式的考试”。但是，这不等于美国不存在为了选拔学生进大学而进行的考试。这些考试，无论是考核范围和种类，都是中国的高考无法相比的。比如，我们很多人都知道SAT只考数学和英语，ACT除了数学和英语之外还加上一门科学，可能不少人却不知道美国的SATII统考有70多科，AP统考有30多门，当然，学生可以根据情况选择应考科目。

而中国高考的科目，无论是改革开放初期的7门课，还是当今的“3+X”之类，跟美国高考比起来，显然没有可比性。可能有人会觉得所谓“美国高考”，题目绝对没有中国高考那么难。这种想法也是错误的。中国的高考，再难的题目也是高中学习的内容。但是，美国的AP考试，考的内容是大学二年级的课程。

孩子除了文化课，乐器、体育、外语、美术等都需要掌握，除此之外还要参加各种活动，比如做义工、参加俱乐部、参与慈善活动、参加各类比赛等。因为这些都将是申请大学时需要参考的重要资料。再有，过硬的推荐信以及展示能力的申请文书，也特别重要。美国高考的竞争非常激烈，孩子只有方方面面都很出色才能考上心仪的学校。当然，因为美国高校多，若只申请一般学校还是比较容易的，但同样也需要准备一系列的材料。再则，美国大学宽进严出，有很多学生中途被勒令退学。

误区二：中国家长太功利，美国家长都不太管孩子学习

这种说法有些偏激。中美在教育方式上确有不同，但美国的父母也会在孩子放学后安排很多课外班，如跆拳道、外语、小提琴、绘画等。很多美国家庭很重视孩子的学业，孩子成绩不好时，同样会去找老师问原因。申请大学时，父母也会帮助孩子找各种实习机会，高薪聘请升学顾问。**在对孩子的教育上，中美之间最大的差别是教育方式，而不是关注程度。**

其实，美国家庭的孩子想上好学校都需要打一场“硬仗”，家长舍得投资，对孩子各方面要求也很高。前面介绍的哈佛大学学生孟雨晴爸爸的育儿故事、哈佛大学学生笑笑妈妈燕子的育儿故事、世界奥林匹克数学两届金牌得主麻省理工学院刘洋妈妈刘双秋的育儿故事等，都让我们看到了家长的辛勤付出。

误区三：美国孩子全都独立，竞争没有那么激烈

我们的一些宣传往往存在着一定的片面性。譬如，在中国，大家认为美国孩子都是自己支付学费的，一经成年，家长就切断经济支持；在美国孩子做什么事情、选择什么专业都有极大的自由，父母不会干涉等。如果大家不真正去了解美国白人家庭的生活，总觉得他们的亲子关系十分淡漠。

虽然这些情况会在美国发生，但如今绝对不是社会的主流。从孩子出生开始，美国父母对孩子投入的时间和精力绝不比中国父母少，除了要关心孩子的心理健康、学习成绩、安排课余活动之外，他们也会对孩子大学专业的选择给出建议。很多美国父母也会对孩子喜欢但看上去又没有什么前途的专业，提出否定意见，在这点上与很多中国父母如出一辙。只不过，他们更注重孩子独立能力的培养，更尊重孩子。

其实，和中国一样，美国的家庭千千万万，不同家庭的教育方法和教育理念也有很大差别。只不过，他们都受到美国教育文化的影响。再举一个女生 Tammy 的例子，或许大家从她的成长中，能够走出一些认识误区，真正走进美国教育。

美国学校分公立学校和私立学校两种，私立学校的水平大多优于公立学校，但好的私立学校收费很高，公立学校则是免费读书，实行家庭所在学区就近入学的原则。但是，纽约市也有一些公立高中，需要通过严格的考试选拔学生，就如中国的中考选拔，因而被称为“特殊高中”，实际上就是学术水平较高的优质高中或重点高中。

美国纽约的亨特中学，就是一所重点学校。这个学校主要以天赋高的学生为招收对象，高中文科和理科并重，以向常青藤大学输送大量学生而声名远扬，每年该校都有三分之一的学生考入常青藤名校，因而被“华尔街日报”评为“全美国最出色的公立高中”之一。

我的朋友小雄的女儿 Tammy 有幸进入了这所高中读书，后被加州一所

著名大学录取。想要进入亨特中学很不容易，必须在小学五年级的时候就做好准备。只有在纽约五大区纽约州统一标准化考试中，取得优异成绩才有可能取得亨特中学入学考试的资格。取得资格后，六年级参加考试。入学考试考英文、数学、写作三个科目。学生必须首先通过亨特中学的数学和英文考试。例如，2018 年报名最低分数线为五年级州考数学 335 分、英文 350 分（数学满分 401 分，英文满分 428 分）。

这所学校每年仅有不到 10% 的录取率，不仅是全纽约，甚至是全美国“最难进”的学校之一。小雄说：“从女儿的学习情况看，亨特中学至今还没有几个孩子可以拿到全 A，即使孩子拿到 B 的成绩，也相当于其他高中 A 的成绩。亨特中学为七年级至十二年级的初中、高中连读，亨特中学在全美所有公立高中升学率排名第一，而且其 SAT 平均分是 2225 分（满分 2400 分，新 SAT 已改了总分），为全美最高。每年参加亨特中学入学考试的孩子在父母的陪伴之下参加考试，那种压力并不亚于中国的中考、高考。还有很多父母知道入学不易，孩子会提前到‘冲刺班’预热，然后再去参加考试。最近这种考试也在整改中，我们也在观望。”

可以看出，我们对美国教育的一些印象只是片面的。世界上没有哪个地方会给人带来可以不劳而获的成就。在美国，很多成功人士都曾回忆起对自己生活和学业要求非常严格的父母，正是这种严格才造就了他们后来的成功。

教育是人类的最普通的文化现象之一。简单罗列一些中国人对美国教育认识的误区，是想告诉大家，美国的父母也是普通人，美国的老师也是普通人，他们的教育意识和教育方法也有很多与我们相通和一致的地方。特别是在全球性文化教育深度交融互动，大批留学生赴美学习的今天，中美教育既有着很大的趋同性，也有着巨大的差异性。**认清中美教育的共同方向，同时架起弥合中美教育巨大差异的桥梁，是我们开展中美教育比较的真正使命。**

中美教育日渐趋同

或许大家会认为，在各种宣传中，我们看到的美国教育没有任何问题，很多东西都值得我们学习。其实，任何一种教育模式都有着一定的局限性，也都有着革新进步的内在需求。当我们认识美国教育中注重综合考核，注重独立思考、创新创造、人文精神培养等这些先进理念和教育文化时，也要看到他们和我们一样面临的困境。

曾在美国耶鲁大学教过十年书的威廉·德雷谢维奇教授曾出版过一本叫作《优秀的绵羊》的著作，来描述分析美国大学培养出来的学生。“优秀绵羊”这个称号和钱理群先生所称的“精致的利己主义者”有异曲同工之妙。我们可以从这两本书中看到一个殊途同归的人类当代教育的基本命运。

在美国的教育中，同样存在弱肉强食的原始自然淘汰法则，同样会被分为三六九等，美国学校常常根据学生学习效果的不同，在课堂上分组学习，好的学生不断给予新的挑战。这样的结果就是，在同一个年级里，最好的学生和较差的学生学到的知识的深度和广度存在巨大的差距。这样好学生就在宽松、欢乐，没有补课的环境中被选拔出来。同时，很多落后的美国孩子，在这种温水煮青蛙的赞扬声中，毫无痛苦地被淘汰了。

在这里，我们看到了中美教育的趋同化趋势。从本质上讲，这是现代教育发展的必然，知识的标准，教育的规范，社会分层和竞争的激烈，必然会造成一定程度的教育异化。名校资源有限，无论是以考试分数选拔，还是以综合素质的考核，必须给中美名校扣上一个要求，有一个标准，伴随着世界范围经济文化的交融和互动，教育会越来越趋同化。所以无论是中美，还是日韩；无论是考试，还是考核；可以说，只要社会存续，现代教育的基本形态就会越来越相同。我们在学习世界先进教育理念和方法时，既要保持一份清醒，一份批判，一份深思，更要进行理性思考，从现实出发，从当下出发，指导好我们的教育实践。

面对中美教育的异同

教育是社会的映射，教育在适应社会的同时也在改造社会。无论是国家层面的教育改革，还是个人层面的家庭教育，无视社会要求，都是不可取的。但一味迎合社会，也会使教育陷入庸俗，磨灭孩子的个性，降低整个社会创新能力。

比较和学习中外先进教育理念，我们既要有一种文化自信，也要始终清醒认识全球教育的发展趋势，在兼收并蓄中实现教育理念的更新，让自身的教育实践更加富有意义和价值。在学习借鉴国外教育的思路和做法中，既要谦虚认真，也不盲信盲从，积极探索符合自己孩子的成长路径。无论是学校教育，还是家庭教育，都要树立以下教育理念。

第一，回归中国因材施教的基本理念。

所谓因材施教，核心是**承认个体的差异，承认教育对象的差异**。为了较好地保证生物物种的生存力，每个生物物种都有多样性，而人也一样。教育在现代科学技术的发展和传播中，被逐渐标准化，使得我们的孩子对一些教学内容存在着学习水平上的差异。我们大多数家长可能都不愿承认这种个体差异，承认自己对孩子的学习能力的巨大影响。再者，大量历史典故中有那么多刻苦学习、最终取得成功的范例，有意或无意中，让我们更愿意忽略个体差异，一味让孩子努力学习，成了我们教育的主流方向。

但是，我认为，这并不是一个完全正确的倾向，事实上，不是每个孩子都有能力或者适合上清华北大，上哈佛耶鲁，这个社会需要的是不同的人才。**只有承认差异，才能找到适合每个孩子的教育方式，才能使我们的教育重新回到一个客观真实的起点上，才能使教育更多元化**。特别是我们的家长，古语讲“知子莫如父”。在孩子的教育问题上，**每个为人父母者都是教育专家，核心和根本就是认识自己的孩子，采取适合孩子的教育方式**。

第二，直面教育不可能全面脱离竞争的客观事实。

竞争是人类社会和物种生存繁衍的基本现象。一直以来，教育在社会分层中起着基础作用。伴着知识技术在社会生产中的作用越来越大，这种作用愈加明显和深刻。教育不是比较，但教育永远无法消灭竞争。中美教育，只是考核的内容不同，竞争一直都存在于两国教育中。在我们的教育理念中，在关注孩子成长的基本问题时，绝不能放弃对竞争的关注。甚至可以说，学会良性的竞争，是推动一个人健康成长的必须。让孩子在未来的竞争中获得必要的能力，也应该是教育的基本问题。在这个问题上，我们不仅仅要批判，更要接受和直面。

在教学体制建设层面，要防止两个异化：**一是过度的竞争**，将教育异化为比较，将不择手段、竭泽而渔获得优势作为教育的本质目的；**二是消灭竞争**，认为竞争是一种对孩子个性的异化，无视竞争的客观现实，无视教育的社会功能，一味强调所谓的“快乐童年”。这些都可能对孩子成长，对教育本身带来灾难性的后果。直面教育不可能全面脱离竞争的客观事实，这是我们做好孩子教育的现实起点。

第三，承认变革始终是教育存在的一种基本常态。

人类社会的发展历史，也是一部人类教育的发展历史。伴随着人类社会的进步发展，人类教育也在不断解构和建构中生成新的内容和实践。比较中美教育的差异，我们不仅要看到差异，更要看到人类教育发展的新动因。当中西方共同面对教育的发展，对精致的利己主义者提出批判时，也指引着教育新的纠错方向和发展可能。

和人类发展一样，教育也是一个不断变革、不断成长的有机生命体。在这里，需要我们不断思考、吸纳和创新。譬如，面对探究性学习这个更适合现代教育发展要求的学习方式；譬如，面对大量阅读增强孩子素养这一被反复证明了的重要的学习方式；如何更好地融入我们家庭教育和学校教育的实践中去，是需要我们认真学习和借鉴的。变革是教育的永恒主题，不仅是我们每个教育工作者必须坚守的基本理念，我们的家庭教育实践也要根据孩子的要求不断地进行改变。

第四，始终关注教育培养人的根本目的。

教育的根本目标是培养一个对社会有用、具有健全人格的人，这是每一个教育工作者的基本使命，也是每一个家长的责任。正如朱自清先生所讲，**教育者先须有“培养”的心，坦白的、正直的、温热的，真正为了下一代的心！**有了“培养”的心，才能提供“培养”的方法。功利并不绝对是错的，但总该有超乎功利的事，那便是要做一个堂堂正正的人！

无论是面对先贤，还是面对西方理念，用爱心，用真诚，用一颗虔诚的心，去对待孩子，去完善教育，让教育成为人文精神塑造的过程。这既是全社会应该坚持的教育理念，也是教育的根本目标。

任何事物都在变化，教育是一个技术和观念始终统合在一起的系统工程，面对竞争，必须有标准；回归教育，必须讲人文。

人生是一场马拉松，学习也是一场马拉松。**孩子的成长，生命的成长，是一个长期的过程，家长需要具备持续的学习能力和成长能力。**教育孩子，需要巧妙平衡中西教育间的差异，吸收双方精华。事实上，所谓赢在起跑线，根本不是提前学多少知识，更重要的是从小接受良好的素质、习惯、视野、积累和沉淀方面的教育，而这些，不能只靠学校教育，更要靠父母的引导和家庭的熏陶。

为了孩子的未来，让我们家校携手，虔诚地对待教育，客观地思考教育，智慧地实施教育，做孩子真正的起跑线！